经全国职业教育教材审定委员会审定
"十四五"职业教育国家规划教材

U0661111

创业

技能与训练

（第二版）

主 编／霍雄飞 沈孝兵

副主编／朱 燕

南京大学出版社

图书在版编目(CIP)数据

创业技能与训练/霍雄飞,沈孝兵主编.—2版.

南京:南京大学出版社,2024.9.(2025.8重印) – – ISBN 978 – 7 – 305
– 28442 – 7

Ⅰ.G647.38

中国国家版本馆CIP数据核字第2024W0T454号

出版发行　南京大学出版社
社　　址　南京市汉口路22号　　　　　　　邮　　编　210093

书　　名　**创业技能与训练**
　　　　　CHUANGYE JINENG YU XUNLIAN
主　　编　霍雄飞　沈孝兵
责任编辑　陈　佳　　　　　　　　　　编辑热线　(025)83305645
照　　排　南京私书坊文化传播有限公司
印　　刷　南京鸿图印务有限公司
开　　本　787mm×1092mm　1/16开　　印张　17　　字数　393千字
版　　次　2024年9月第2版
印　　次　2025年8月第3次印刷
ISBN　978 – 7 – 305 – 28442 – 7
定　　价　48.00元

网　　址　http://www.njupco.com
官方微博　http://weibo.com/njupco
官方微信号　njupress
销售咨询热线　(025)84461646

目　录

模块七　初创企业的管理

模块八　知识产权管理

模块九　制订创业计划书

模块十　创新创业赛事指南

模块一　创业概述

模块导读

创业是一种非常复杂的社会现象，是一个人们发现和捕捉机会并由此创造出新产品或服务并实现其潜在价值的过程。创业的过程是一种劳动方式，是一种需要创业者运营、组织和运用服务、技术、器物进行作业的思考、推理和判断的行为。杰夫里·蒂蒙斯认为创业是一种思考、推理和行为方式，这种行为方式是由机会所驱动的，注重方法和领导相平衡。

创业是一个振奋人心的词汇，创业是实现人生价值、创造社会财富、推动历史进步的途径之一。也是我们当前改革创新、制度创新、理论创新的重要实践手段。创业是时代的产物，在世界范围内发展迅猛。然而，市场风云变幻莫测，商海浪潮此起彼伏，适者生存、优胜劣汰的竞争法则，使得多少步入商海之人屡战屡败，但也有一部分人在残酷的商战中，立于不败之地。由此可见，创业不是一件易事，它不仅需要胆识、资金和人才，还需要有完善的创业战略和经商技法。

近年来，"大众创业，万众创新"已是共识，成为风潮。究其原因，"大众创业，万众创新"不仅是国家发展战略，更是广大青年学者培养家国情怀与国际视野的舞台。参与"大众创业，万众创新"活动，让青年学子知晓中国的过去和现在，了解世界现状与变化，关注世界发展，关心祖国未来，致力于为祖国创新、为祖国创业、为人民造福。

本模块介绍了创业基础知识、创业精神的培养、高职生创业现状及相关优惠政策，目的是教育当代在校大学生如何创办自己的企业，创办什么样的企业，如何经营自己的企业，如何去拓展自己的企业，并激发大学生的创业热情，提高大学生的创业基本素质和创业能力，促进他们形成良好的事业心、进取心和对事业的探索精神。

一、创业基础知识

能力目标

1. 了解创业的要素与特征、创业的主要平台。
2. 掌握创业的主要过程。

案例导入

当"鱼大夫"

某同学毕业后本可以在农科所工作,他却选择在江南一家渔业养殖场打工,待遇不好,工作十分辛苦。对此,很多同学认为一个大学生这样很不值,家人也很不理解,该同学却有自己的创业规划。

原来,他是在拜师深造。在打工两年里,他利用技术员的合理身份,遍访周边牛蛙、甲鱼、螃蟹等养殖场,向高级技术员学艺。在成了这方面的行家里手后,他辞职回来,办了一间"鱼大夫"诊所,为遍布市郊八十多个养殖场"送医送药"。由于技术精湛,专业熟练,该市又独此一家,那些遇到"鱼病"的养殖户只会想到他。

现在,该同学年"出诊"收入在十万左右。不鸣则已,一鸣惊人。在世人不屑的平凡岗位中积累自己的创业优势,找准市场需求的空白点,后发制人,占领行业的制高点。

心得体会:

(一) 创业的定义与特征

1. 什么是创业

"创业"一词由"创"和"业"组成。所谓"创"一般指创建、创新、创立、创造、创意。《现代汉语词典》对"创业"的解释是:创办事业。"事业"是指人所从事的,具有一定目标、规模和系统,并对社会发展有影响的经济活动。《辞海》对"创业"的解释是:创立基业。"基业"是指事业的基础。由此可见,创办事业是创业的本质。中国古代典籍对创业的表述有,"君子创业垂统,为可继也"(《孟子·梁惠王下》);"先帝创业未半,而中道崩殂"(诸葛亮《出师表》)。这里的"创业"是指"事业的基础、根基",既可以是古代的"帝王之业""霸王之业",也可以是百姓家业、家产和个人事业。

创业是指由个人或若干人联合创办企业并掌握所有权,是以点滴成就、点滴喜悦致力于理解创造新事物(新产品,新市场,新生产过程或原材料,组织现有技术的新方法)的过程,是创立基业、创办事业,通过开拓性思维、创造性劳动建功立业。

创业有广义和狭义之分。广义的创业是指人类的创举活动,或指带有开拓、创新并有积极意义的社会活动。这种活动可以是营利的,也可以是非营利的。只要是人们以前没有做过的,对社会产生积极影响的事业,都可以说成创业。美国的荣斯戴特曾提出:"创业是一个创造增长的财富的动态过程。"杰弗里·蒂蒙斯也指出:"创业是一种思考、推理和行为的方式。创业导致价值的产生、增加、实现和更新,不只是为所有者,也为所有的参与者和利益相关者。"

从更广义的角度来看,一个人根据自己的性格、兴趣、知识与能力等选择自己的角色、职业和工作岗位,在这一岗位上创造性地发挥自己的特长和才干,实现个人价值并为社会带来财富的活动,也属于创业,因而创业也有岗位创业的含义。

狭义上所讲的创业,源于entrepreneur(企业家、创业者)一词,因而对其理解通常带有经济学的视角。如精细管理工程创始人刘先明认为:"创业是指某个人发现某种信息、资源、机会或掌握某种技术,利用或借用相应的平台或载体,将其发现的信息、资源、机会或掌握的技术,以一定的方式,转化、创造出更多的财富、价值,并实现某种追求或目标的过程。"郁义鸿、李志能在《创业学》一书中也指出:"创业是一个发现和捕捉机会并由此创造出新颖的产品或服务,实现其潜在价值的过程。"

可见,狭义的创业特指个人或团队自主创办企业。我们将其定义为:创业个人或创业团队通过寻找和把握各种商业机会,投入已有的知识、技能和社会资本,调动并配置相关资源,创建新企业,为消费者提供产品或服务,具有创新或创造性的、以增加财富为目的的活动过程。

2. 创业的本质

创业首先是一种创新,包括理念上的创新、技术上的创新和组织上的创新。同时,创业活动又是一种具有高度创造性的社会实践活动,即创业创造了新的企业,创造了新的技术和产品,创造了新的市场,创造了新的价值和经济效益,创造了新的就业岗位等。总之,创业是富有创新精神的创业者与机遇相结合并创造社会经济价值的活动。杰弗里·蒂蒙斯根据对创业的理解和研究,提出了创业过程模型(见图1-1),认为三个要素影响了整个创业历程:机会、资源、团队。这三者随着企业发展而保持动态平衡关系。

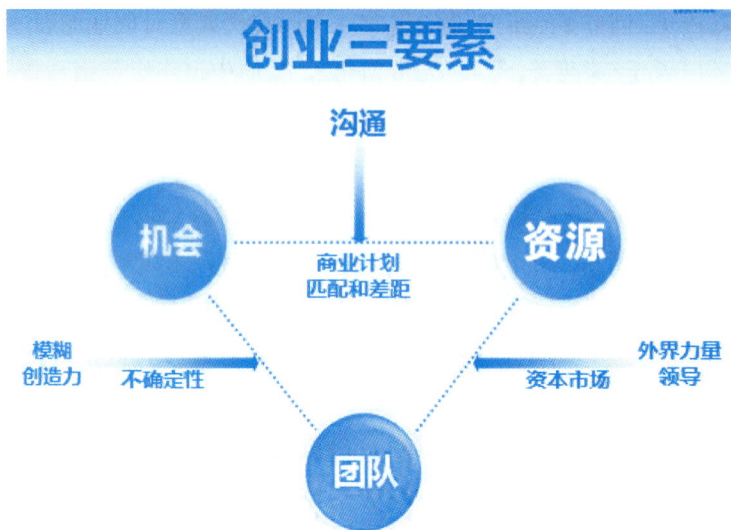

图1-1 创业过程模型

(1)机会是创业过程的核心驱动力,资源是创业成功的必要保证,团队是创业过程的主导者。创业过程始于创业机会,开始创业时,机会比资源、团队更重要。在创业过程中,资源与机会之间经历着一个"适应→差距→适应"的动态过程。

(2)创业过程是机会、团队和资源三个要素匹配、平衡的结果。处于模型底部的创始人或工作团队要善于配置和平衡,借此推进创业过程,其核心是:对机会的理性分析和把握,对风险的认识和规避,对资源的最合理利用和配置,对工作团队适应性的分析和认识。

(3)创业过程是一个不断寻求平衡的行为组合。在三个要素中,绝对的平衡是不存在的,但企业要保持发展,必须追求一种动态的平衡。创业者必须考量的问题是:目前的团队是否能领导企业未来的成长,下一阶段可能面临哪些风险。

可以看出,创业过程是由机会驱动、团队领导和资源保证的,创业过程依赖于机会、创业团队和资源这三个要素的匹配和平衡,创业过程是连续寻求平衡的行为组合。因此,任何创业活动,三要素都是"缺一不可"的,创业长久之道是动态把握创业过程,抓住创业过程关键点,把握创业节奏。

3. 创业的主要模式

当前,大学生创业往往存在"创业就是自主就业""创业就是创意""创业就是自己当老板"等错误观念,认为在本职岗位上工作,受雇于他人就不属于创业。其实,创业的实现模式也是多样的,不能将创业简单地等同于"自己当老板"。这里重点探讨创业的两个主要实现模式,"岗位创业"和"自主创业"。

（1）岗位创业

岗位创业区别于自主创业，是在已有的岗位上进行创新创造，可以提高岗位工作的生产效率，扩大利润空间，降低产出成本。1985年，吉福德·平肖首次在其著作《创新者与企业革命》中提出在已建立的大型组织内进行创业的理论，即内创业理论。内创业指在一个现存企业中，个体或团队进行的新业务创造或多种创新活动的过程。这里所说的"内创业"也即岗位创业或公司创业等。对于岗位创业的认识，国内学界形成了比较一致的共识。岗位创业是指"人们在各自的工作岗位上踏实工作，实现人与事的最佳组合，做出与自己的岗位和能力相匹配的成绩，奉献社会，造福人民，同时获得相应的报酬"。相对于创业难度更大和成功率相对较低的自主创业而言，岗位创业无疑是一种更可行、更理性、更符合大学生成长规律，更容易实现自我人生价值和社会价值、取得事业成功的途径。

岗位创业是高职院校学生实现成功创业的一种新型的就业创业观，为解决大学生就业难问题开辟了一条更符合社会现实的路径。它要求学生立足于本职岗位工作，基于岗位工作中的新情况和新问题，找到解决问题的新方法，甚至开辟新的职业岗位领域。

（2）自主创业

自主创业也即狭义的创业，是指劳动者主要依靠自己的资本、资源、信息、技术、经验以及其他因素自己创办实业，不仅解决自己的就业问题，还雇用他人，解决社会就业的问题。自主创业是一种在财力、人力和物力等方面要求相当高的实现模式，要求创业者必须具备良好的职业素养和综合能力。

（3）岗位创业与自主创业的关系

岗位创业的重要前提是立足于本职岗位工作，对自己的本职岗位有重大的贡献和突破，利用现有的岗位资源进行创业，所从事的职业起到基础性作用，因此，脱离本职谈"岗位创业"犹如无本之木。大学生可以通过岗位工作，不断积累经验，积攒人力、物力和财力，从岗位创业做起，循序渐进，最终走向自主创业。岗位创业更多的是一种自发状态，由开始的被动工作发展到最后的主动创业。自主创业并不必然经历岗位创业阶段，它是一种自觉状态，积极主动工作并创造一番事业。

就工作角色而言，在工作初始阶段，岗位创业者处于受命者和执行者的角色，而自主创业者则处于领导者和指挥者的角色，相对岗位创业者更为主动。就素质能力培养的角度而言，岗位创业阶段需要具备专业技能、敬业精神、团结协作和沟通交流等素质能力，岗位创业者能力的培养侧重于专业技能、工作心态和执行能力上；自主创业阶段则需要创业者具有战略发展意识、把握机遇、领导能力、敢于承担风险和组织协调等素质能力，自主创业者应注重洞察与决策能力、管理能力、社交协调等能力的培养。在某种意义上，岗位创业更具基础性、稳定性和可行性，更符合大学生职业发展的可持续性。

"千里之行，始于足下。"大学生应根据社会和时代的发展趋势，结合自身的专业优势和实际情况，立足本职岗位工作，从岗位创业开始，脚踏实地，不断积蓄经验、提升综合能力，逐渐实现自主创业,提高创业成功的概率。

4. 创业与就业的区别

大学生创业是指一些有理想、有胆识的大学生,利用自己的知识、技术和才能,以自筹资金、技术入股、寻求合作等方式,为自己在社会上求生存、谋发展开辟一条新的途径,创立新的社会经济单元。他们不是现有岗位的竞争者、填充者,而是为自己、为社会更多的人创造就业机会,并直接为社会创造价值且做出贡献的开拓者。大学生创业,不仅要求大学生能结合专业特长,根据市场前景和社会需求创造出有竞争力的新技术、新产品和服务,而且要直接面向市场、面向社会,在为社会创造价值的同时,使自我价值不断得到充分体现。目前,虽然成功走上自主创业道路的大学生还为数不多,但它代表了一个方向,引领了一个新的就业潮流。选择就业与选择创业,是大学生出路选择的两条完全不同的道路,主要有以下几个方面的差异。

(1)担当角色的差异

二者在企业中的地位、所肩负的责任和使命均有较大差异。创业者通常处于新创企业的高层,在企业实体的创建过程中,创业者始终是负责人,始终参与其中;而就业者通常处于中低层,到达高层需要一个过程,也不需要对企业的成长负责,只需要做好本职工作就可以了。

(2)要求技能的差异

创业者通常身兼多职,要有战略眼光,也要有具体的经营技能,从而要求其具备相当全面的知识和技能;就业者通常具备一项专业技能即可开展自己的工作。

(3)收益与风险的差异

就业的主要投入是数年的教育成本,而创业除了教育成本外,还包括前期准备中投入的人力、物力和资金成本。一旦失败,就业者并不会丧失教育成本,但创业者会损失在创业前期投入的成本;而一旦成功,就业者只能获得约定的工资、奖金及少量的利润,创业者则会获得一定的经营利润,其数额理论上没有上限。

(4)成功依赖因素的差异

就业很大程度上可以依靠企业实体,但创业更多的还要考虑自身的经验、学识与财力,以及各种需求和各种资源占有等条件。

5. 创业的基本特征

创业具有自觉性、创新性、风险性等基本特征。

(1)自觉性

创业是创业者自觉做出的选择,是其能动性的反映。

(2)创新性

创新是创业的主旋律。创业过程是一个不断创新的过程,创新人才首先要有创新动机、创新意识和创新精神。只有不断创新,企业才会有生命力。

（3）风险性

创业是有风险的,创业的过程充满成功和失败。一般来说,创业可能有五方面的风险:一是政策风险,特别是临时性、突发性出台的政策法规,对创业企业可能产生较大打击;二是决策风险,不同的决策方案有不同的机会成本,创业者对于市场的把握和经验的缺乏都容易放大这样的风险;三是市场风险,这是核心风险因素,如更强势的竞争对手出现导致竞争加剧,市场形势变化;四是扩张风险,如果盲目扩张,不能与企业能力、市场需求合拍,是极其危险的;五是人事风险,不仅表现在企业组织不能正常运行时,还表现在员工被竞争对手挖"墙角"时。

（4）利益性

创业以增加财富为目的,没有利益的驱动,就不会有人愿意承受创业所面临的风险。创业过程中获利多少,也是人们衡量创业成功与否的重要标志。

（5）曲折性

创业者往往要受到重重挫折,经过多年艰苦奋斗,倾注大量心血,才能获得成功。创业者必须做好吃苦的思想准备,只有在困难前面不屈不挠,才能笑到最后。

（二）创业的意义与价值

回顾近年来,创业者所创造出的新行业,诸如个人电脑、生物技术、闭路电视、电脑软件、办公自动化、手机服务、电子商务、互动网络、虚拟技术等,就不难想象创业者是如何极大地改变了世界的发展进程和人们的生活、工作与学习方式。

1. 创业可以增加社会财富,促进经济发展和社会繁荣

创业过程是增加社会财富的过程。企业在生产经营的过程中,为社会创造了财富,增加了社会价值,并大大增加了国家的财政税收。企业的产品和服务拉动了国内的市场需求,满足了人民生活的需要,丰富了市场,促进了社会经济的繁荣。创业还改变了传统的产业格局,催生了很多崭新行业,加速了经济结构调整。在创业过程中,社会资源得到优化配置,市场体系不断得到完善,市场竞争活力得以保持。

改革开放40多年来,中国的GDP持续增长。这么高的经济增长究竟从何而来呢?古典经济学家亚当·斯密说:"市场规模决定专业分工,分工又促使了进步,最后生产率提升,生产率提升带来的经济发展,让大家的收入增加,规模继续扩大。"但是他没有回答一个问题,这个经济增长的动因在哪里?要回答动因问题,就必须要引入第二个经济学家——创新理论鼻祖熊彼特,他在经济发展理论中给我们讲了一个新的循环:市场是一个供给需求平衡的状态,直到有企业家出现,他把现有的生产要素重新组合,实现创新,也因为这样的创新产生了超额的利润,马上就有跟随者,市场又恢复了平衡。这两个经济学家的理论,可以很完美地解释改革开放以来中国经济发展的正向循环,也说明了创业对于促进社会财富

增长的重要意义。

2. 创业可以实现先进技术转化,促进生产力提高和科技创新

创新是创业的主要驱动力量,创业是新理论、新材料、新设备、新工艺、新技术的孵化器,也是形成现实生产力的转化器。企业是市场经济的主体,科技推动了企业的创新,反过来,创业成功也有利于科技的进一步发展。企业想要在激烈的市场竞争中站住脚,一个重要的依靠就是采用最新科技,建立行业壁垒。

华为海思作为华为旗下的芯片设计公司,成功研发出了多款具有自主知识产权的芯片产品。这些芯片产品在性能、功耗等方面都表现出色,为华为的手机、服务器等产品提供了有力支持。同时,华为海思还积极探索5G、AI等新技术在芯片领域的应用,为行业发展提供了有力支持。

3. 创业可以提供就业岗位,缓解社会就业压力

目前,我国正处在改革开放后的第四次人才流动,在这次流动中,四股劳动大军纷纷涌向中国的劳动市场:一是大学毕业人数激增;二是农村劳动力向城镇转移的步伐进一步加快;三是随着我国加入世界贸易组织过渡期的结束,国企改革力度的加大和经营机制的转换,下岗工人的数量会继续增加;四是"海归"人数的增加。受人口基数、人口年龄结构、人口迁移及社会发展进程等因素影响,21世纪前30年我国仍将面临较大的就业压力。

中小微型创业企业不仅可以解决创业者本身的工作岗位,同时也为需要工作的人们提供了大量的工作岗位,扩大了就业率,降低了失业率,大大缓解了社会的就业压力,从而稳定了社会秩序。

近年来,除了常规的稳就业措施以外,国家大力倡导用创业来带动就业:政府投资开发的孵化基地等一定的场地免费向高校毕业生等重点群体提供;优化创业环境、提供资金支持、减免税费租金等对创业人员给予扶持……对于有想法的大学生创业者而言,找到新的商机和需求,能提高企业应对风险的能力,让企业发展更有后劲,也可以以创业带动就业,实现更高质量的就业。

4. 创业可以激发整个社会的创新意识和创业精神,有利于观念的转变

创业是一个伟大的历程,是一个精彩的大舞台。创业起步可高可低,创业的发展空间无限。通过创业,可以有效实现人生的价值,把握人生的航向。在我国,近年来如火如荼的创业大潮对于形成创新、包容、民主、公正、诚信等观念和文化具有积极的作用。

人的潜能是巨大的,当一个人在没有压力的情况下生存,其个人潜能的发挥是很有限的。我们正处在一个伟大的时代,处于中华民族伟大复兴的关键时刻,只有立足自身发展实际,找准创新创业结合点,才能实现更大作为。年轻人应积极投身创新创业,善于从新时代经济社会发展、科技革命和产业变革、国际竞争开放的大趋势中把握机遇,积极拥抱互联

网、信息化时代,努力在重点前沿领域有所作为,积极探索发展新技术、新业态、新模式,在创新创业中不断发现新的机会、开拓新的天地。在创新创业中增长智慧才干,实现人生价值。

5. 创业可以帮助个人积累财富,一定程度上满足个人对物质的追求欲望

部分上班族之所以对工作感到厌倦,积极性不高,重要原因之一是给别人"打工",个人的创意、想法得不到肯定,才能无法充分发挥,缺乏成就感,总感觉"怀才不遇"。而创业则可以摆脱种种羁绊,充分施展自己的才华,发挥最大潜能,使自己的人生价值得到更好体现。工薪阶层的收入有高有低,但都是有限的,没有太多提升空间。而摆脱这些烦恼的最佳途径就是开创一份完全属于自己的事业。它提供给创业者的利润是没有上限的。根据统计资料,在美国福布斯富人榜前400名人中,75%是第一代创业者。各类名目的中国富豪榜中,以创业起家的也占大多数。

6. 创业可以使个人有机会和实力回馈社会,具有极高的成就感

创业者创造的企业一方面为社会提供了产品或服务,一方面为个人、社会创造了财富。企业融入社会再生产的大循环之中,可从多个环节为国家和社会做出贡献,这种贡献使得创业者个人能够收获巨大的成就感。创业者选择创业项目,通常都会从个人感兴趣的领域着手,将其与自己的知识技能、专业特长等结合起来。而做自己喜欢做的事本身就是一种享受。同时,创业充满挑战和风险,也充满克服种种挑战的无穷乐趣。在创业过程中,可以感受到无穷的变化、挑战和机遇,这是一个令人兴奋的过程,创业者可以通过征服创业过程中的重重困难获得激励和快乐,丰富自己的人生体验。

(三) 创业的要素与类型

研究表明,创业成功是一系列创业要素科学组合的结果,创业者可以通过优化这些创业要素的组合来提高其创业成功的可能性。创业者创业能力的高低取决于其能有效控制的创业要素的数量、质量、种类以及这些要素间的相互匹配程度。各种创业要素通过相互作用推动新企业的演化过程,任何创业要素性质的变化、不同要素间结构构型的变化,都会影响创业活动的绩效,并最终导致所创事业面临飞跃式成长或创业失败两种截然不同结果。

1. 创业的要素

(1) 需要有良好的管理团队,团队可能每一成员都要身兼多职,因为在创业初期,团队成员要肩负起尽可能多的工作来节省企业成本。

(2) 需要有很好的科技成果、想法并且申请专利,这样其他人就无法"偷走"你的资源。

(3) 要有足够的资金,但是要注意,防止股权遭到稀释。

(4) 创业初期对于成本的控制要非常注意,不要买非常昂贵的车辆和器材,要专注于

把资金花在研发上。

（5）要尽快把你开发的产品转换成现金，这样才会有足够的现金流来维持公司运作，不能把五年、十年的时间都花在研发上而没有产品上市，这会引起资金短缺，导致创业失败。

2. 创业的类型

创业从不同的角度、根据不同的标准可以做不同的分类。

（1）根据创业动机划分

根据创业动机划分，可分为机会型创业与就业型创业。

机会型创业。指创业的出发点并非为了谋生而是为了抓住、利用市场机遇。它以市场机会为目标，能创造出新的需要或满足潜在的需求。因而会带动新的产业发展，而且也不会加剧市场竞争。

就业型创业。指为了谋生而走上创业之路。这类创业是在现有的市场上寻找创业机会，并没有创造新需求，大多属于尾随型和模仿型，因而往往"小富即安"，极难做大做强。

虽然创业动机与主观选择相关，但创业者所处的环境及其所具备的能力对于创业动机类型的选择有决定性作用。因此，通过教育和培训来提高创业能力，就可增加机会型创业的数量，不断增加新的市场，减少低水平竞争。

（2）根据创业者数量划分

根据创业者数量划分，可分为独立创业与合伙创业。

独立创业。指创业者独立创办自己的企业。其特点在于产权是创业者个人独有的，企业由创业者自由掌控，决策迅速。但它需要创业者独自承担风险，创业资源准备也比较困难，还受个人才能的限制。

合伙创业。指与他人共同创办企业。其优劣势与独立创业相反，优势在于资源准备相对容易，风险均摊，决策制衡，可以发挥集体智慧。但缺点在于权力分散，决策层级多，响应速度慢。

（3）根据创业项目性质划分

根据创业项目性质划分，可分为传统技能型创业、高新技术型创业和知识服务型创业。

传统技能型创业。指国内外使用传统技术、工艺的创业项目，具有永恒的生命力。尤其是酿酒、饮料、中药、工艺美术品、服装与食品加工、修理等与人们日常生活紧密相关的行业中，独特的传统技能项目表现出了经久不衰的竞争力，许多现代技术都无法与之竞争。

高新技术型创业。指知识密集度高，带有前沿性研究开发性质的新技术、新产品项目。

知识服务型创业。指为人们提供知识、信息的创业项目。当今社会，信息量越来越大，知识更新越来越快，各类知识性咨询服务的机构将会不断细化和增加，如律师事务所、会计师事务所、管理咨询公司、广告公司等。这类项目投资少、见效快。

（4）根据创业方向或风险划分

根据创业方向或风险划分，可分为依附型创业、尾随型创业、独创型创业和对抗型创业。

依附型创业可分为两种情况：一是依附于大企业或产业链而生存，为大企业提供配套服务。如专门为某个或某类企业生产零配件，或生产、印刷包装材料。二是特许经营权的使用。如利用麦当劳、肯德基等的品牌效应和成熟的经营管理模式，减少经营风险。

尾随型创业即模仿他人创业，"学着别人，做其特点，一是短期内只求能维持下去，随着学习的成熟，再逐步进入强者行列；二是在市场上拾遗补阙，不求独家承揽全部业务，只求在市场上分得一杯羹"。

独创型创业指提供的产品或服务能够填补市场空白。大到商品独创性，小到商品的某种技术的独创性。如生产的洗衣粉比市场上卖的环保性好且去污力强，改革开放后首家搬家服务公司、婚介公司等。但其也有一定的风险性，因为消费者对新事物有一个接受的过程。独创型创业也可以是旧内容新形式，比如产品销售送货上门，经营的商品并无变化，但在服务方式上扩大了，因而更具竞争力。

对抗型创业指进入其他企业业已形成垄断地位的某个市场，与之对抗较量。这类创业风险最高，必须在知己知彼、科学决策的前提下，抓住市场机遇，乘势而上，把自己的优势发挥得淋漓尽致。比如，针对1990年年初外国饲料厂商在中国市场大量倾销合成饲料的背景，希望集团运用对抗型创业，建立了西南最大的饲料研究所，定位于与外国饲料争市场，从而取得成功。

此外，根据创业的融资形式，可分为独资创业、合资创业、引进各类（风险）投资基金创业等；根据创业者与事业的关系，可分为个人创业、家族创业、合伙创业、参与创业等；根据创业机遇的选择，可分为先学习后创业、先深造后创业、先就业后创业、边学习边创业、休学创业等；根据创业的行业领域，又可以分为餐饮、娱乐、批发零售、广告艺术设计、装饰装潢、信息咨询、法律服务、电子信息技术、金融衍生服务等各行业领域的创业。

在抓住创业机会后，创业者要根据创业机会选择合理的创业模式。所谓合理，一是创业风险较小；二是创业成功率较高；三是创业收益较大；四是创业见效快，创业时间成本低。

（四）创业的平台

互联网这个平台所提供的商机对所有人都是均等的，究竟如何才能够让一个创业的种子不仅在互联网上萌芽，而且能够生根发芽，成长为一棵常青树？

1. 工具+社群+电商/微商

互联网的发展，使信息交流越来越便捷，志同道合的人更容易聚在一起，形成社群，同时互联网将散落在各地的分散需求聚拢在一个平台上，形成新的共同需求并形成了规模。如今互联网正在催熟新的商业模式，即"工具＋社群＋电商/微商"的混合模式。比如微信最开始就是一个社交工具,先是通过其工具属性/社交属性/价值内容的核心功能筛选出海量的目标用户,加入了朋友圈点赞与评论等社区功能,继而添加了微信支付、精选商品、电影票、手机话费充值等商业功能。

2. 长尾商业模式

长尾概念由克里斯·安德森提出,这个概念描述了媒体行业从面向大量用户销售少数拳头产品,到销售庞大数量的利基产品的转变。虽然每种利基产品相对而言只产生小额销售量,但利基产品销售总额可以与传统面向大量用户销售少数拳头产品的销售模式媲美。通过C2B实现大规模个性化定制,核心是"多款少量"。所以长尾模式需要低库存成本和强大的平台,并使得利基产品对于兴趣买家来说容易获得。

3. 跨界商业模式

小米做了手机,做了电视,还要做汽车、智能家居。优秀的跨界型商业模式创新,最终目的并非简单的"旧市场+新市场"式吞并。跨界型商业模式创新的生命力,在于在这些"打破"和"颠覆"行为中,能够根据客户自身需求的细微变化,对它进行还原。

4. 免费商业模式

"互联网+"时代是一个"信息过剩"的时代,也是一个"注意力稀缺"的时代,怎样在"无限的信息中"获取"有限的注意力",便成为"互联网+"时代的核心命题。注意力稀缺导致众多互联网创业者开始想尽办法去争夺注意力资源,而互联网产品最重要的就是流量,有了流量才能够以此为基础构建自己的商业模式,所以说互联网经济就是以吸引大众注意力为基础,去创造价值,然后转化为盈利。

5. O2O商业模式

O2O即Online To Offline(线上到线下),O2O狭义来理解就是线上交易、线下体验消费的商务模式,主要包括两种场景:一是线上到线下,用户在线上购买或预订服务,再到线下商户实地享受服务;二是线下到线上,用户通过线下实体店体验并选好商品,然后通过线上下单来购买商品。广义的O2O就是将互联网思维与传统产业相融合,未来O2O的发展将突破线上和线下的界限,实现线上线下、虚实之间的深度融合,其模式的核心是基于平等、开放、互动、迭代、共享等互联网思维,利用高效率、低成本的互联网信息技术,改造传统产业链中的低效率环节。通过这种方式,可以将店铺信息和口碑在消费者中更快、更远地扩散,可以量化消费者数据,同时还能较容易地传递面对面的实体服务和品牌价值。

6. 平台商业模式

互联网的世界是无边界的,市场是全国乃至全球的。平台型商业模式的核心是打造足够大的平台,产品更为多元化和多样化,更加重视用户体验和产品的闭环设计。在互联网时代,用户的需求变化越来越快,越来越难以捉摸,单靠企业自身所拥有的资源、人才和能力很难快速满足用户的个性化需求,这就要求打开企业的边界,建立一个更大的商业生态网络来满足用户的个性化需求。通过平台以最快的速度汇聚资源,满足用户多元化的个性化需求。所以,平台模式的精髓在于打造一个多方共赢互利的生态圈。

（五）创业的主要过程

1. 创业过程的概念及特征

广义的创业过程通常包括一项有市场价值的商业机会从最初的构思到形成创业以及创业的成长管理过程。狭义的创业过程通常是指新企业的创建。在大多数研究中,创业过程通常是指广义上的含义,虽然新企业的创建确实是创业的一般过程中核心的一个部分。创业过程要贡献出时间并付出努力,承担财务的、精神的和社会的风险,并获得自己所期望的回报。创业过程具体有以下特征:

（1）创业过程是创造具有更多价值的新事物的过程。

（2）创业过程需要贡献必要的时间,付出极大的努力。

（3）创业过程需要承担必然存在的风险,如财务、精神、社会领域及家庭等。

（4）创业过程可获得报酬、独立自主、成就感等个人所期望的回报。

对于一个真正的创业者来说,创业过程不但充满了激情、艰辛、挫折、忧虑、痛苦和徘徊,而且需要付出坚定的努力;当然,渐进的成功也会带来欢乐与幸福。创业过程是一种劳动方式,是一种需要创业者运营、组织和运用服务、技术、器物进行作业的思考、推理、判断的行为。

2. 创业过程的阶段划分

创业过程可分为以下四个阶段:

第一阶段:生存阶段。这个阶段应以产品和技术来占领市场,只要有想法(点子)并"会搞关系"(销售)就可以。

第二阶段:公司化阶段。这个阶段应通过规范化管理来增加企业效益,这时需要创业者将想法提升到思考的高度,而原先的"会搞关系"就转变成一个个渠道的建设,公司的销售是依靠渠道来完成的,团队也初步形成。

第三阶段:发展阶段。这时依靠的是硬实力(产业化的核心竞争力),整个商业机构形成了系统平台,一个个团队通过系统平台来完成管理(人治变成了公司治理),销售变成了营销,区域性渠道转变成一个个地区性的网络,从而形成系统。

第四阶段:成熟扩张阶段。这是创业者的更高境界,是一种无国界的经营,也就是一般所说的跨国公司。集团总部的系统平台和各子集团的运营系统形成的是一种体系,集团总部依靠的是一种可跨越行业边界的无边界核心竞争力(软实力),各子集团形成的是行业核心竞争力(硬实力),这样将使集团整体取得各子集团在单兵作战的情况下所无法取得的业绩水平和发展速度。

案例讨论

梁智林——破茧成蝶终成功

凭着对机械的热爱,梁智林满怀热情地投入汽车运用与维修专业的学习,短短几年在校时间,他不仅学到了扎实的专业知识,提升了自身的综合素质,还磨炼了坚忍不拔、不怕苦不怕累的意志。这一切都为他创立驰行汽车服务有限公司打下坚实的基础。

毕业之后梁智林选择先在4S店进行锻炼为创业做积累。通过自己的努力,他很快适应了4S店的工作,并且干得非常出色。怀揣创业之梦,他先后从事了汽车综合维修、汽车销售经理和汽车服务经理等岗位。经过三年的磨炼和经验的积累,创业的时机终于成熟了。

2017年3月开始,梁智林开始全面创业工作,从合伙人、资金、主营业务到选址、员工选择等都进行精心准备。虽然在创业过程中遇到了很多困难,但这一切都不能阻碍他创业的决心。

经过半年的准备,驰行汽车服务有限公司终于在10月隆重开业,门店面积128米,梁智林任法人代表。他充分运用所需知识,把驰行汽车服务有限公司打造成集汽车美容、维修、轮胎保养、装饰、精品销售、汽车保险专业代理、二手车等业务于一体的汽车综合服务平台。在全体员工的不懈努力下,开业当月营业额就高达200万元,新增会员300余人。服务辐射半径1.5公里范围内的客户,为广大客户群体提供了方便与实惠。

你的看法:

_____

_____

_____

课堂活动

创业机会识别

大学生要识别机会,必须善于在市场夹缝中把握机会,下面通过一个自我测试来了解你是否具有抓住机会的能力。有位女士向你问路,而恰好方向相同,你会如何?

A. 告诉她方向相同,可以一起走。

B. 很详细地告诉她,再从后面跟着。

C. 你会默默地带她到目的地。

D. 告诉她走法,自己另走一条路。

测试结果：

选择A：人生何处不相逢，这是一种缘分，你能借此同行，可以说是个善于利用机会的人。你做事负责，也能为对方着想，懂得尊重别人。

选择B：你把自己的事和别人的事分得很清楚，但不会只告诉人家方法，你会跟在人家后面求安全，也许出于这种原因，使你得到许多成功的机会。

选择C：你是个只顾自己、自求满足的人。你无视对方的困难，一味强求，可能会制造敌人；但因为你的态度强硬，也有不少人会跟着你走，你属于政治家型的人。

选择D：意志软弱、讨厌人家误解或低估。一旦被人重视，又觉得是一种负担而感到厌烦。你没有意气相投的朋友，也没有敌人，是个作风相当独特的人。

知识测试

1. 对于大学生来说，创业有何意义和价值？

2. 创业的三个要素在创业过程中分别起到什么作用？

3. 创业的过程是三个要素之间的动态平衡过程，你是如何理解的？

二、创业精神的培养

能力目标

1. 了解创业精神的本质。

2. 掌握创业精神的意义。

案例导入

永不言败

浙江万里学院商学院学生李志彬，在创业之初就遭受沉重打击：不到两个月，创业团队从9人减少到4人；为补充现金流改造的一家零售店每天只有5元收入；投入第一个影视拍摄合同中的30万元全部亏光。

当时，他在所有人面前都"装坚强"，带领团队复盘做影视剧创业的初衷和方向。终于，公司从倒闭的边缘上"活回来了"。"创业肯定少不了坚持，如果不是想打造自己的舞台，如果不是坚持梦想，我可能早就去做赚快钱的生意了。"李志彬说。

心得体会：

（一）创业精神的本质

创业精神是创业的动力和支柱。没有创业精神就不会有创业行动，创业成功也就无从谈起。从理论上来说，创业精神是指在创业者的主观世界中，那些具有开创性的思想、观念、个性、意志、作风和品质等。创业精神是由多种精神特质综合作用而成的，创新精神、进取精神、拼搏精神、冒险精神、合作精神等都是形成创业精神的特质，具体表现在勇于创新、敢当风险、团结合作、坚持不懈等方面。

1. 创新是创业精神的灵魂

创业精神的灵魂是创新。创业活动中的创新包括引进新的产品、新的流程、新的技术、开辟新的市场、控制原材料供应的新来源，实现企业的新组织、采用新的商业模式等，进而创造出新的价值或财富的过程。创新被认为是创业精神的具体化，没有创新的创业是不可能持久的，缺乏创新，就不会有新企业的诞生和小企业的成长壮大。创业者只有具备创新精神，才可能创建新颖独特的企业，并保持企业的特色和可持续发展。

2. 冒险是创业精神的天性

创业往往具有一定程度的冒险性。没有甘冒风险和承担风险的魄力，就很难成为一名成功的创业者。中外无数创业者的经历表明，创业者虽然生长环境、成长背景和创业机缘各不相同，但无一例外都是在诸多不确定性因素条件下敢为人先、敢于承担的实践者。

3. 合作是创业精神的精华

社会的发展伴随着分工的细化，没有谁能一个人完成创业所需要完成的所有事情。创业工作自然需要创业团队分工协作、共同完成。优秀的创业者善于合作，能将合作精神扩展到企业的每一位员工。为了企业共同的目标，大家精诚合作、团结一心，面对困难时也能同舟共济、奋力拼搏，"心往一处想，劲往一处使"。

4. 执着是创业精神的本色

创业的道路是坎坷的，创业环境错综复杂、瞬息万变，创业的过程必然伴随着各种艰辛与曲折。选择了创业就是选择了面对更多困难、迎接更多挑战,而创业精神就体现在战胜困难与迎接挑战的过程中。因此,创业者必须坚持不懈、持之以恒,咬定青山不放松。实践证明,往往执着的连续创业者更易于在创业大潮中生存下来。

（二）培养创业精神的意义

1. 创业精神的培育是新时代的需要

我国正处在一个伟大的变革时代,随着社会主义经济市场化和全球化的进一步推进,人们的生产生活方式、社会关系、价值观念乃至文明形态都在发生着深刻的变化,社会对人才的需求也随之发生变化。创新创业作为经济发展的原动力,是繁荣经济的有效途径之一。通过创业可以扩大就业,加速技术创新和科研成果转化,进而创造更多的社会财富,推动社会经济发展,实现发展经济与扩大就业的良性互动。大学生的创业精神作为一种积极的思想观念和精神状态,对社会的发展具有十分重要的推动作用。

2. 创业精神的培育是创新型人才培养的需要

创新是创业精神的核心内容之一,美国著名管理学家德克鲁认为:"创业就是要标新立异,打破已有的秩序,按照新的要求重新组织。"因为"理论、价值以及所有人类的思维和双手创造出来的东西都会老化、僵死……"我们需要的是一个创业的社会,在这个社会中,创新和创业精神是正常、稳定和持续的。创业精神的核心,归根到底是由创业活动的开拓性所决定的。由于创业是一种创造性的活动,它本身就是对现实的超越,因此,创业就意味着创新,创新就意味着突破,创业精神的培育过程就是培养创新型的人才的过程。

3. 创业精神的培育是大学生挖掘自身潜力和实现自我价值的需要

在知识技术的不断更新,职业岗位的不断转换,人际关系不断变化的情况下,尤其需要具备良好的自我调适能力,而具备创业精神,才能做到与时俱进,充分发挥出自身的潜能,实现自身的价值。具有创业精神的大学生,通过自主创业,可以把自己的兴趣与职业紧密结合,做自己最感兴趣、最愿意做和自己认为最值得做的事情。在五彩缤纷的社会舞台中大显身手,最大限度地发挥自己的才能,并获得合理的报酬。

当前社会鼓励大学生创业,虽然是从化解就业难的角度,但就大学生自身来说,其创业的原动力则在于谋求自我价值的实现。而只有提高大学生创业的比例,整个社会才能形成创业的风气,才能建立"价值回报"的社会新秩序。

（三）培养创业精神的一般途径

创新意识和创业精神已成为目前我国素质教育的焦点,也成为高等院校培养学生核心竞争力的重要内容之一。具有创新精神和创业能力的创新型人才既是社会对大学生的要求，也是高素质复合型人才的基本要求，更是民族创新能力提高的重要保证。

培育创业精神，通常从培育创业人格、培养创新能力、宣扬创业文化和强化创业实践等方面进行。

1. 培育创业人格

个性特征对创业者个人来说非常重要，尤其是独立性、坚持性、敢为性等，所以，人格塑造与创业精神培育相辅相成。大学生要树立心理健康意识，提高心理素质，增强适应能力，自觉培养坚忍不拔的意志品质和艰苦奋斗的精神。

此外，还可以通过创业案例剖析创业者的人格特征等，掌握形成良好的心理素质与人格特征的途径和方法。

2. 培养创新能力

创新是创业精神的核心。大学生要通过保持个性发展和好奇心、求知欲，勇于突破前人、突破书本、突破难题，自觉培养科学精神，训练创新思维，提高创新能力。

3. 宣扬创业文化

校园文化是学生成才的外部环境。对于学生来说，它具有陶冶、激励和导向功能。高校应将创业精神有机地融入学科、科技等活动中，以培养学生的创业精神。

具体来说，可经常邀请成功的企业家或成功的校友来学校做报告，利用他们的激情感染学生，利用他们的榜样力量鼓励学生，增强大学生对于创业的信心。

4. 强化创业实践

"纸上得来终觉浅，绝知此事要躬行。"大学生应该利用课余时间参加一定的创业模拟和社会实践活动，增强对企业的了解和对社会的认知。通过在校内外参加创业竞赛活动和实习见习等，磨炼自己，培养创业精神。

案例讨论

应向阳：你我身边的创业之星

应向阳，《福布斯》中文版2013年"中国30位30岁以下创业者"之一。他在大学期间除了学习本专业课程外，还辅修了第二专业——财务管理。

2012年9月，在家人的支持和鼓励下，应向阳和几位同学共同出资创办了友宝电子科技有限公司，开发物联网的智能快递终端。投身物联网行业，应向阳说是偶然产生的灵感。当时在搞研发的过程中需要从网上订购许多电子配件，很多时候他正在实验室研究某项关键技术，却因为快递到了急需取件而不得不中断思路。不过，这让他"嗅"到了商机。有了初步想法后，应向阳开始进行市场调研：到快递公司帮忙分拣快件，观察分析快递员的送件效率,向学校和社区发放调查问卷。快递和物业公司普遍反映,快件滞留会导致通信和人工成本增加,对他们是不小的负担。应向阳和几个同学共同努力,开发出"智能便民寄存缴费系统",并于2012年11月底申请了国家专利。智能快递柜成功地解决了快递最后一公里的问题,他给自己、给投资人、给创业伙伴交出一份令人满意的答卷。

2014年,友宝电子科技实现营收700万元;与汇通、韵达、中粮我买网达成战略合作。2015年,实现营收1500万元;入驻阿里孵化器,获得中国青年App大赛冠军。快递柜项目成功后,应向阳又将目光投向了共享冰箱。一夜之间,福州不少公司的茶水间都摆上了这样一个装着各式零食的无人值守的售货冰箱——鲜喵。

使用共享冰箱只需关注公众号,然后拿出手机扫码,选择产品,然后按"确定下单",就可以打开冰箱门提货了。共享冰箱和自动售卖机最大的区别是,自动售卖机产品单一,大多只有饮料,共享冰箱食物品种多,且可以做到私人订制。

无论共享冰箱最终战局如何,对于这位敢闯会创的年轻人,我们都应报以热烈的期待。

你的看法:

_____

_____

_____

课堂活动

"你适合创业吗?"

过程中,请一定要按自己真实的性格来选择,设身处地想想自己最真实的反应。

有一天,你接到了三个邀请,但恰好都是同一个周末的下午,如果是你,你会选择哪个?

A. 某著名人士在报告厅讲他成功的辉煌经历,听了让人热血沸腾。

B. 一个知名企业家讲述他几起几落的失败故事,不讲辉煌专讲失败的经历。

C. 十多年未见的同学聚会,不容错过。

测试结果:

选择A:有创业的强烈激情,但缺乏理性,要创业的话失败的可能性较大。成功者辉煌的成功故事固然让人心生向往,但成功受性格、环境等多种因素影响,成功的案例不具有可复制性,不能给创业者带来真正的启示。

选择B:有创业想法,也不乏理性,适合创业。大多数人喜欢看成功的故事,以激励自己;但同一件事,即便一个人成功了,背后还有九百九十九个失败者。对于创业者而言,没有人不想成功,但如果一开始不多想想失败,将来如果失败则无所适从。失败者的故事很少受关注,也很少有人愿意讲出来;但恰恰成功者的失败总结非常珍贵,具有借鉴性。

选择C:不适合创业。我们正处在奋斗阶段,要不断地提升自己。演讲对你事业上有所启示,错过了就不再有;同学聚会虽然可贵,但今天不去可以下次去,真的好朋友,不会因为一次聚会不出现而断了友谊。

知识测试

1. 什么是创业精神?创业精神包含哪些精神特质?

2. 只有准备创业的人才需要培养创业精神吗?大学生为什么要培养创业精神?

3. 目前学校在培养学生创业精神方面有哪些举措?作为学生,你有什么好的建议吗?

三、高职生创业现状分析

能力目标

1. 能正确认识和理解高职生创业的现状,调整自己的创业生涯。

2. 了解高校毕业生自主创业相关优惠政策,为今后创业"铺路架桥"。

案例导入

从创新创业大赛中走出来的发明小伙

快轮科技创始人叫刘峰,被媒体称为"废品收购站里走出来的发明小伙"、"90后"发明达人,从小学到大学毕业,共拿下了18项专利——小学时,发明过智能防丢贴片,来防止童年的自己走丢;初中时,发明过心电感应装置,遇到开心的事,装置上的爱心就会被点亮;大学时,发明过烟花爆竹引燃器,新年12点准时点燃烟花,也不耽误看春晚;等等。刘峰的第一桶金,是在南京的一个创业大赛中得到的,南京当时有政策规定,在南京毕业五年之内的大学生,可凭借自己的创业项目参加比赛,奖金10万元到50万元不等。刘峰的平衡车项目获得了15万的奖金。

据创业邦了解,快轮科技成立于2014年8月,成立之初即推出一款流线造型的独轮平衡车,30天预售额达100多万元,吸引了徐小平"真格基金"和王峰"极客帮"的600万天使投资。

心得体会：

　　"大众创业、万众创新"出自2014年9月达沃斯论坛上李克强总理的讲话,此后,这句话在首届世界互联网大会、国务院常务会议和2015年《政府工作报告》等场合中频频出现。推动大众创业、万众创新是充分激发亿万群众智慧和创造力的重大改革举措,是实现国家强盛、人民富裕的重要途径,要坚决消除各种束缚和桎梏,让创业创新成为时代潮流,汇聚起经济社会发展的强大新动能。"大众创业、万众创新""互联网＋"等先进理念无疑为当前高校大学生创业提供了思路,指明了方向。紧跟国家决策部署,各高职院校创业教育开始风生水起,高职学生创业大军也成燎原之势。

　　但同时,融资渠道单一、不畅是毕业生创业普遍面临的问题。除创业环境、行业竞争等外部因素,毕业生创业能力不足、水平不高是导致其创业成功率偏低的主要因素。

　　这说明在"互联网＋""大数据"新背景下,高职生创业之路还存在困境,创新创业能力提升还任重道远。

（一）高职学生创业存在的内在问题

　　（1）缺乏创业信念,心理承受能力差。在应试教育环境下成长的高职生,由于生活简单,没有经历过复杂艰苦环境的敲打和磨炼,创业意识并不明确,他们往往缺乏创业信念,心理承受能力和抗打击、抗挫折能力差。高职学生创业心态往往较理想主义,思想上缺少必要的准备,顺利时意气风发,认为自己是完美无缺的,遇到挫折和失败就会认为自己一无是处,会感到痛苦茫然,甚至沮丧消沉。

　　（2）缺乏社会经验和商业管理经验。高职学生掌握了一定的理论基础,有一定的知识面,但由于大部分时间身处校园,与具有社会工作经验的创业者相比,高职学生创业不仅缺乏职业经历、社会磨砺,而且欠缺社会和商业管理知识。创业中的任何判断或者决定都来自自身的知识和经验的积累,如果缺乏这种积累,那么判断的依据就不足,得出的结论就无法保证它的正确性,这就给创业带来更大的风险。

　　（3）缺乏市场意识和人脉资源。高职学生往往没有参加创业实践活动的经历,缺乏创业实践体验,缺乏市场意识,人脉资源也较少,很难搭建起创业发展的平台。创业最重要的是创业项目的市场价值,是切中市场需求的产品或服务,是技术或产品市场的空间。高职生的创业项目往往缺乏真正的商业前景,许多创业点子经不起市场的考验,而且高职学生对于诸如目标市场定位与营销手段组合这些重要市场信息缺乏重视,市场概念较为薄弱。市场才是检验创业理念的唯一标准,创业是一个集资金、专业、管理、营销、财务等因素于一体的复杂过程,只有找到市场规律,把创业理念变成市场上需要的商品或服务,创业项目才有实用性、市场性。

(4)缺乏创业综合素质和创业能力。高职学生技术、知识与能力结构比较单一,创业综合素质、能力还有待进一步提高。创业是无法事先完全可预测的复杂过程,往往需要经历长期艰苦的探索和磨炼,创业者不仅需要具备一定的专业知识、商业知识、管理知识、财务知识、法律法规知识等,还需要具备超人的胆识,敢于冒险的精神及全面的洞察力,出色的领导力,良好的协作能力等。

(二)高职学生创业存在的外部环境问题

(1)缺少家长的支持。家长的反对是阻碍在校高职学生创业的主要原因。家长大部分认为孩子考上大学不容易,应把学习放在第一位,希望孩子能在学校里好好学习,取得好成绩,毕业后能够找到一份收入可观的稳定工作。家长的普遍态度是在没有经验的情况下,不太支持甚至坚决反对子女去冒险创业,认为学生应先多了解社会,多了解行业运转方式,先打工,等有了一定的社会经验、资金、人脉积累后再创业,家长的不支持遏制了不少学生的创业热情。

(2)缺少系统化的创业教育。虽然目前高职院校对学生的创业教育越来越重视,多数学校也开设了创业教育课程,但高职院校的创业教育体系还不完善,缺少全面化和系统性。大部分学校只是把创业教育作为一种广义的、通识的教育,以知识传授为主,而真正重要的创业实践培养比较缺失,缺乏个性化的创业专业培训和指导,创业素质能力培养较少。学校对学生创业教育的缺失,导致学生对创业方针政策知之甚少,创业知识和创业能力欠缺,这直接影响了高职生的创业率,影响了创业的成效。

(3)缺乏有力的创业扶持政策,创业基础设施不完善。近年来,国家出台了一系列鼓励大学生自主创业的优惠政策,这无疑为大学生创业铺就了一条"绿色通道"。但是,我国现在的创业环境还不是很完善,从各项扶持政策来看,主要集中在创业企业注册、税收和资金支持等方面,而针对大学生创业教育、培训和指导等方面则明显不足,一些优惠政策缺乏相应的配套措施和实施细则,难以执行,政策的执行效果大打折扣。同时我国与创业相关的法律、金融、信息、物流、咨询等配套服务不足,部分地区相关工作人员服务意识还不强,这些都使高职学生创业之路异常艰难,打击了高职学生创业的积极性。

(4)创业资金短缺,缺乏创业融资环境。资金是任何创业者都必须具备的一项重要资本,对于没有经济基础和经济来源的高职生,资金难题成了他们创业的最大障碍。一项有关大学生自主创业的调查显示,大学生创业资金中有82%来自个人和家庭。现阶段政府部门和一些高职院校设立的创业扶持基金对高职学生创业个体的扶持力度并不大,且银行出于控制信贷风险等方面的考虑,往往不太愿意给高职学生创业项目提供信贷支持,社会上尽管也有一些风险投资基金,但风险投资机构对投资项目的发展前景和创业团队的管理能力等要求较高,申请风险投资对大多数高职学生创业者而言可望而不可即。

案例讨论

手脑并用,创出未来

刘翔,2014年考入南京工业职业技术大学,同年加入校机械创新设计协会,成为科创学生中的一员,实现了自己的发明家梦。在这里,他吃苦耐劳,钻研技术,为了能够做好项目,一年内自学了本该三年才能完成的学业。也正是这样,他在入校后的第一个全国性大赛(全国高职高专"发明杯"大学生创新创业大赛)上大放异彩,圆满地完成了比赛,个人设计制作的三项作品均斩获一等奖的好成绩。

2015年3月,满怀抱负的他成功申请并加入了南京工业职业技术大学创新精英班,创新精英班没有学院的划分,在这里有来自全校各个学院的学生,他们的思想可以不断地碰撞,他们的专业可以得到互补,也就是在这里,刘翔组建了他的团队。有了团队的他更加痴迷创新,带领团队不断探索新需求,并设计制作对应的解决方案。

同时,学校搭建的创新班平台为他们设置了专业定制化的课程,更加系统地将国内先进的创新创业教育资源教给了他们,就这样经过一年的时间,这个7人团队成功地从众多学生中脱颖而出,在学校的"五四"表彰大会上,他崭露头角,一年时间内申报发明及实用新型专利80余项,其中授权发明专利3项,实用新型专利9项,成为全校唯一一名在校期间就拥有3项发明专利授权的学生,他也因此被同学戏称为"发明专利专业户"。

大众创业、万众创新的环境下,2016年5月他和他的团队申请并加入了南京工业职业技术大学创业先锋班,这里汇集了全校创业的学生,有专业的创业导师,有投资人、专家、知名校友等,他和他的团队在这里边学、边做、边交流,在创业先锋班里他学习了诸多创业知识,慢慢地他有了把自己设计的产品投入市场的想法,就这样2017年3月他创立了南京精素网络科技有限公司,正式创业。经过半年的经营,上海一家网络公司看中了他公司的主营项目"家生活社区服务平台",并以40万元的价格购买了其项目数据,就这样他赚取了自己的第一桶金。

这坚定了他的信心,他加大了对研发的投入,努力开发产品,2018年他申请了南京市大学生优秀项目并成功入选,个人入选"福地青年英才"计划。同时,他以优异的成绩获评校大学生年度人物。

2018年6月他从南京工业职业技术大学毕业,为了更好地创业,他申请进入江苏省青年人才创新创业基地,得到了科技园专业孵化团队的指导和帮助。公司成功进入高新技术企业培育库。2019年,他参加第五届中国"互联网+"大学生创新创业大赛,获得国赛金奖、铜奖各一。

他在创业的道路上不断探索、创新,树立了自己的企业品牌与形象,成为政府相关部门服务社会的纽带,截至2021年底,签订合同总额累计超过6000万元。

你的看法:

_____

_____

_____

课堂活动

高职生创业优势与劣势分析

SWOT分析法又称为态势分析法,是一种可行性分析工具,就是将与研究对象密切相关的主要优势(Strength)、劣势(Weakness)、机会(Opportunity)、威胁(Threat)等方面因素列举出来,然后通过系统分析的方法,把各种因素有机结合起来加以分析,从而得出结论。

(1)运用SWOT分析法对高职学生创业情况进行分析。

(2)运用SWOT分析法对自己在创业方面的积累进行分析,梳理自己的优势、劣势、机会和威胁,并制订相应的策略和对未来的规划。

知识测试

1. 德鲁克认为创业是可以通过学习来掌握的。对于这个观点,你是如何理解的?
2. 创业与创新有什么关系?

技能训练:创业辩论赛

主题:一毕业就创业还是毕业后五年再创业

一、活动目标

复习创业知识,深入思考大学生创业的利弊,正确看待创业。

二、活动时间

60分钟

三、活动方法

由教师将学生分成正、反两方(学生自由组合也可以),结合所学内容,通过搜寻信息等做准备,开展辩论赛。

四、评比

由若干教师组成评审团,以论据正确、有力,资料和数据的丰富为标准评出胜负。

模块二　创业者与创业团队

拓展资源

模块导读

创业者一词由法国经济学家坎蒂隆于1755年首次引入经济学。1800年，法国经济学家萨伊首次给出了创业者的定义，他将创业者描述为将经济资源从生产率较低的区域转移到生产率较高区域的人，并认为创业者是经济活动过程中的代理人。

著名经济学家熊彼特则认为创业者应为创新者、经济变革和发展的行动者。创业者就是善于发现市场需求，敢于承担风险和责任，组织资源满足市场需求的人。创业者有狭义和广义之分，狭义的创业者是指参与创业活动的核心人员，广义的创业者是指参与创业活动的所有人。广义上说，创业者不仅是创造企业的人，也有可能是发明者，还可能是创造某种制度的人。他们开创了时代，建立了城市、宗教或者新的生活方式。"为了创造新事物，他们必须脱离原有的模式，踏上寻找原始创意的旅途。这种萌芽般的原始创意具有强大的潜力，能够催生出全新的事物。""任何想体验充满各种不确定性和模糊性的战场的人都可能成为创业者，任何想跨越诸多高峰的人都可以成为创业者。"不管面对何种情景，都有意愿持续前行的人，都可称之为"创业者"。

美国马凯特大学曾对2 000家企业进行调研，发现94%的高成长企业都是由合伙人共同创建，而且其中70%以上有三位以上的创建者。显而易见，一个好的创业团队是创业成功的重要因素。

创业团队想要获得"1+1>2"的效果，需要强强联合，优势互补，这就需要团队成员最大限度地发挥自己在知识、性格、技能、资源等方面的不同作用，依靠集体智慧解决创业团队遇到的问题。一个团队在开展创业活动时，必然会有技术、市场、销售、管理等不同类型的工作任务需要成员去分工、承担，如此便产生了知识能力互补的人才需求。创业团队组建过程中应当合理选择团队成员，要考虑到队员的年龄互补、知识互补、能力互补、性格互补、气质互补、性别互补等方面。

创业容易守业难。一个成功的企业背后必有一支充满战斗力的团队的支撑。团队在创业过程中具有极为重要的意义，它是企业的魂，是企业最终成功的重要保证，多数高成长企业是由团队建立起来的，但是，创业团队管理是一门艺术，如何让公司生存得更长久是每一个创业者都应不断思考的问题。创业者应当谨记林则徐的名言："海纳百川，有容乃大；壁立千仞，无欲则刚。"

本模块通过创业者素质与能力、创业团队的组建与管理、股权分配的模式的学习，帮助学生了解优秀团队组建的内涵，股权合理分配的重大意义，以及如何提高创业者的素质和能力。

一、创业者的素质与能力

能力目标

1. 认识创业者应具备的基本素质。

2. 掌握创业者应具备的能力。

3. 掌握创业者能力提升的路径。

案例导入

冒险家王卫

1993年,22岁的王卫在广东顺德创立顺丰速运。当时,这家公司算上王卫本人也只有6个人。如今,拥有26万员工的顺丰速运已成为中国民营快递的行业标杆。虽然快递业务并不是顺丰创造的,但是顺丰通过建立服务标准、提供服务承诺,提升了中国整个快递行业的服务质量。

早期,顺丰按照客户细分设计了自己的产品价格体系:与四大国际快递重叠的高端不做,五六元钱的同城低端也不做,剩下的中端客户被锁定为唯一目标。顺丰的服务设计也非常简单。500克以内收不超过20元的邮费,上门送货,全国联网,36小时到达。从客户预约下单到顺丰收派员上门收取快件,1小时内完成。快件到达顺丰营业网点至收派员上门为客户派送,2小时内完成。2003年对于顺丰来说是转折性的一年。这一年春天,顺丰身处受SARS影响较重的广深地区。因为人们都不敢出门,快递的业务量猛增。王卫把他的目光转向了天空。这个时期,航空公司的生意萧条。2003年初,借航空运价大跌之际,顺丰顺势与扬子江快运签下合同,成为国内第一家使用全货运专机的民营速递企业。顺丰控股于2017年2月24日上市,正式亮相资本市场。

2020年11月26日,胡润研究院发布《2020世贸海峡·胡润中国500强民营企业》,顺丰控股以市值4100亿元位列第21位。

心得体会：

（一）创业者应具备的素质

1. 创业者素质的概念

素质是一个人活动的主观条件和内在根据,是其完成一定活动与任务所具备的基本条件和特点,是行为的基础和根本因素,包括生理素质和心理素质两大方面,它对一个人的身心发展、工作潜力和工作成就的提高起决定性的作用。

创业者素质是指创业者实现成功创业所具有的独特品质和能力。按照素质的生理和心理两方面构成来看,创业者素质包括创业者身体素质和心理素质。其中创业者心理素质是关键,又包括智能素质(知识、智力、技能和才能等)、品德素质(思想品质、创新意识和道德品质等)、文化素质(文化广度、深度和社会工作经验等)和心理健康素质等。

创业者素质源于社会发展的需要,其形成受很多因素的影响。创业者成功创业的因素很多,既有本身的素质,也有环境、社会、机遇、教育、家庭等方面的因素。但创业者在创业成功中占有重要地位。创业者是创业活动的核心,是创业成功的关键,创业者该具备哪些素质无疑是影响创业能否持久的重要因素。

2. 创业者素质的内涵

某杂志通过对上千件案例的研究,发现成功创业者具有多种共同的特性,并从中提炼出最为明显,同时被认为是最为重要的10种,将其称为"中国创业者十大素质"。

（1）欲望

关于人的欲望,地产商冯仑有一段精辟的论述:地主的生活最愉快,企业家的生活最有成就感,奴隶主的生活最有权威。"地主地里能打多少粮食,预期很清楚,一旦预期清楚,欲望就会被自然约束,也就用不着再努力,所以,会过得很愉快。企业家不同,企业家的预期和他的努力相互作用,预期越高努力越大,努力越大预期越高,这两个作用力交替起作用,逼着企业家往前冲。"

如果用"创业者"代替冯仑这段话里的"企业家",那么,"欲望是创业的最大推动力"这一论断也是成立的。一个真正的创业者一定是强烈的欲望者。他们想拥有财富,想出人头地,想获得社会地位,想得到别人的尊重。研究发现,成功创业者的欲望,许多来自现实生活的刺激,是在外力的作用下产生的,而且往往不是正面的鼓励型的。刺激的发出者经常让承受者感到屈辱、痛苦。这种刺激经常在被刺激者心中激起一种强烈的愤懑、愤恨与反抗精神,从而使他们做出一些"超常规"的行动,焕发起"超常规"的能力,这大概就是孟子说的"知耻而后勇"。

（2）忍耐

忍耐是创业者必须具备的素质。"艰难困苦,玉汝于成"和"筚路蓝缕",都是说创业不易。《孟子·告子下》:"天将降大任于是人也,必先苦其心志,劳其筋骨,饿其体肤,空乏其身,行拂乱其所为,所以动心忍性,曾益其所不能。"可见,对创业者来说,肉体上的折磨算不得什么,精神上的折磨才是致命的,如果有心自己创业,一定要先在心里问一问,面对从肉体到精神上的全面"折磨",你有没有那样一种宠辱不惊的"定力"与"精神力"。如果没有,那么一定要小心。

（3）眼界

一些人喜欢夸耀自己见多识广,对于创业者来说,眼界意味着要真正地见多识广。广博的见识,开阔的眼界,可以很有效地拉近自己与成功的距离,使创业活动少走弯路。眼界决定了创业者的创业思路,一般而言,创业者的创业思路有四个来源:一是职业;二是阅读;三是行路;四是交友。

（4）明势

对创业者来讲,明势的意思分两层:一要明势,二要明事。

势,就是趋向。"势"分大势、中势、小势。创业的人,一定要跟对形势,要研究政策。这是大势。很多创业者是不太注意这方面的工作,认为政策研究没有意义。实则不然,对一个创业者来说,国家政策、社会事件等都会对自己有影响。在政策方面,国家鼓励发展什么,限制发展什么,与创业之成败更有莫大关系。找对了方向,顺着国家鼓励的层面努力,可能事半功倍。中势指的就是市场机会。市场上现在流行什么,人们现在喜欢什么,不喜欢什么,可能就表明了你创业的方向。小势就是个人的能力、性格、特长。创业者在选择创业项目时,一定要找那些适合自己的能力,契合自己的兴趣,可以发挥自己特长的项目,这样你才能做持久性的全身心的投入。创业要顺势而作、顺水行舟。观察政府,研究政策,是为了明势。

明势的另一层含义,就是明事,一个创业者要懂得人情事理。正如老话所说:"世事洞明皆学问,人情练达即文章。"因此,创业者一定要明势,不但要明政事、商事,还要明世事、人事,这是一个创业者的基本素质。

（5）敏感

创业者的敏感,是对外界变化的敏感,尤其是对商业机会的快速反应。有些人的商业敏感来自耳朵,有些则来自眼睛,还有一些人的商业敏感来自自己的两条腿;有些人的商业感觉是天生的,更多人的商业感觉依靠后天培养。如果你有心做一个创业者,就应该有意识地训练自己的商业感觉。良好的商业感觉,是创业者成功的最好保证。

(6)人脉

创业不是引"无源之水"、栽"无本之木"。创业需要资源,而其中最重要的是人脉资源,即创业者构建其人际关系网络或社会网络的能力。一个创业者如果不能在最短时间内建立自己最广泛的人际网络,那么他的创业一定会非常艰难,即使初期能够依靠领先技术或者自身素质,如吃苦耐劳或精打细算,获得某种程度上的成功,但会影响事业版图的扩大。

(7)谋略

创业是一个斗体力的活动,更是一个斗心力的活动。创业者的智谋,将在很大程度上决定其创业成败。尤其是在目前产品日益同质化,市场有限,竞争激烈的情况下,创业者不但要能够守正,更要有能力出奇。

谋略,就是一种思维的方式,一种处理问题和解决问题的方法。对于创业者来说,智慧是不分等级的,它没有好坏、高明不高明的区别,只有好用不好用,适用不适用的问题。将创业者智慧归结为一句话就是:不拘一格,出奇制胜。

(8)胆量

创业本身就是一项冒险活动,必然伴随风险,因而创业需要强大的心理承受能力,需要胆识,需要胆量,更需要冒险。冒险精神是创业家精神的一个重要组成部分,但创业毕竟不是赌博。创业家的冒险,迥异于冒进。

有一个故事:某人问一位哲学家,什么叫冒险,什么叫冒进?哲学家说,比如有一个山洞,山洞里有一桶金子,你想进去把金子拿了出来。但如果那山洞是一个狼洞,你就是冒险;而那山洞如果是一个老虎洞,你就是冒进。这个人表示懂了。哲学家又说,假如那山洞里有的只是一捆劈柴,那么,即使那只是一个普通的狗洞,你要进去也是冒进。这个故事形象地说明,冒险是你经过努力有可能得到,而且那东西值得你得到。否则,你只是冒进,在做不值得的事。创业者一定要分清冒险与冒进的关系,要分清楚什么是勇敢,什么是无知。无知的冒进只会使事情变得更糟,你的行为将变得毫无意义,并且被人耻笑。

(9)分享

作为创业者,一定要懂得与他人分享。一个不懂得与他人分享的创业者,不可能将事业做大。分享也不仅仅限于企业或团队内部,对创业者来说,与外部的分享有时候同样重要。正泰集团的成长历史,有人说就是南存辉不断股权分流的历史。在南存辉的发家史上,进行过4次大规模的股权分流,从最初持股100%,到后来只持有正泰股权的28%,每一次当南存辉将自己的股权稀释,分流到别人口袋里去的时候,都伴随着企业的高速成长。但南存辉觉得自己并没有吃亏,因为蛋糕做大了,自己的相对收益虽然少了,但是绝对收益大大地提高了。

（10）自省

自省其实是一种学习能力。创业既然是一个不断摸索的过程,创业者就难免在此过程中不断地犯错误。自省,正是认识错误、改正错误的前提。对创业者来说,自省的过程就是学习的过程、进步的过程。成功创业者有一个共通之处,就是都非常乐于学习,善于进行自我反省。

一个创业者,遭遇挫折、碰上低潮都是常有的事,在这种时候,自省能够很好地帮助你渡过难关。曾子说:"吾日三省吾身。"对创业者来说,问题不是一日三省吾身、四省吾身,而是应该时时刻刻警醒、反省自己,唯有如此,才能时刻保持清醒。

案例讨论

返乡创业直播带货带出农产品销售一片天

杨世民是土生土长的平罗县宝丰镇人,早年在外做煤炭生意。随着煤炭行业进入寒冬,打小在黄河岸边长大的杨世民决定返乡创业。

经过市场调查,杨世民在宝丰镇建起了石磨面粉厂,做起了一碗"干捞面"的文章。2015年10月,杨世民成立了平罗县实民农副产品流通专业合作社。2017年10月,杨世民引进几套石磨面粉机械,成立了宁夏实民粮油食品有限公司,流转土地,采取订单经营模式,从源头上保障原粮质量。

为了让石磨加工的面粉走出去,杨世民又琢磨着在产品包装上做文章。他把加工好的面粉分几种用途包装成2.5公斤、5公斤的一袋,打出石磨面粉"沙湖雪"的品牌。依托良好的口碑,石磨面粉远销东北三省以及北京、山西、河北等地。如今,手机、手机支架、充电宝、数据线成为杨世民的必备"农具",他也渐渐精通直播圈里的"十八般武艺",从一个话都说不太利落的直播"菜鸟",变为固定时间开播、与粉丝互动的主播。短短一个多月时间,杨世民的账号有近两万粉丝,通过账号已经卖出了1000多单,销售额近5万元。一部小小的手机、一段来自原产地的视频,让杨世民摇身变为"网红",将质优价廉的农产品直接展现在消费者面前,在互惠双赢中走出一条致富新路。

"今年我打算请一些网红主播到田间地头、企业车间,搞一场大型直播活动,把石磨面粉推广出去,让我们石嘴山的农副产品走向更广阔的市场。"这是杨世民新的期许。

你的看法:

_____

_____

_____

（二）创业者应具备的能力

能力素质是综合素质的表现。而创业能力是一种特殊的能力,这种特殊能力往往影响创业活动的效率与成功率。一个创业成功的人,除了有一技之长,还要具备良好的创业能力。在市场经济条件下,企业之间的竞争是非常激烈的。作为创业者,不能只凭一时的热情,如果既不去了解创业的特点,也不去了解创业者应具备的心理品质和能力,认为别人能创业成功,自己也一定能成功,那么结果往往是以热情开始,以失败告终。创业能力一般包括决策能力、认知能力、经营管理能力、专业技术能力、交往协调能力、创新能力、商业洞察能力、识人用人能力、承受挫折能力、学习能力等方面。

1. 决策能力

决策能力是指创业者根据主客观条件,因地制宜,确定创业的发展方向、目标、战略以及具体选择实施方案的能力。决策是一个人综合能力的表现,一个创业者首先要成为一个决策者。创业者的决策能力通常包括分析能力、判断能力和创新能力。大学生要创业,首先要在众多的创业目标以及方向中进行分析比较,选择最适合发挥自己特长与优势的创业方向和途径、方法。在创业过程中,能从错综复杂的现象中发现事物的本质,找出真正存在的问题,分析原因,从而正确处理问题,这就要求创业者具有良好的分析能力。所谓判断能力,是指能从客观事物的发展变化中找出因果关系,并善于从中把握事物的发展方向的能力。分析是判断的前提,判断是分析的目的,良好的决策能力是良好的分析能力和判断能力的总和。创业实际上就是一个充满创新的过程,所以,创业者必须具备创新能力,有创新思维,无思维定式,不墨守成规,能根据客观情况的变化及时提出新目标、新方案,不断开拓新局面,创出新路子。可以说,不断创新是创业者不断前进的关键环节。

2. 认知能力

认知能力是指接收、加工和应用信息的能力,是人们成功地完成活动最重要的心理条件。知觉、记忆、注意、思维和想象的能力都被认为是认知能力。美国心理学家加涅(R.M. Gagne)提出三种认知能力:语言信息(回答世界是什么的能力),智慧技能(回答为什么和怎么办的能力),认知策略(有意识地调节与监控自己的认知加工过程的能力)。认知能力具有一定的差异性,称之为差异化认知能力,是指在一般认知能力基础上形成的学习者对信息加工方式的某种偏爱,它具体表现为学习者对学科的偏好,对学习内容难易程度的偏好,对环境的偏好,对感觉通道的偏好等方面。差异化认知能力是在一般认知能力上的差异化结构及差异化对待。差异化认知能力培养历来受到教育者的重视,早在春秋时期,孔子就提出"因材施教";在西方,布卢姆(B.S.Bloom)提出的"掌握学习"、斯金纳(B.F.Skinner)提出的"程序教学"等都是对差异化认知能力培养的积极思考和实践。

3. 经营管理能力

经营管理能力是指对人员、资金、项目以及创办公司的组织与管理能力。它涉及人员的选择、使用、组合和优化;也涉及资金的聚集、核算、分配、使用、流动。经营管理能力是一种较高层次的综合能力,是运筹性能力。

4. 专业技术能力

专业技术能力是创业的前提能力,是企业中与经营方向密切相关的主要岗位或岗位群所要求的能力。创业者在创办自己的第一家企业时,应该从自己熟悉的行业中选择项目。当然,也可借助他人特别是雇员的知识技能来办好自己的企业,但在创办自己的第一家企业时,如果能从自己熟知的领域入手,就能避免许多"外行领导内行"的尴尬局面,大大提高创业的成功率。创业者应具备专业技术能力要求体现在以下三方面:

第一,创办企业中主要职业岗位必备的从业能力。

第二,接受和理解与所创办企业经营方向有关的新技术的能力。

第三,把环保、能源、质量、安全、经济、劳动等知识和法律、法规运用于本行业实际的能力。

5. 交往协调能力

交往协调能力是指能够妥善地处理与公众(政府部门、新闻媒体、客户等)之间的关系,以及能够协调下属各部门成员之间关系的能力。创业者应该做到妥当地处理与外界的关系,尤其要争取政府部门特别是工商及税务部门的支持与理解,同时,要善于团结一切可以团结的人,求同存异,共同协调发展,做到不失原则、灵活有度,善于巧妙地将原则性和灵活性结合起来。总之,创业者搞好内外团结,处理好人际关系,才能建立一个有利于自己创业的和谐环境,为成功创业打好基础。协调交往能力实质上是一种社会实践能力,需要在实践活动中学习,不断积累总结经验。

6. 创新能力

创新是知识经济的主旋律,是企业化解外界风险和取得竞争优势的有效途径。创新能力是创业能力素质的重要组成部分,它包括两方面的含义:一是大脑活动的能力,即创造性思维、创造性想象、独立性思维和捕捉灵感的能力;二是创新实践能力,即人在创新活动中完成创新任务的具体工作的能力。创新能力是一种综合能力,它与人们的知识、技能、经验、心态等有着密切的关系。具有广博的知识、扎实的专业基础知识、熟练的专业技能、丰富的实践经验、良好心态的人相对容易形成创新能力,它取决于创新意识、智力、创造性思维和创造性想象等。

7. 商业洞察能力

商业洞察能力是指深入事物或问题的能力,是人们对个人认知、情感、行为的动机与相互关系的透彻分析。商业社会要谋求发展,必须有极强的发现新兴事物、发现现有事物发展方向的个人能力,创业者的敏感,尤其是对商业机会的快速反应显得尤为重要。

8. 识人用人能力

一个成功的创业者,肯定是一个会识人用人的人,他不但能对雇员进行选择、使用和优化组合,而且能运用群体目标建立群体规范和价值观,形成群体的内聚力。市场经济的竞争是人才的竞争,谁拥有人才,谁就拥有市场、拥有顾客。一个学校没有优秀的教师,这个学校必然办不好;一个企业没有优秀的管理人才、技术人才,这个企业就不会有好的经济效益和社会效益;一个创业者不吸纳德才兼备、志同道合的人共创事业,创业就难以成功。因此,必须学会用人,要善于吸纳比自己强或有某种专长的人共同创业。

9. 承受挫折能力

创业过程中有一连串的矛盾、问题、麻烦事,资金匮乏、人才流失、产品质量出问题、竞争对手打压、市场环境突变等,有时能把人搞得精神近乎崩溃。经不起挫折打磨的人会在创业路上半途而废,很多企业家在真正创业成功前,往往要经过数次失败。美国有资料统计,百万富翁的平均破产率达到五六次。因此有人说,在创业的路上"折腾是检验人才的唯一标准",没有一次次商海中的起起落落,就不会有逐步提高的对市场的把握和认知能力,也就不会有后来的成功。创业是一个摸索的过程,只有那些能够忍受屈辱、不屈不挠的人才能走到成功的终点。

10. 学习能力

学会学习也是一种素质。学习能力即获取知识和信息的能力,是大学生必备的能力之一,也是成功创业者最重要的能力之一。创业需要具备一定的技能,如适应环境的能力、市场调查能力、风险控制能力、组织协调能力、工商法学知识等。善于学习、坚持学习是赢得竞争优势的关键。国际21世纪教育委员会在向联合国教科文组织提交的经典报告《学习——财富蕴藏其中》中指出:21世纪教育应围绕始终学习加以安排,即学会求知(学习)——掌握认知世界的工具;学会做事——学会在一定的环境中工作;学会共处——培养在人类活动中参与和合作精神;学会做人——以适应和改变自己的环境。

🐟 **案例讨论**

不断学习拍摄属于自己的人生

袁同学,某信息职业技术学院影视多媒体专业2011届毕业生,2010年12月凭借"青春·纪念册"项目参加学校举办的创业计划大赛荣获一等奖,并成功入驻大学生创业教育中心。2012年10月,影视工作室正式注册,公司主营业务:摄影、摄像、视频。

袁同学来自农村,上大学前,读书是他那个时候唯一能做的事情。大一时,可能因为他性格比较要强,他不仅争取到了到学校宣传部工作的机会,还创办了社团。他一直努力寻找机会,不错过任何一次创业交流和任何一个与梦想有关的信息,因为他明白,不自己去寻找平台追求梦想,跟着98%的人走过的路去走,他也只是那98%人的一员,甚至不如他们。

从刚开始的手足无措、全无社会经验,到遭人非议、利用,到与人合作、谈业务,到拥有固定客户,袁同学始终保持着一颗热忱的心,他坚持不懈地走自己选择的路。现在他的影视工作室以诚信、创新、共赢为经营理念,主要从事DV短片、微电影制作,副业为证件照、集体照、设备租赁和摄影课程培训。

人生是一个不断学习、不断进步的过程。对于创业者来说,只有不断学习、不断进步,才能超越前者。当今社会比的不仅仅是学历,还有学习力、思维能力和前瞻的眼光。希望有更多的人能够找到自己的适合点,让自己发光、发热。

你的看法:

_____

_____

_____

课堂活动

抓住机会

1. 目标

学会识别创业机会,提升个人创业能力。

2. 背景

麦克出身贫寒,做过勤杂工和推销员等。他依靠不懈努力实现自主创业,最终成为一代富豪。少年时,有的孩子从安全门逃票看电影,但是麦克却不,他找到电影院负责人,说:"让我把守安全门。"结果不仅获得了这份非正式工作,而且形成了影响他一生的观念:只要肯动脑筋就能赚钱。后来麦克到芝加哥闯天下,看到报上有很多招收泥瓦匠的广告。因为战后经济回升,美国的建筑业非常热门,泥瓦匠供不应求。于是,麦克便在一家报纸上刊登了培训泥瓦匠的广告。他租了一间店铺,挂上培训部的招牌,请了一位熟练的泥瓦匠,教材是砖瓦、水泥及沙子。他的这一计划非常成功,每天都有很多的工人来参加培训。当时建筑公司聘用人员需要分别招募木匠、水泥工、粉刷工等,实在是一件麻烦事。麦克便组织了一个专门机构为建筑公司代理这些事项,而且采取分工负责和流水作业,效率很高,受到建筑公司的欢迎。就这样,委托建筑与工程承包之间的中间商便出现了。后来,麦克成了"大西洋及太平洋建筑公司"的董事长。

3. 讨论

(1) 上面的材料体现了哪些创业能力？

(2) 创业过程中如何运用这些能力？

(备注：随机分组，6~8人组成一小组，讨论以上2个问题。)

4. 总结

教师组织学生讨论每组的作业并点评总结。

知识测试

1. 创业者应具备的素质有哪些？

2. 哪些品质是有助于创业者成功的？

二、创业团队的组建与管理

能力目标

1. 了解创业团队组建的内涵。

2. 掌握一个优秀的创业团队的领导者应该具备什么样的特质。

3. 能充分认知团队自身存在的优势和劣势，并尝试通过学习和实践去修正。

案例导入

"饿了么"创业的"兄弟连"

那是2008年4月一个平常的夜晚，上海交通大学在读研究生张旭豪和舍友康嘉如常回到宿舍，这时已经是晚上10点多，学校的食堂早已关门，饥肠辘辘的他们边打游戏边打算叫外卖来充饥。可是当他们随手拿起手机给几家餐馆打电话订外卖时，这些小餐馆要不就是已经打烊，要不就是因为太晚了不送外卖，他们最终还是没能吃上这顿夜宵。

于是，张旭豪和同宿舍的几个舍友一合计，认为这是一个创业的大好机会：餐馆不愿意送，哪怕愿意送，还要雇用配送人员，也不划算；而客户想订外卖，但苦于餐馆没有这个服务，对于学生而言，尤其是在天气不好的时候，到食堂打饭是一件非常痛苦的事情。关键在于，客户愿意为吃上外卖而买单。于是，张旭豪和舍友们就这样热火朝天地开始创业了。随后的故事我们也知道了，他们将"饿了么"从一本薄薄的广告小册子发展成了一家外卖网站，随后还发展成了一个经过五轮融资后市值超过5亿元的大公司。

心得体会：

（一）创业团队的组建

团队是企业管理中的热门词语。当代企业非常重视团队的创建与管理。团队是一个由员工和管理层共同组成的集体,团队成员拥有相同的目标,愿意共同承担责任,携手并进。在国家鼓励全民创业的政策支持下,越来越多的人加入了自主创业的行列。由于个人在资源、经验和实力等方面的局限性,更多的创业者选择以团队的形式开展创业,组建一个优秀的创业团队也成为创业成功的必要条件之一。

1. 创业团队的内涵

创业团队是由两个或两个以上的创始人组建成的,持有创业企业股份或拥有共同目标和利益的一群人。这表明对于创业团队来说,拥有共同的目标是基础,追求利润和成就是目的,而创业活动则是达到目的的过程,创业团队就是采取创业活动的群体。

2. 创业团队组建的原则

（1）目标明确、合理原则

创业团队的发展目标必须是明确的,才能使所有的团队成员清楚共同的奋斗方向;同时这一目标必须是合理的、切实可行的,如此才能真正达到激励的目的。

（2）精简高效原则

为了减少创业初期的运作成本,更好地分享创业成果,创业团队应充分控制团队建设和运营成本,提高整体工作效率。

（3）互补原则

团队合作的优势之一是可以弥补目标与不同成员能力、资源等方面的差距。只有当团队成员之间的知识、技能、资源、经验等方面实现互补时,才有可能发挥出"1＋1＞2"的效果。

（4）动态开放原则

创业的过程充满了不确定性,创业团队结构也不是固定不变的。由于创业团队的人员流动性较高,创业者应该注意保持团队的动态性和开放性,不断寻找和筛选合适的人才加入团队。

（5）激情原则

激情是衡量一个人是否能够成功的基础标准。创业团队一定要选择对项目有高度热情的人加入，企业初创时，所有人要有每天长时间工作的准备。任何人，不管其水平如何，如果对事业的信心不足，将无法适应创业的需求，而这种消极情绪对创业团队所有成员产生的负面影响可能会导致创业的失败。

3. 创业团队组建的意义

（1）有利于实现成员之间的优势互补

创业团队通过合理的职能分配实现了成员之间的优势互补，保持了创业团队的稳定。这种互补是多方面的：不同技术上的互补有利于实现技术突破与创新；不同性格类型的成员之间的交流，不仅可以提高团队的工作效率，还能够激发团队成员的创新思维。

（2）有利于激发团队创造力

创业活动是一系列富有创造性的活动的集合，需要每个成员都充分发挥自身的创造力。创新性的活动必然离不开丰富的信息和知识储备，创业团队成员通常拥有不同的专业背景，成员之间的思维碰撞和信息共享极大地拓展了团队的知识面，从而能够激发团队创造力，大大提高了创业活动的效率。

（3）有利于提高个体的自我认知和发展

创业团队的组建和运作能增强不同个体之间的交流与互动，拓宽视野，丰富实战经验，提高每个成员的认知模式，从而有利于个体了解自己的优势和不足，主动为创业企业打下良好基础。

（4）有利于自我价值的实现

通过自主创业，创业者可以将自己的个人兴趣与职业发展紧密联系起来，做自己感兴趣且有价值的事情。当今社会鼓励大学生创新创业，这不仅有助于缓解当今社会的就业压力，也为很多青年大学生搭建了实现自我价值的平台。

4. 创业团队人员的构成

业界被誉为"团队角色理论之父"的英国团队管理专家梅雷迪思·贝尔宾在观察与分析成功团队时发现，一个结构合理的团队应该由3大类、9种不同的角色组成，依据成员所表现出来的个性及行为划分，这9种角色分别是完成者、执行者、塑造者、协调者、资源调查者、协作者、创新者、专家、监控评估者。他们分别负责行动导向（执行团队任务）、人际导向（协调团队内外部人际关系）、谋略导向（提出创意与提供专家智慧）三类任务。这就是著名的"贝尔宾团队角色理论"。该理论可以帮助创业者在建构团队时，确保每个职位的逻辑性与完整性，并帮助团队成员正确分析自我能力与特质，找准自己在团队中的定位，同时不断优化自己的能力，形成优势互补，从而实现"1＋1＞2"的效果，以此来塑造出一个优秀的创业团队。9种角色分类及详细释义如表2-1所示。

事实上,创业团队通常不会有这么多人,何况一个优秀团队的形成也不可能一蹴而就。但是,这个理论框架至少给我们提供了一个重要的信息,那就是角色之间的能力互补,我们仍然可以参考这种成功团队的组合结构,尽量按照这个标准去组建自己的团队,规划和寻找合适的成员。而在创业初期,完全可以一个人兼任不同的角色,成员之间也可以轮换角色,这样依然会取得较好的团队成效。

表2-1　角色分类详细释义

类型	角色	角色描述及个性特征
行动导向(负责执行团队任务活动)	完成者	严谨,有担当。勤勤恳恳、尽职尽责、积极投入、准时完成任务。
	执行者	稳健,有信誉。执行力强、纪律性强、办事高效利索、值得信赖、保守稳健。
	塑造者	有动力和韧性。极强的成就导向,充满活力,善于激发人心,有克服困难的动力和勇气。
人际导向(负责协调团队内外人际关系)	协调者	成熟,起到掌舵、支柱的作用。成熟和自信,能够阐明目标,推进决策,合理分工,受成员信任与认同,典型的人际导向型团队领袖。
人际导向(负责协调团队内外人际关系)	资源调查者	外向、热情、健谈,善于发掘机会、谈判,构建关系网络并获取外部资源。
	协作者	高效合作,有凝聚力,善于倾听,性格温和,感觉敏锐,能够防止摩擦、平息事端,趋利避害,促使团队融洽,保持振奋向上的团队精神。
谋略导向(负责提出创意与提供专家智慧)	创新者	为团队带来创新和变革力。高智商、有创造力和想象力,不墨守成规,敢想敢干,能够解决难题。
	专家	为团队带来特殊技能、专业性。目标专一,提供专业的知识和技能,同时表现为高度内向,自我鞭策,甘于奉献。
	监控评估者	能客观评判、明智决策。明智、谨慎、聪明,遇事沉稳、冷静,具有战略眼光与远见卓识,在重大决策上往往能够做出正确的评估与判断。

（二）创业团队的管理

1. 创业团队管理的原则

（1）人才的招聘,需亲力亲为

大部分创业者在人才招聘方面所花的时间都不够。在确定公司理念并完成产品与市场的匹配后,你就应该花三分之一,甚至是一半的时间来招聘人才。这是一件无法交给别人的事,你必须亲自去寻找、了解这些人才。

创业者要投入大量的时间打造企业的文化价值观,确保所有员工都了解并认同这一价值观。在招聘时,创业者应该寻找与公司文化价值观相契合的人才。对一个企业而言,员工观点和性格多元化是必要的,但价值观多元化却未必是件好事。

创业初期,最健康的报酬结构应该是略低于市场价的薪水加上丰厚的股权。不过,很多成功的公司都不是资深人士创立起来的。如果想要高于市场的薪水,那他们就应该去没有多少股权的大公司。股权奖励会稍微复杂一些,但有一个原则是,你最初招聘的几个核心骨干的股权奖励应该是投资人所建议的两倍。但是还是要依照各公司性质来定。一年后,可以根据每个人的能力来分配他们相应的期权。

（2）民主但不能"泛化"

虽然很多团队倡导民主文化,但是团队的核心必须要有,当民主无法得出确定方案的时候,核心就需要出来拿主意。从权力管理体系来讲,把相关业务的核心决定权交到能够把控业务方向的人手中,而不是交给整个团队,毕竟"术业有专攻"。而整个团队大方向的决定权由CEO掌握,核心人员具有建议权。不建议一个创业团队有太过复杂的权力结构,小事情的决定权充分下放,有利于激发主观能动性,提高行事效率。

创业团队的权力体系应尽量扁平化,初期可以没有明确的职位和权力描述,但一定要辅助相关业务负责人,建立权威,不可事事民主。权力体系要随着团队的发展,不断完善相关制度。由粗放式管理逐渐过渡到体系化管理,权力由集中化到分散化转变。

（3）明确职责建立扁平化组织体系

业务需求决定组织体系,组织体系决定权力边界。创业团队的组织体系受人力资源的限制,很多时候会一人身兼多职,没有明确的组织体系,导致业务交叉,团队层面的体现就是工作混乱。

明确组织体系,划清业务界限,明确职位职能,才会使团队进入正确快速的轨道行驶。明确的组织体系,也会加强团队人员的归属感,组织协同也会变得更有效。团队大文化下的组织文化也是团队的一笔财富。

创业团队的组织体系结构要扁平,根据业务需求去建立组织体系。在人力资源与项目资源紧缺的情况下,确保干练的组织结构,避免不必要的组织体系导致业务繁杂,降低协同效率,让团队养成组织依赖症。

（4）规范绩效考核

绩效考核体系其实是创业团队最重要的体系,一切权力的下放、组织体系的建立,其实最终都是为了提升业务绩效。

很多创业团队在初期都是以结果为导向的管理方式,方向是对的,但是执行的方式是错的。很多时候没有建立绩效考核的制度,都是部门领导审核,口头评定。人工评定就存在很大的弹性,于团队来说很容易制造不公平,容易影响内部氛围。

所以即使是结果导向的团队管理,也建议要形成事先书面的绩效定义,包括项目周期、项目成果、突发处理机制等书面的项目管理文档。绩效体系不光是制度层面,也要从文化层面去融入。

一切绩效的产生都是团队价值的输出,是团队的立身根本。否则,就会被商业社会"唯价值论"淘汰掉。创业团队的特殊形态,注定管理的不确定性太多,很难有固定的管理理论体系可以去模仿。但是做到以上几点,可以让你的团队更稳固和健康。

2. 创业团队管理的问题

(1)创业团队成员间出现问题

第一,职能划分模糊问题。大多数大学生创业团队缺乏管理理论基础,很多是星状创业团队,也就是存在一个核心人物领导整个创业团队,往往这种创业团队缺少其他方面的人才,团队成员的组成在构建上很难互补,会出现难以协调的局面,当团队需要做出重大决策时,核心人物的决策会缺乏全面考虑,影响整体全面的发展。

第二,团队成员合作缺乏协调性问题。管理者层次模糊、人才缺乏或闲置,再加上团队成员个人素质能力不同,管理水平不同,创业团队成员间容易从自身出发,导致很多需要改进和避免的地方都不能得到有效解决,协调性差会导致整个公司的发展和业绩都受到影响。第三,团队成员彼此不信任。虽然因为共同的目标组成了创业团队,但在遇到需要决策时一旦失去话语权或者触及自身利益,不能参与到需要协商和修改的部分就会影响团队成员间的相互信任。随着不信任感的加深,整个团队都会笼罩在束缚感中,会有制约感,不信任会导致创业团队面临更多的阻力。

(2)个人目标与团队目标冲突

很多大学生的创业团队在规划设计整个企业的发展布局时,团队成员往往从自身考虑,专注于自身利益,很难从全局考虑,再加上沟通不及时,容易建立以自我为中心的权威。而随着创业企业的不断发展,对于未来的发展规划也会产生不同的观点,想法与大局不同时会使团队成员感到压抑,消极面对工作,因此形成不好的工作环境。而创业团队中最初的核心人员,往往因为自己是组建团队的原始人物,会武断地做出一些决策,一旦考虑不到其他人员的实际情况就会因其他人员与自己的想法不符而使工作难以进行。

(3)创业团队成员间沟通不畅

沟通机制是团队中不可避免需要重视的环节。每个人都有自己的想法,一旦缺乏沟通,无论是从上到下还是相互之间都会出现问题,工作也容易造成偏差,成员间一旦出现矛盾或隔阂,会让创业团队成员的想法不统一,长久下去会压抑工作积极性,使得创业团队本身和企业都不能很好地运转。

案例讨论

"唐僧团队"带给我们的启示

在唐僧师徒的团队里,每个成员都有自己的优点和缺点。

首先,唐僧是一个执着于自身追求并且是十分坚定自身目标的人,不管遇到多少的艰难困苦,他都永不言弃,对心中的信念始终坚定不移。唐僧作为这个团队里的领军人物,他的自我控制能力以及坚定的信念,不仅是另外三人的榜样,还对他们的成功起到了相当重要的作用。作为一个领导者必须具备的条件就是能够始终坚定自己的信念,做到不抛弃不放弃。但唐僧耳根子软,给团队带来了不少危险。

其次,孙悟空是一个有能力、无所畏惧、敢于反抗且富有开拓精神的人,他敢想敢做敢当且极具创造力,是一个团队中必不可少的人物。此外,孙悟空还有丰富的人脉关系,在西天取经的路上得到了很多人的帮助。但是,这种人往往个性太强,具有强烈的自我意识,容易与其他成员产生矛盾。这时就需要领导者从中调解,充当润滑剂的作用,增强团队的凝聚力。

再次,猪八戒在大是大非上立场比较坚定;尊敬领导;有一定的沟通、协调和管理能力。但他目标不够坚定,爱打小报告,且好吃懒做、粗心大意。

最后,沙僧虽然在四人中看似可有可无,但少了他还真不行。沙僧的任劳任怨、踏实肯干以及善良忠心让他在团队中承担了后勤类的工作。在一个团队中,沙僧这一类型的人应该是数量最多的。但他的默默无闻让别人容易忽视他的存在。

你的看法:

_____

_____

_____

3. 创业团队管理的方法

（1）建立信任

信任是一个团队的基础。如果管理者能够在团队内部建立起坚实的信任基础,那么管理成本就会大大降低。相反,如果团队没有很好的信任基础,管理成本就会大大增加。在建立团队信任的过程中,管理者起到了非常关键的作用。

（2）目标管理

为了在高度竞争的环境中生存,企业需要员工能够保持一贯的高绩效。许多企业采用了结果导向型计划和控制系统的形式。目标管理是一个为达到所希望绩效的循环过程,它通常包括以下4个步骤:

① 目标设定。目标设定是指在单位的整体目标和资源督导下,管理者与员工共同确定员工未来合适的绩效水平。这些目标通常是为下一年度制订的。

② 行动计划。行动计划是指员工参与或独立制订如何达到这些目标的计划。给员工一定的自主权有利于他们发挥自己的聪明才智,并且更加关注计划的成功。

③ 阶段复查。阶段复查是指管理者和员工共同评估目标完成情况,这种复查是非正式的,有时是自发的。

④ 年度考核。年度考核是一种更正式的对员工完成年度目标情况的评估,并伴随着新一轮的计划。有些目标管理系统还通过绩效考核将员工报酬与达到的绩效水平联系起来。

(3) 管理民主

团队内部的管理方式,特别是团队的管理层的领导方式对员工的积极性影响很大。管理层作风民主、广开言路、乐于接纳意见、办事公道、遇事能与大家商量、善于体谅和关怀下属,这时士气就会非常高昂。而独断专行、压抑成员想法和意见的管理者就会降低团队成员的士气。

案例讨论

翟天麟是非物质文化遗产"翟家大院撕纸"的第十八代传承人,也是全国最年轻的非遗撕纸传承人。她4岁便跟着长辈们学习撕纸,每天十几个小时地练习,"也曾哭闹着想要放弃。但当爸爸用他那双裂痕更深、茧子更厚的手握住我的手时,我才逐渐明白祖辈们将家族技艺传承下去是有多么的艰辛与困难"。

怀揣着将传统技艺发扬光大的信念,翟天麟将非遗传承与创新创业结合起来。"大二那年,我在学校创业园成立了翟家大院撕纸工作室,承接各种撕纸设计创作,多幅作品被国内外名人名家收藏。虽然工作室不大,但我实现了从创新到创业的跨越。"后来,翟天麟成立了南京翟家大院文化有限公司,但赢得市场的青睐并不是她的目的,她有更大的目标——将祖辈传承的技艺推向世界的舞台。"翟家撕纸每一代都有突破创新,那我又该走一条什么样的创新之路呢?"她一边精进撕纸技艺,一边探寻技艺创新。"经过不断地探寻、尝试,我决定在传统撕纸作品中,增加一抹鲜亮的'红'。"历经三年多时间,她走到全国上百个红色基地采风,边走边撕,创作了100多幅红色主题撕纸艺术作品。撕纸项目成功入选了"青年红色筑梦之旅"优秀项目,获得了习近平总书记的回信,这让她备受鼓舞。如今,翟天麟是南通大学艺术学院教师、撕纸艺术研究所所长、艺术学院团委副书记,2021年,她成为南通市第十三次党代会最年轻的党代表。在党的百年华诞之际,她指导南通大学100名大学生共同创作100幅撕纸画作品为党的生日献礼。青年学生是党和国家的未来,她说:"我将继续奋力前行,讲好中国故事,用双手传承祖辈赋予的非物质文化遗产,把中华优秀传统文化传播到五湖四海,用实际行动号召当代年轻人弘扬中华五千年的文明与辉煌。"

——南京工业职业技术大学微信公众号,2022年5月25日

你的看法:

_____

_____

_____

组建最佳团队

步骤1:全班同学3人为一小组,分成若干组。

步骤2:假设你想寻找合伙人共同创业,创办一家服装公司,请拟一份征集合伙人的广告。

注意以下几个方面:

(1) 你是召集人,但不一定是领导者;

(2) 创业的初始目标、计划;

(3) 你掌握的资源及你需要的资源;

(4) 所需伙伴的数量和特点;

(5) 你对股权分配、团队管理的设想;

(6) 有吸引力的回报及可能的风险;

(7) 其他你认为需要说明的问题。

步骤3:三分钟演讲。

(1) 张贴广告,并用三分钟演讲进行宣讲,吸纳人才。

(2) 小组同学共同评估,选出几位同学做团队参与者。

步骤4:从以下四个方面评估团队结构,分析哪个团队组成结构更好。分数低的组阐述以后将如何调整以赶超其他的团队。

(1) 团队成员加入的目的。

(2) 团队成员的知识结构。

(3) 团队成员的性格、个性、兴趣。

(4) 团队成员的价值观念。

步骤5:团队创建者可以根据同学对下面五个问题的解答情况,确定团队成员。

(1) 团队中唯一权威主管问题。

(2) 团队成员间的相互信任问题。

(3) 妥善处理不同意见和矛盾。

(4) 合理分配股权问题。

(5) 妥善处理团队成员间的利益。

步骤6:团队展示。各团队经过讨论完成表2-2,并进行集体展示。展示内容包括团队名称、团队LOGO,团队愿景,创业项目,团队领导者、团队成员及分工、团队管理制度等。

步骤7:重新评估这几个团队,推选出最佳团队。

表2-2　团队成员表

团队人员	岗位	职责	团队目标、队言、名称

知识测试

1. 如果你有创业的打算,你将如何选择创业伙伴?

2. 如果你正管理着一个创业团队,你将如何建立管理制度?如何提高团队意识?

三、股权分配的模式

能力目标

1. 能阐述股权的几种形态。
2. 能阐述股权不授予的情况。
3. 能阐述创业团队股权架构。

案例导入

张宏和王浩伟的创业故事

张宏和王浩伟是大学同学,两人在校时关系很好,经常一起利用课余时间做点小生意,例如,组织学生兼职打工、在旅游季组织学生旅游、在寒暑假组织学生包车回家,等等。有一定的生意头脑,毕业后两个又一起合伙创业,成立了管理咨询服务有限公司。主营大学生英语、计算机等级考试,各种职业资格考试等培训工作。两人从学校里合作以来就没有明确两个人之间股份的关系,就连工商登记注册的信息都是随意写的,两个人一直以"大家挣了钱一起花"的思想来创业,在公司经营管理中也是凭借着哥们义气在做事。在公司经营的前期,合作还较为顺利,随着业务的发展,两个人逐渐产生了分歧,张宏觉得他对公司做出的贡献比较大,大部分客户资源都是他开拓的,想要多分享一些公司红利。可是,王浩伟不同意,他觉得虽然大部分客户资源都是张宏开拓的,但是这些培训项目的组织实施都是他牵头负责的,所以两个人应该平分。在利润分配上,意见不统一,再加上很多经营决策上,意见不一致,两个人之间的隔阂越来越大,最终公司注销,两人从此分道扬镳。

心得体会:

股权架构设计的目的在于明确合伙人的权利、义务、收益,有利于团队的稳定发展;明确控股人,避免出现群龙无首、议而不决的情况;方便公司后期融资、上市等进一步发展。

（一）股权的几种形态

1. 股东

从一般意义上说,股东是指向公司出资并对公司享有权利和承担义务的人。但由于公司的类型不同及取得股权的方式不同,对股东的含义可做不同的表述。按《中华人民共和国公司法》的规定,在我国境内设立的公司可分为有限责任公司和股份有限公司。有限责任公司的股东是指在公司成立时向公司投入资金或在公司存续期间依法取得股权而享有权利和承担义务的人(一般创业者注册的都是有限责任公司);股份有限公司的股东就是在公司成立时或在公司成立后合法取得公司股份并对公司享有权利和承担义务的人。自然人投资以后,通过公司所在地的工商局注册,进行公司股权登记,这样才能成为真正意义上的股东。这种出资并在工商局进行了股权登记的股东,对公司经营的盈利和亏损都会按所占有股份的多少承担相应的义务。

2. 干股

还有一种是"干股"的形式。干股是指未出资而获得的股份,但其实干股并不是指真正的股份,而是指按照相应比例分得的红利。干股的概念往往存在于民间,特别是私营企业,很多私企的老板为了笼络一些有能力的人(通常是公司业务骨干),会给予这些人一定的红利,但是又不想给这些人实际控制权或者只是给予部分控制权,所以就假设这些人占有一定比例的股份,并且按照这种比例进行年终分红,已达到进可攻、退可守的目的,于是就有了干股。老板给予干股的时候,有的会签署一些协议,有的没有,但是基本上无论哪种,持有干股的人都不具有对公司的实际控制权。所以这种干股协议叫作分红协议更加贴切。干股一般不会承担公司亏损的义务,只是享受作为奖励的一种分红。

3. 股份期权

股份期权是企业的所有者给予高级管理人员以约定的价格,购买未来一定时期内公司股份(或股票)的权利。实施股份期权的最终目的是激励经营管理者与员工共同努力,以实现企业的长期发展目标。期权额度没有固定的规定,是公司内部的管理行为,但现实中,期权一般不超过公司总股份的10%。当然,如果高级管理人员本身是股东,而且持有的股份已经超过10%了,就不应当再享受期权制。因为期权主要是给予一些没有股权的高级管理人员的。对于上市公司,期权股票应该是能够自由流通的社会公众股,其来源是公司回购的库藏股票。对于非上市公司,采用的是"虚拟"期权形式。期权获授者的业绩考核是实现期权的一个重要条件。

(二)股权架构设计的原则方法

股权架构标准要简单清晰。在创始阶段,合伙人不是很多,比较合理的架构是三个人左右,其中必须有一个核心股东,负责把握发展方向,制订公司决策,起到领导作用。股权架构均等是不可取的,每个团队中的合伙人对项目贡献度有差别,即使出资金额一样,在实际项目运营过程中每个人发挥的作用也不尽相同,每个人擅长的领域也有所区别,一旦股权均分,会打击一部分人的工作积极性,互相推诿,或者互相为争夺话语权而出现矛盾、分歧。具体的设计策略如下所述。

1. 为吸收新的合伙人和融资预留出期权池

公司在发展、壮大的过程中不可避免地会出现新的合伙人或需要股份激励的新进人员。因此在进行股权架构设计时应先预留出一部分放到期权激励池,以备后期新加入的成员可以得到相应的激励。创业项目发展到一定阶段,可能需要融资来进一步扩大发展。而在融资过程中,投资人一般会要求占有一部分股份,所以在初期股权设计时也要预留出用于融资的股份,避免从其他股东既有利益中分割,造成矛盾。

2. 股权分配方案

(1)根据出资多少按比例分配。创业初期,启动资金非常珍贵,很多事情都需要用到大量资金,根据团队成员出资多少来按比例配置股权,是比较容易让大家都接受的方案。

(2)团队负责人占有相对多的股份。团队负责人是一个团队的总指挥、总领导,具有较大的权力,同时也担负着更多的责任。负责人通常需要有较多的股份来确定领导地位,发挥带头作用。负责人必须具有公司的控制权和决策权。

(3)根据合伙人的优势分配。创业过程中,主要涉及资金、专利、创意、技术、运营、个人品牌等方面的资源,在创业的初期、发展、成熟、变化等不同阶段,成员的贡献度是不一样的,因此需要综合考量,动态调整,预留出一定的调整空间。例如,CTO本来应该拿23%,CMO是20%,为了适应将来的变化,可以先给他们降低5%放在期权池,各位合伙人约定好这些作为预留部分,将来会根据每个人的贡献度再适度二次分配,这样也可以促进团队成员积极为团队的集体利益贡献力量。

（4）有明显的股权比例区别。根据团队成员的贡献度,股权的比例形成梯次差别,进一步形成团队成员的权力级别和话语权。

（三）股权授予

1. 按年授予

团队成员如果中途退出,项目成功后还坐享其成显然不公平。可以预估一下项目需要多少年可以完成,成员们提前约定好股权按年授予,也就是股东在预估年份结束后才能得到相应的收益。

2. 按项目进展授予

根据项目推进程度来按比例授予股权,如根据产品开发、测试、迭代、推出、推广或者达到多少的用户数等不同阶段,授予相应的股权。需依据项目情况酌情考虑。

3. 按融资进度授予

融资规模体现着投资人对于项目的外部评价,从一定程度上代表了项目的成熟情况。因此可以根据A、B、C、D轮不同融资情况来进行股权授予,即完成某一轮融资,可以获得相应比例的股份授权。

4. 按项目的运营业绩授予

有些项目可以根据运营业绩来进行授权,避免出现某些人占有较高股权比例,但是加入团队时间又较晚,影响其分红、选举、表决权等情况。

🐟 **案例讨论**

任正非终于揭秘华为的股权设计,1%的股权如何做到控制华为?

在华为控股中,股权大致分为了两个部分,一是华为工会,包括董事及员工,持有公司98.99%的股份,股本总和为134.4亿元。二是任正非个人,占有1.01%的股权,股本总和为1.37亿元。虽然股份被分出去了,但是公司做大了。

员工持股制的好处是,能够在初期发展时,保持业绩的高速增长,因为针对员工的很多激励政策都是与股份挂钩的,这就让华为团队人人以一敌百,为自己而战。

其实华为早期激励机制源于1990年,由于公司资金紧张,发不出人员工资,所以把股份当作工资发给员工。后来华为以1元的股价向员工出售股份,然后15％的利润作为分红,员工持股的模型就有了。

后期华为推出的激励政策,把更多的利益分享给员工。过去华为的虚拟股都是针对本地户籍员工,现在包括外籍员工都可以分享利润。另外所有员工不用出钱都可以分配到一定数量5年期股份,这些股份产生的分红和增值全部归员工所有,5年后这些股份则清零。

按照公司法规定,有限责任公司可设置同股不同权,因此任正非的每一股份都有一票表决权。而在华为内部章程里表明,任正非在华为控股中享有特别权利。另外通过协议和委托的形式,任正非可代为行使华为技术的股东权利,并且代为行使工会的股东权利。不管是书面法律上,还是公司内部管理上,任正非均对华为公司拥有合法控制权。

你的看法:

_____

_____

_____

（四）股权不授予的情况

主动离职;自身原因无法履职,如身体、能力问题,或者操守、观念、理念不一致等原因不能履职;故意伤害公司造成重大损失的;离婚、继承等(避免由于离婚、继承等原因的财产分割导致项目整体利益受损)。

课堂活动

小组合作搭高塔

1. 活动目标

让游戏参与者融入团队中,群策群力,共同完成任务。努力把松散的工作小组转变成为团结高效的执行团队。

2. 材料准备

尽量多的纸杯、报纸、透明胶带、吸管、橡皮筋和12把手工剪刀。

3. 过程与规则

(1)把参与游戏的学生分成6个小组,每组5人。

（2）向每个小组发放材料,要求每组在15分钟之内用这些材料建一座塔。

（3）这座塔的塔高至少是50厘米,要求外形美观、结构合理。

（4）做完之后,每个小组都把建好的塔摆放在大家面前,教师组织评比。

（5）每个小组所建的塔都要接受其他组选出的检验员的检验,以吹不倒而且最高为胜利小组。

（6）请各组人员发表建塔的感想。

4. 问题讨论

（1）你所在的小组是如何工作的?

（2）对比自己小组的塔和其他小组的塔,进行客观评价。

（3）就高塔本身而言,我们获得了团队管理的哪些启示?

知识测试

1. 股权不授予的情况有哪些?

2. 股权分配有几种方案?

课外阅读推荐书目

《摆脱贫困》,作者:习近平,福建人民出版社出版,1992年版。

推荐理由:《摆脱贫困》一书记录了习近平同志1988年9月至1990年5月在福建宁德工作期间的重要讲话和文章。书中提出"弱鸟先飞"的理念,解决"桥与路"问题的辩证思维等,为我们大学生在创业过程中认识问题、分析问题、解决问题提供了有效的方法"钥匙",有助于我们不断增强创业实践的科学性、预见性、主动性和创造性。

深入学习《摆脱贫困》一书,对于推进、深化学习贯彻习近平总书记系列重要讲话精神,必将起到积极作用。

技能训练:组建我的团队

主题:探讨组建创业团队需考虑的因素

一、活动目标

了解组建创业团队的原则,探讨创业团队组建时需考虑哪些因素。

二、活动时间

40分钟。

三、活动步骤

1. 开放式提问。创业者需要组建创业团队吗? 如果需要,组建创业团队时要考虑哪些因素?

2. 收集信息。对学生提供的信息进行收集,在黑板上进行归类和分析。

3. 小组讨论。将学生分成若干小组(每组4～6人),在小组内部展开讨论,思考组建创业团队时要考虑的主要因素。

4. 分组阐述。各个小组选派代表说明各组观点。

5. 教师总结。教师分析、给予评价。

模块三　创业资源

拓展资源

模块导读

创业资源是成功创办企业的要素之一。"巧妇难为无米之炊",如何获取创业资源就成为创业者必须考虑的问题。

创业资源不在于拥有,而在于使用与整合。创业机会稍纵即逝,创业者很难拥有所有创业资源后再去创业。可以说,获取并整合创业资源与企业的成长永续伴生,从企业的初创、发展壮大到健康成长中,谁能获取更多更好的资源,谁就能在激烈的市场竞争中占据有利地位。

资源与创业者的关系就如同颜料、画笔与艺术家的关系。获取不到创业所需的资源,创业机会对创业者而言就毫无意义。机会识别的实质是创业者判断是否能够获取足够的资源来支持可能的创业活动。

创业资源多种多样,既有有形资源,也有无形资源;既有内部资源,也有外部资源。一般来说,创业资源是散布在社会之中的,创业者需要科学甄别、正确预测和判断各种资源,从而获取并做好配置,使创业资源融合共生,发挥作用增强企业核心竞争力。

在众多的创业资源中,资金是关键。企业的创建必须要有启动资金,企业的发展必须要有持续的运维费用。没有创业资金,创业将会成为空中楼阁。我国积极推进"大众创业,万众创新",针对初创企业在资金上有许多政策,为创业者提供了保障。

因此,充分利用政策条件和社会资源筹措资金,是创业者开展创业实践的重要能力。本模块将和大家讨论什么是创业资源,创业所需的各种资源类型,分析现有的资源状况,明确资源缺口和关键资源,如何找到适当的途径和适当的时机获取适当的资源。

一、创业资源的认识

能力目标

1. 了解创业资源的含义。

2. 了解创业资源的分类与作用。

3. 参加创业实践并提升获取创业资源的能力。

案例导入

资源整合结硕果

小张是一名大二学生,他看上了学校食堂四楼的一处闲置大厅,想把这块场地租下来。身为学校英语俱乐部部长,小张接受指导老师的建议,开始整合资源。

一是与后勤负责人协商,组织学生到四楼来吃饭,保证每个月给学校带来2万元的营业额,条件是免费使用这块闲置场地。

二是将场地用于晨读。

三是与英语培训机构合作,培训机构为晨读提供免费资料,俱乐部负责招生。

四是利用俱乐部的力量招晨读学生。俱乐部成员只需交纳35元的早餐费就可参加。

于是,一个多方借力、多方获利的营销方案产生了。一是小张通过英语俱乐部招到学生400人左右,按月收取费用,每人毛利35元,月毛收入为400人×35元×30天＝42 000元。二是英语俱乐部免费获得了活动场所,提升了形象。三是后勤集团每月多收入25元×400人×30天＝3万元,四楼的餐厅生意也带动了。四是培训机构在一个月内招到46名学生,一学期招了近200名学生。等于培训机构免费拥有了一个场所,不需要花力量宣传组织学生来试听。

通过一年时间的运营,小张赚了30多万元,真正运用自己的力量,通过资源整合,赚取了人生的第一桶金。

心得体会：

（一）创业资源的内涵

资源就是任何一个主体,在向社会提供产品或服务的过程中,所拥有或者所能够支配的可以实现自己目标的各种要素以及要素组合。资源可以是阳光、空气、水、土地、森林、草原、动物、矿藏等自然资源,也可以是人力、信息及经劳动创造的各种物质财富等社会资源。

百森商学院教授蒂蒙斯在其著名的创业过程模型中明确指出,资源是创业三大要素之一,并且强调创业者要认识并合理配置资源,而不要被资源牵着鼻子走。可见,资源是创业过程的必备要素,整合资源是创业者的必备能力。

创业资源是指新创企业在创造价值的过程中需要的特定资产,包括有形与无形的资产,它是新创企业创立和运营的必要条件,主要表现形式为:创业人才、创业资本、创业机会、创业技术和创业管理等。简单来说,创业资源就是创业者所需具备的创业条件,没有资源,创业企业将寸步难行。

从广义上即从创业企业的外部条件来看,创业资源包括创业者、人才、技术、资本、信息、市场、关系、营销网络甚至网络;从狭义上即从创业企业的内部条件来看,创业资源包括人力资源、财力资源、技术资源、信息资源。无论从广义还是狭义来看,创业资源都是创业成功的基本保证。

创业资源是企业在创立和成长过程中所需要的各种生产要素和支撑条件,也就是对创业项目和企业的发展有所帮助的要素或者要素的组合。从某种程度上看,创业就是不断地投入人力、物力、财力等资源以生产满足市场需求的产品或提供服务,从而实现价值增值的过程,企业盈利的同时,又给社会创造了价值。

对于初创企业来说,具有良好特质的创业者本身就是一种宝贵资源,是无法用金钱买到的资源。

（二）创业资源的分类与作用

1. 创业资源的种类

创业资源多种多样，按资源的存在形态可以将创业资源划分为有形资源和无形资源两大类别。

（1）有形资源

有形资源一般是指具有物质形态的、价值能用货币衡量的资源，也即可量化的资产，如创业者的物质资源、资金资源和人力资源都属于有形资源。

物质资源，一般指企业有形的资产，包括建筑物、机器设备、办公设备、运输工具等，是企业开展生产和运营的基础和保障。

资金资源，是指企业经营过程中所需要的资金，包括存款、借贷款、融资和风投基金等。资金是新办企业的关键资源，对大学生创业者来说，获取资金资源尤为重要。

人力资源，对于初创企业来说，人力资源既包括创业者和创业团队及雇员同时也包括上述人员的人脉。人力资源是企业的核心资源，也是企业可持续顺利经营的关键资源。大学生在创业过程中需要对人力资源进行恰当整合、科学利用，最大限度地实现"人尽其才，才尽其用"。

（2）无形资源

无形资源是具有非物质形态特征，其价值很难用货币做精确衡量的资源。无形资源对企业非常重要，能产生和创造的价值也不可估量。一般来说，无形资源包括政策、技术、社会、管理、信息、品牌、文化等。

政策资源，主要是指为实现一定时期内社会经济发展战略目标，由政府制定的指导资源开发、利用、管理、保护等活动的策略。政策资源是公共资源，所有同质的企业都可以享受，但新创企业更应该重视政策资源。为激发全民族的创新精神和创业热情，我国制定了很多政策，其中针对大学生创业有特殊的税收优惠与减免、行业准入、创业扶持、保障创业者利益等方面政策。

技术资源，是指与解决企业经营或生产中实际问题、软硬件设备等有关的知识。技术是企业的核心竞争力，在企业创办初期，拥有竞争力强的技术产品或服务是企业立足的关键。因此，大力开展技术研发，积极引进有商业价值的科技成果，或加强与高校科研院所的产学研合作是企业发展的关键。

社会资源，是指企业或企业员工所拥有的各种社会关系，包括整个创业团队及雇员的社会关系。大学生的社会关系网络一般较弱，社会资源相对较少，主要依靠父母、亲戚、朋友、学校的支持。

管理资源，是指企业运行机制、管理制度以及创业者或管理者所拥有的管理经验、管理知识及管理能力等。一般来说,大学生具有较强的专业知识基础,但在企业管理方面较为欠缺,初创企业容易因为管理不善而失去竞争力。当然,在企业缺乏这一资源时,专业的管理咨询策划将有助于提高新创企业的生产和运作效率。

信息资源,是指企业生产和经营活动过程中所需要或所产生的各种信息。信息资源对企业发展非常重要,高效搜集、分析、综合利用信息是企业发展的重要条件。初创企业与成熟企业相比,信息的搜集和利用能力相对较弱,可以利用专业机构做专项信息的搜集、处理和传递,为创业者制订研发、采购、生产和销售的决策提供指导和参考。

品牌资源,品牌代表消费者对产品的认识和认知程度。品牌是极具经济价值的无形资产,品牌资源是围绕品牌开展创建、传播、培育、维护、创新等可利用的一切资源。创业者要善于利用品牌资源,建立新创企业的品牌形象,以增强社会影响力。

文化资源,企业文化是企业的灵魂,文化资源则指汇聚和积淀企业文化的各项要素。文化资源是企业发展中重要的一环,对于新创企业来说,文化资源尤为珍贵。能够充分整合各项文化资源,是凝聚企业核心价值、形成深厚的企业文化的重要途径。

2. 创业资源的作用

(1) 对生产过程的作用。资源还可以按照其对生产过程的作用分为生产型资源和工具型资源。生产型资源直接用于生产过程或用于开发其他资源,例如物质资源,像机器、汽车或办公室,一般直接用于生产产品或提供服务;工具型资源则被专门用于获得其他资源,例如财务资源,因为其具有很大的柔性,一般用来获得人才和设备等。产权型技术可能是生产型资源,也可能是工具型资源,这要根据其所依存的条件,如果依赖于某个人则可能是工具型资源,如果是以专利形式存在的则可能是生产型资源。需要指出的是对于新创企业来说,个人的声誉和社会网络也属于工具型资源,有些时候市场资源也可以用来吸引其他的资源,因此也将其归为工具型资源。

(2) 对创业过程的作用。在创业过程中通常将创业资源的作用划分为两类,一类是运营性资源,主要包括人力资源、技术资源、资金资源、物质资源、组织资源和市场订单等资源。另一类是对新企业生存和发展具有关键作用的战略性资源,主要包括知识资源。知识型社会给企业带来了持续而深远的影响,知识成为企业进行生产、竞争的关键,企业组织工作的重要任务是战略性地开发和利用知识资源。由于新企业的高度不确定性及创业者和资源所有者之间的信息不对称性,知识资源对运营性资源的获取和利用具有促进作用。

(三) 大学生创业必备资源

根据大学生创业的特点以及资源在企业初创过程中所发挥的作用,大学生在创业初期关键的必备资源包括资金、技术、人才三种。其中,资金是创业物质基础的保障;技术是大学生创业的独特优势,也是应有的核心竞争力;人才是初创企业可持续发展的关键。大学生在校期间与社会的联系较少,社会关系网络相对较弱,社会资源较为匮乏,因此在创业之初主要依靠学校的支持和亲朋好友的帮助。在这种情况下,大学生创业需要根据自身特点,充分发挥大学生在知识积累和创造能力方面的优势,取长补短,才能"创"出一片真正适合自己的新天地。

1. 储备创业知识

由于大学生日常学习和生活主要是在校园里,对社会缺乏了解,特别是在市场开拓、企业运营上经验相当匮乏,眼高手低、纸上谈兵是大学生很容易陷入的误区。

（1）认真学习创业知识。各高校都把创新创业课程列入人才培养方案,作为必修课,赋予学分,计入个人成绩单。创业创新课程不仅由本学校的老师来讲,也邀请校外企业家授课,通常采取大班讲座、小班操练、案例剖析、创业比赛、专家辅导、实战模拟等一系列创新的教育方法和手段,帮助同学们对创业要素、创业过程,以及创业者所涉及的问题有更为透彻的了解和掌握。

（2）广泛参与创业活动。各高校创业者协会、科技和发明协会以及讨论或者实践创业的学生社团、沙龙、论坛和讲座等比比皆是。这些团队有规章,有固定的活动时间,学生们可以同志同道合的朋友交谈,甚至有时候可能会有与成功企业家交流的机会。大学生要积极参与各类活动,学习知识,增长才干,开阔视野。

（3）积极投身创业实践。大学生创业前要做好充分的创业知识准备,一方面,通过社会兼职或者企业实习来积累相关的管理和营销经验;另一方面,通过学习创业课程、参加创业培训、接受专业指导来积累创业的知识,提高创业的技能,培养"会创"的能力,以提高创业成功率。

2. 筹集创业资金

大学生创业遇到的主要障碍之一就是资金匮乏问题,没有资金支持,再好的创意也难以转化为现实的产品。因此有创业想法的大学生在校期间就应该把自己想做的项目写下来,整理成创业计划书,积极参加各种创业大赛,通过比赛路演来推广自己的项目,从而吸引风险投资人的注意力。

当然,在获取创业资金前,大学生们首先得搞清楚自己需要多少启动资金,资金的来源渠道如何,是选择债权融资还是选择股权融资,将给投资人什么样的回报等问题,因为这些也是投资人特别关注的问题。

大学生要拓展思路,多渠道融资,除了自筹资金、银行贷款等传统途径外,还应当充分利用风险投资、创业基金等融资渠道。

为了鼓励创业,各级政府出台了一系列创业支持计划,各地也设置了各类创业扶持基金,其中与大学生创业有密切联系的是由共青团中央、中华全国青年联合会、中华全国工商业联合会共同倡导发起的青年创业教育项目中国青年创业国际计划。该项目动员社会各界特别是工商界的力量为青年创业提供咨询以及资金、技术、网络支持,以帮助青年成功创业。

3. 注重技术创新

用智力换资本,这是大学生创业的特色之路。一些风险投资家往往就因为看中大学生所掌握的专业知识和先进技术而愿意对其创业计划进行资助。因此,打算在高科技领域创业的大学生,一定要注重技术创新,开发具有自主知识产权的产品,吸引投资人手中的资金注入。

4. 提高个人能力

创业是一个由简入繁的过程,刚开始创业缺乏对市场的判断力,那就从简单的市场做起,慢慢积累经验。大学生在技术上可以做到出类拔萃,但财务、营销、沟通、管理等方面的能力却普遍不足,不熟悉经营的"游戏规则"。要想创业获得成功,创业者除了要具备很强的执行能力,还要具备基本的商业能力。

案例讨论

科技创新改变未来

熊同学是某信息职业技术学院2013届电子信息学院信息工程专业的毕业生,2013年创办了科协电子有限责任公司。公司的主营业务为电子产品维修、电子产品的销售及电子产品软硬件开发。熊同学知道创业的路并不平坦,必然是坎坷的。然而,他坚信每次的失败都是为他以后的成功奠定坚实基础的。他一直在不断寻找通向成功的道路,也在不断纠正这条路上所犯的错误,不断积累,而这将是他获得成功的奠基石。

他出生在一个普通的家庭,父母都是靠打工挣钱养家,供他上到大学真的很不容易。他也很体谅孝顺父母。在校期间,他一边学习一边勤工俭学,强大的生活学习压力触发了创业的念头。随着这个念头不断萌发和成长,他开始利用自己专业的特长帮别人做一些项目、专利设计,从中不断积累经验,提高自身的专业技能。

就这样日复一日、年复一年,熊同学从研发中不断地积累经验,不断地积累人脉。他买了很多关于维修的书籍,一股脑地扎了进去,经过不断地摸索,几个月的时间,终于学会了各种电子产品常见问题的解决方法。与此同时,他参加了学校举办的创业大赛,在校园里申请到了免租金的店铺和免息的贷款。没有了这些后顾之忧,2013年下半年他注册了科协电子有限责任公司。现在公司维修人员大多是本校电子信息学院科技协会的学生。通过不断地培养和实践,他们都能熟练地维修各种电子产品了。熊同学还成立了电子制作工作室,为热爱发明创造的学生提供一个平台,让他们做自己喜欢做的事。

把自己受到的恩惠播撒给他人,这是熊同学做人的信条。

你的看法：

_____

_____

_____

课堂活动

自有资源寻找

蒂蒙斯认为"依靠自有资源是创业公司的一种生存方式，而且会创造出极大的竞争优势"。

假如你打算开始创业，请描述将如何创造性地运用自有资源，完成依靠自有资源创业的战略设计。

知识测试

1. 创业要素资源包括哪些？这些资源在创业过程中分别起到什么作用？

2. 大学生创业的必备资源有哪些？大学生在校期间如何积累创业资源？

二、创业资源的获取与整合

能力目标

1. 了解创业资源的获取途径。

2. 掌握创业资源的整合方式与技巧。

案例导入

"先锋天使咖啡"的故事

江西先锋软件职业技术学院电子商务专业二年级学生沈煌超在先锋软件公司实习时，受到北京车库咖啡的影响，他萌生了利用咖啡在南昌创业的想法。他找到在先锋工作的7名校友共同凑了8万元的启动资金，写了一个"不太靠谱"的方案，就这样，"先锋天使咖啡"诞生了。

2014年11月，先锋天使咖啡被南昌高新区、共青团南昌市委授予"创新型孵化器""青年(大学生)创业孵化基地"等称号，促成了150个创意与资本对接项目，并有5个项目进入了实质创业阶段，同时不断吸引着新的创业团队入驻。其中，正在孵化的创业团队——中磊支付公司,已完成了江西第一家电子商务支付平台建设,正在向人民银行申报江西第一张网络支付牌照,开展全省电子商务第三方支付业务。2015年3月25日,鹿心社莅临先锋天使咖啡众创空间视察,了解创新创业项目的运营情况,鼓励创客们紧紧抓住"互联网＋"带来的机遇,迅速掀起"大众创业、万众创新"的新高潮,实现江西在"互联网＋"的时代背景下经济快速健康发展。2015年4月,经过6个月的发展,先锋天使咖啡逐渐形成了完整的经营管理模式,已经聚集了青年创业团队30余家,创业企业28家,签约天使投资机构12家,第三方服务机构24家,帮助近150个创业项目与风险资本进行对接,其中4个项目获得千万级资本支持,2个项目获得百万级资本支持。

心得体会:

(一) 创业资源获取的途径与方法

资源是创业者创立企业与企业运营的必要条件,而这些资源存在于不同企业和个体之中。创业资源的共同作用是形成创业产品和创业市场,并决定新创企业的利润水平以及创业资本的积累能力,最终影响到创业企业的成长发展。创业者获取创业资源的最终目的:组织创业资源追逐并实现创业机会,提高创业绩效和获得创业的成功。无论是要素资源还是环境资源,无论它们是否直接参与企业的生产,它们的存在都会对创业绩效产生积极的影响,以直接促进新创企业的成长。

1. 创业资源获取的内涵

新创企业成立后对企业的运维及发展更加明确,对资源的需求更加清晰,因此利用自身的资源禀赋进行积累、购买和吸引等多种方式获取企业继续运维的资源。该过程即是创业资源获取。其中,资源积累指企业在发展的过程中不断进行资源的内部积累。资源购买指利用资金购买对公司发展有利的外部资源。资源吸引指创业者利用无形资源如商业计划书或核心技术等来获取外部资源。资源吸引是多数大学生在创业之初获取自己所需资源的重要途径。在企业创立之初和发展过程中进行资源的内部积累,当企业发展到一定规模、有一定的资本后,则通过资源购买的方式从外部获取企业所需的资源。创业者根据企业所处的不同阶段采取不同的途径来获取资源,并依据这些资源创造出不同创业阶段所需要的新资源,从而提高企业的核心竞争力和资源的使用效率。

2. 创业资源获取的途径

创业资源获取途径包括以下几个方面。

（1）获取技术资源的途径

获取起步项目所依赖技术的途径方式有：吸引技术持有者加入创业团队；购买他人的成熟技术，并进行技术市场寿命分析等；购买他人的前景型技术，再通过后续的完善开发，使之达到商业化要求；同时购买技术和技术持有者；自己研发，但这种方式所需时间长，耗资大。

创业者应该随时关注各高校实验室、老师或者学生的研发成果，定期去国家专利局查阅各种申请专利，养成及时关注科技信息，浏览各种科技报道，留意科技成果，从中发现具有巨大商机的技术的习惯。

（2）获取人力资源的途径

这里的人力资源不是指创业企业成立以后需要招募的员工，而是指创业者及其团队拥有的知识、技能、经验、人际关系、商务网络等。创业前，如果有可能，可以在读书期间做一些产品的校园或者地区代理，这个过程不仅能赚些钱，增长关于市场的知识，还可以锻炼组织能力。也可以考虑进入一个企业为别人工作，通过实习的经历学习行业知识、建立客户资源渠道，了解企业运作的经验，学习开拓市场的方法，认识盈利模式。

那么为了创业而去一个公司工作，应该选择什么样的公司呢？是世界500强之类的大公司还是小公司呢？在这一点上，迪士尼公司前总裁加里·威尔逊认为："在一个小公司的资深层任职，可给你一种广阔的视野并为你提供更具创意的机会，小公司承受不了人员冗杂的压力，我了解没有足够的现金发薪水时的情况如何，我了解贷款付息20%的情况如何。在小公司任职让我涉猎范围广泛，为我在大公司发展经营战略打下了良好的基础。"

（3）获取市场与政策信息资源的途径

一般而言，获取市场及政策信息的途径主要有：政府机构、同行创业者或同行企业、专业信息机构、图书馆、大学研究机构、新闻媒体、会议及互联网等。对于这些信息的获得，创业者可以根据自己的实际情况与各种方式的特点，选择一种或多种方式，尽可能获取有效的、需要的信息。

3. 获取创业资源的方法

（1）通过大学生的特殊身份获取资源

近年来，政府和高校出台了一系列创业优惠政策鼓励大学生创业。相对于一般的中小型企业，大学生创业者申请小额创业贷款更加容易，还可通过参加大学生创业大赛获得创业基金的资助支持。大学生在校期间应积极参与学校开展的创业活动以及创业教育课程的学习，通过理论教学与模拟实战，培养自己的创业精神和能力。另外，通过社会实践、在班级社团担任干部等方式，大学生既可以锻炼组织管理能力，又可以积累人脉，有利于积累人才资源与管理资源。不仅如此,受教育程度是大学生创业者的优势,大学生创业者具有良好的分析和总结问题的能力,在对创业资源进行分析和辨认时会较一般创业者更清晰、理性。

（2）通过积极开拓社会关系获取资源

社会资源的形式多样,包括亲友、合作伙伴、创业联盟、代理、导师等。由于初创企业的缺陷和规模过小等问题,在很大程度上无法获得企业发展所需的资源或需要付出较高的成本。社会资本在某种程度上为创业者提供了一种较为廉价的资源获取途径。如果创业者具有良好的个人信誉并且企业已经初步取得成就,拥有丰富社会资源的创业者容易获得更多有价值的创业资源。大学生的社会资源比较简单,由于大部分的时间是在校内学习,接触社会的机会较少,因而大学生的人脉资源主要是在校学生,几乎没有政府关系、商业关系。因此在创业之初主要依靠的是亲戚、朋友等个人关系,在创业过程中如果能不断开拓社会资本,对其获取创业资源有积极的促进作用。大学生要通过培养良好商业思维与捕捉机会的能力,将已有的优势不断扩大并获得社会认同,以便形成更多资源。

（3）有效整合利用已有资源

资源获取的内容不仅局限在单纯的量的积累,通过对各类已有的创业资源进行细致化与丰富化处理,可以获取新的竞争优势。资源的整合贯穿资源的识别、资源的获取以及资源的利用整个过程,对于初始资源匮乏的大学生创业者来说,有效地整合与利用资源尤为重要。有限的资源并不能维持企业的正常运转,大学生创业者必须利用自身资源整合能力,将已备的初始资源作为工具从而撬动更多的外部资源,并将外部资源与已获取的内部初始资源组合利用,来提升创业绩效使企业能够长期生存与发展。此外,资源管理和整合的过程也是大学生创业者能力不断提升,并逐渐成长为成熟的创业型人才的过程。

4. 创业资源获取的技能

（1）合作技能

创业者获得资源的主要方式是合作。从获得资源的步骤或层次来看,第一步是要找到资源提供者;第二步是找到利益相关者。其中,资源提供者可以分为两种类型:一是政府、银行及运营态势良好的公司,这些资源提供者本身就拥有丰富资源;二是潜在的资源提供者。要想获取创业资源,创业者首先要掌握合作技能,能与创业资源提供者顺利开展合作,谋求共同利益。企业的经营强调的是获得利益,创业者在与资源提供者合作前,要仔细研究对方的利益关注点,找到双方的共同利益点,有效促进双方合作。为了使创业活动范围更加广泛,合作可以突破空间、制度等方面的限制。运用创新思维,最大限度地满足资源提供者的利益,通过各种合作关系达到共赢或者多赢。

（2）识人与用人技能

人才是关键,任何企业的创立和经营都离不开人才。因此,创业者要善于识人、敢于用人,这是创业者成功的重要因素。创业者要知人善用,用其所长,打破各种条条框框的束缚,唯才、唯业绩和贡献是举,充分发挥每个人的能力。善于识人和用人,能帮助企业获得更多的创业资源。例如,企业通过聘用理财能手,可以获得更多融资渠道和更丰富的资金资源;通过聘用市场营销能手,更有利于开拓产品和服务市场;通过聘用各方面专业人才,更有利于在制订发展规划、创业选址、原材料采购、设备购置和产品质量把关等方面获得事半功倍的效益,也更有利于企业研发新技术、新产品。

(3)沟通技能

沟通技能是企业获取创业资源中关键的一环。若创业者沟通能力弱,会直接影响企业的领导力,降低员工的执行力,导致企业生产效率低下等问题。创业企业获取资源的渠道主要是通过与企业内外部的沟通交流。例如,在企业内部,创业者通过有效沟通交流,合理有效分配不同岗位的工作任务,协调创业团队和成员间的配合,有效降低内部冲突,提升整个企业的生产效率和产品业绩。在企业外部,创业者通过与政府、银行、媒体、投资者、客户、供应商等进行有效沟通,建立联系并达成合作共识,使企业的社会网络关系得到强化,以获得更多信息和资金支持,实现互利共赢。

(4)发挥资源的杠杆效应

发挥资源的杠杆效应是指创业者应掌握和充分发挥这种"撬动"作用的技能,以期用最少的投入,获取最多的收获。无形资源有时候能成为撬动有形资源的重要杠杆。成功的创业者都善于利用关键资源,尤其是通过无形资源的杠杆效应来"撬动"资源,而不是被当前控制或支配的资源限制。具体体现在以下几方面:能充分利用别人没有意识到的资源;能比别人更长期地使用资源;能利用他人或别的企业的资源来完成自己的创业目的;能用一种资源补足另一种资源,从而产生更高的复合价值或者生产新产品、提供新服务等;能利用一种资源撬动和获得其他资源。用人就是杠杆效应的一个特例,企业的人力资本会直接作用于资源获取。有产业相关经验和先前创业经验的创业者,能更快地识别和抓住市场机会,更快地整合资源;创业团队的社会资本能"撬动"信息、商机、市场、客户、资金等重要创业资源;拥有的技术诀窍、商标、品牌能提升企业核心竞争力;诚信建设、企业文化能"撬动"融资机构及供应链上下游的供应商、批发零售商,乃至终端用户。

(5)信息技能

资源来源于信息。信息需求识别及表述、信息检索及获取、信息评价及处理、信息整合及学习、信息利用与开发等都属于创业者的信息技能。掌握并善用信息技能,对于创业者来说十分重要,通过对信息的收集分析处理等,能把握商机,获取创业资源,做出决策,推进创业企业成长。

（二）创业资源获取的影响因素

1. 创业导向

创业导向是创业者在经营、实践和决策的过程中所采取的创新、承担风险、抢先行动、主动竞争和追求机会的一种态度或愿意。创业导向强调如何行动,是创业精神的表现过程。即创业导向的企业能自主行动,具备创新和风险承担的态度,面对竞争对手时积极应战,面临市场机会时超前行动。企业追求机会所表现出的创业导向,驱使企业寻求与整合资源,并创造财富。

2. 创业者资源禀赋

创业者资源禀赋是指创业者所具有的与创业相关的自身素质和外在关系的总和,主要包括创业者的经济资本、社会资本和人力资本,它们能够为创业行为和新创企业生存与成长提供有价值的资源。大量的文献强调企业家资源禀赋在创业过程中的重要作用,认为企业家资源禀赋是创业行为过程的关键资源,甚至在一定程度上决定新创企业的资源构成特征。

3. 创业者资源整合能力

新创企业资源整合能力是指在创业过程中,以人为载体,在资源整合过程中所表现出对资源的识别、获取、配置和利用的主体能力。创业资源在未整合之前大多是零散的、一般性的商业资源,要发挥其最大的效用,转化为竞争优势,为企业创造新的价值,就需要新创企业运用科学方法将不同来源、不同效用的资源进行优化配置,使有价值的资源充分整合起来,发挥"1＋1＞2"的放大效应。资源整合能力在创业的各个阶段发挥着极为重要的作用。在创业起步阶段,资源整合能力影响并决定了创业者对创业机会的评估、识别与开发,同时帮助创业者摆脱资源约束,取得所需资源;生存与成长阶段新创企业需要筹措更多的资源来满足自身的发展,创业者资源整合能力会对新创企业成长过程的战略决策与运营能力产生重要影响,资源整合的深度与广度将保障组织运作的持续性,进而影响创业绩效。

4. 创业团队

新创企业把创意变成产品／服务,把产品／服务市场化、产业化是一个艰苦的过程,必须组建好一个富有凝聚力和创新精神的创业团队,这是获取各项创业资源的重要前提,也是创业成功的一个基本保障。借助团队就可能拥有创业所需要的各种知识和经验,例如顾客经验、产品经验、市场经验和创业经验等。同时,通过团队,人脉关系网络可以放得更大,能够有效地扩大创业者的社会资本,提高创业成功的概率。因此,创业团队本身就是一项极为重要的创业资源。

5. 外部环境条件和政府政策支持

创业活跃程度的一个重要决定因素是创业的环境条件。创业环境与创业活跃程度呈很强的正相关关系。创业企业与创业环境有着密切的关系,而这种关系的核心是创业企业资源的需求和创业环境资源的供给所具有的有机联系。创业水平和创业资源受到外部环境因素的影响极大,尤其政府的法规政策。创业环境好的地方一般会呈现较高的创业活动水平,而政府创业政策作为创业环境的重要内容是直接影响一个国家和地区创业活动水平的重要手段。

案例讨论

资源整合,四川航空获利1000多万元

四川航空公司一次性从风行汽车订购了150台风行菱智MPV。

四川航空公司此次采购风行菱智MPV主要是为了延伸服务空间,挑选高品质的商务车作为旅客航空服务班车来提高在陆地上航空服务的水平。为此,川航还专门制订了完整的选车流程。作为航空服务班车除了要具备可靠的品质和服务外,车型的外观、动力、内饰、节能环保、操控性和舒适性等方面都要能够达到服务航空客户的基本要求。原价一台14.8万元人民币的休旅车,四川航空以9万元的价格购买150台,承诺司机载客途中提供乘客关于这台车子的详细介绍,简单地说,就是司机在车上帮车商销售车子。在乘客的乘坐体验中顺道带出车子的优点和车商的服务。当时四川部分待业者想当出租车司机,但据说要缴一笔可观的保证金,而且要自己买车子,这劝退了他们,四川航空招募了这些人,以一台休旅车17.8万元的价钱出售给这些司机,并告诉他们每载一名乘客,四川航空就会付给司机25块钱。四川航空还通过推出购买机票价格大于五折票价就送免费市区接驳的活动,将整个资源整合的商业模式搭建起来。

你的看法:

_____

_____

_____

(三) 创业资源的整合方式与技巧

资源整合是指新企业对资源进行重组以构造或改变新企业能力的过程。新企业的创建大多数是通过机会与资源的整合来实现的。对处于创业阶段的企业来说,对资源的开发与运用决定了企业的战略导向。在企业进入成长与成熟期后,资源结构会严重影响企业的市场地位与长期的发展模式。因此,企业需将资源的开发与整合置于发展的、动态的市场环境中进行系统分析。只有有效整合和管理创业资源,大学生创业才有可能取得成功。

1. 资源整合的概念

资源整合是指新企业对资源进行重组以构造或改变新企业能力的过程。新企业的创建大多数是通过机会与资源的整合来实现的。对处于创业阶段的企业来说,对资源的开发与运用决定了企业的战略导向。在企业进入成长与成熟期后,资源结构会严重影响企业的市场地位与长期的发展模式。因此,企业需将资源的开发与整合置于发展的、动态的市场环境中进行系统分析。只有有效整合和管理创业资源,大学生创业才有可能取得成功。

2. 创业资源整合的方法

资源整合就是资源的重组与优化。要优化资源配置,理智筛选、取舍、管理,从而获得部分乃至整体的资源优化。在创业中,大学生要根据不同的创业过程和环节,运用不同的方法进行资源整合。

(1)向外寻找式。大学生创业之初,创业所需资源主要依靠自身的努力和个人关系网来获取,如此少的创业资源难以维持企业的发展。为了使企业继续顺利发展,就必须从外界寻找创业资源。创业者要结合自身创业团队的资源情况,分析的企业资源储备,明确企业资源存在的优缺点,进而找出整合和利用外界资源的方法。这种资源整合方法要求创业者必须准确地把握行业的发展热点和竞争焦点,才能获取有价值的创业资源,进而进行合理有效的整合。

(2)对内累积式。创业发展中期,企业已经积累了一些赖以生存发展的创业资源。这个时期是企业发展的关键期,创业资源需要不断累积和增加,此时需要创业者掌握累积式的资源整合方法。创业者只有更深入地了解创业资源的特征,分析归类自身的资源积累情况,才能更好地整合利用,使已获得的创业资源发挥其最大的效能。只有对已有的资源进行准确的分析定位,才能发挥资源的最大效能,不断提高企业的核心竞争力。

(3)开拓式。开拓式创业资源整合的应用一般是在企业取得发展之后,创业者要想使企业继续快速持续发展所采用的一种整合方式。这种资源整合方法要求创业者具有创新能力,能用创新的思维和视角去探寻具有创新点的创业资源。特别是继续寻找企业新的增长点或新的发展方向,进而充分开拓和整合利用资源。

3. 创业资源整合的原则

任何一个创业者既不可能把创业中所涉及的问题都解决好,也不可能把一切创业资源都备足,关键在于要学会进行资源整合。因此,资源整合的原则不仅是创业设计中的一个重要原则,也是在创业中借势发展、巧用资源、优势互补、实现双赢的重要方法。创业者能否做到资源的真正整合,是决定企业迅速发展还是停滞不前的关键。

(1)尽最大可能去搜寻和圈定可以被整合的资源提供者。创业者想要整合资源,首先必须找到可以被整合的资源提供者,并将其作为目标对象。

创业者可以通过以下两种逻辑去寻找:其一是找到拥有大量资源的个别的潜在资源供给者,如各级政府、世界500强的大公司等;其二是尽可能多地搜寻潜在的资源供应方。

(2) 寻找和思考与潜在资源提供者之间的共同利益。商业世界当中所有的活动都是围绕着利益进行的,所以想要整合各方资源,需要仔细分析潜在资源供给者真正关注的利益所在。尽管从表面上看,不同企业、不同机构各自的目的不同,利益诉求也不同;但是从内部分析,其实各个机构之间的利益有着紧密的联系,创业者需要做的是发掘其共同利益诉求,与各个资源供给者建立紧密的利益关系,将他们纳入创业者的利益网络中,成为利益相关者。

(3) 构建双赢的整合机制。创业者之所以能够从家庭成员那里获得支持,就是因为家庭成员不仅是利益相关者,更是利益整体。既然资源与利益相关,创业者在整合资源时,就一定要设计好有助于资源整合的共赢利益机制,借助共赢利益机制把潜在的和非直接的资源供给者整合起来,借力发展。

(4) 建立顺畅的沟通机制。在整合资源的过程中,与各方沟通是必不可少的。因此,创业者必须与各方建立顺畅的沟通机制,派出具有一定沟通能力的团队成员负责与各方沟通,这将成为整合资源成功与否的关键因素。创业企业整合资源的过程就是与企业内部和外部的资源供给者充分沟通的过程。在企业外部,创业者需要与外部的投资者、银行、各级政府机关、媒体、同行业者、消费者、供应商等通过建立联系来获得信任、消除利益分歧、争取对方的扶持与帮助、取得共赢的结果;在企业内部,创业者需要通过顺畅的沟通来鼓舞员工士气、争取员工团结、消除员工不满、提升企业运营效率与业绩。

4. 创业资源整合的技巧

优秀的创业者在创业过程中所体现出的卓越创业技能之一,就是能创造性地整合和运用资源,尤其是那种能够创造竞争优势,并带来持续竞争优势的战略资源。整合创业资源的技巧主要有以下几个方面。

(1) 学会拼凑,优化组合。

很多创业者都是拼凑高手,通过加入一些新元素,与已有的元素重新组合,形成在资源利用方面的创新行为,进而可能带来意想不到的惊喜。创业者通常利用身边能够找到的一切资源进行创业活动,有些资源对他人来说也许是无用的、废弃的,但创业者可以通过自己的独有经验和技巧,加以整合创造。例如:很多高新技术企业的创业者并不是专业科班出身,可能是出于兴趣或其他原因,对某个领域的技术略知一二,却凭借这个略知的"一二"敏锐地发现了机会,并迅速实现了相关资源的整合。整合已有的资源,快速应对新情况,是创业的利器之一。拼凑者善于用发现的眼光,洞悉身边各种资源的属性,将它们创造性地整合起来。这种整合很多时候甚至不是事前仔细计划好的,而往往是具体情况具体分析、"摸着石头过河"的产物。

而这也正体现了创业的不确定性特性,并考验创业者的资源整合能力。

(2)遵循规律,步步为营。

创业者分多个阶段投入资源并在每个阶段投入最有限的资源,这种做法就是在遵循规律的前提下,步步为营。步步为营的策略首先表现为节俭,设法降低资源的使用量,降低管理成本。但过分强调降低成本,会影响产品和服务质量,甚至会制约企业发展。比如:为了求生存和发展,有的创业者不注重环境保护,或者盗用别人的知识产权,甚至以次充好。这样的创业活动尽管短期可能赚取利润,但长期而言,发展潜力有限。所以,需要"有原则地保持节俭"。步步为营策略还表现为自力更生,减少对外部资源的依赖,目的是降低经营风险,加强对所创事业的控制。很多时候,步步为营不仅是一种最经济的做事方法,也是创业者在资源受限的情况下寻找实现企业理想目的和目标的途径,更是在有限资源的约束下获取满意收益的方法。习惯于步步为营的创业者会形成一种审慎控制和管理的价值理念,这对创业型企业的成长与向稳健成熟发展期的过渡尤其重要。

(3)充分发挥杠杆效应。

尽管存在资源约束,但创业者并不会被当前控制或支配的资源限制,成功的创业者善于利用关键资源的杠杆效应,利用他人或者别的企业的资源来达到自己创业的目的:用一种资源补足另一种资源,产生更高的复合价值;或者利用一种资源撬动和获得其他资源。其实,大公司也不只是一味地积累资源,他们更擅长资源互换,进行资源结构的更新和调整,积累战略性资源,这是创业者需要学习的经验。对创业者来说,容易产生杠杆效应的资源,主要包括人力资本和社会资本等非物质资源。创业者的人力资本由一般人力资本与特殊人力资本构成,一般人力资本包括受教育背景、以往的工作经验及个性品质特征等。特殊人力资本包括产业人力资本(与特定产业相关的知识、技能和经验)与创业人力资本(如先前的创业经验或创业背景)。调查显示,特殊人力资本会直接作用于资源获取,有产业相关经验和先前创业经验的创业者能够更快地整合资源,更快地实施市场交易行为。而一般人力资本使创业者具有知识、技能、资格认证、名誉等资源,也提供了同窗、校友、教师以及其他连带的社会资本。相比之下,社会资本有别于物质资本、人力资本,是社会成员从各种不同的社会结构中获得的利益,是一种根植于社会关系网络的优势。在个体分析层面,社会资本是嵌入、来自并浮现在个体关系网络之中的真实或潜在资源的总和,它有助于个体开展目的性行动,并为个体带来行为优势。外部联系人之间社会交往频繁的创业者所获取的相关商业信息更加丰富,从而有助于提升创业者对特定商业活动的深入认识和理解,使创业者更容易识别出常规商业活动中难以被其他人发现的顾客需求,进而更容易获得财务和物质资源,这正是其杠杆作用所在。

(4)设置合理利益机制。

资源通常与利益相关,创业者之所以能够从家庭成员那里获得支持,是因为家庭成员之间不仅是利益相关者,更是利益整体。既然资源与利益相关,创业者在整合资源时,就一定要设计好有助于资源整合的利益机制,借助利益机制把包括潜在的和非直接的资源提供者整合起来,借力发展。因此,整合资源需要关注有利益关系的组织或个人,要尽可能多地找到利益相关者。同时,分析清楚这些组织或个体和自己以及自己想做的事情有利益关系,利益关系越强、越直接,整合到资源的可能性就越大,这是资源整合的基本前提。

5. 创业资源的有效利用

(1) 充分利用已拥有的创业资源

高校大学生创业存在信息不对称的问题。有不少身边的创业资源,还没有被大学生知晓、了解,更谈不上加以运用了。目前高校系统聚集了大量的可以帮助大学生创业的资源。有创业意愿的大学生应该留意这些在身边的资源,加以充分利用,不但能更好地提高自己判断分析和把握机遇的能力,而且能孕育很好的机会。

(2) 创造性地利用有限资源

一是提高资源的利用效率。

经营活动的效率,就是对各种资源的利用效率,但是资源的利用效率总是达不到100%,即企业内部总是存在未利用的资源。资源利用效率是指资源的产出与投入之比。资源的利用效率最终体现在财务收入上,很多财务指标可以用于衡量资源的利用效率。比如,单位总资产与净资产的销售收入和销售利润,存货周转率与应收账款周转率。

二是资源重复利用。

资源重复利用包括技术资源、品牌资源、制造资源、营销网络资源、管理资源的重复利用。

① 技术资源的重复利用。特定技能或技术的使用次数越多,就表示资源杠杆运用越充分,资源的利用效率越高。如夏普公司将本身开发成功的液晶显像技术陆续应用于计算机、电子记账本、迷你电视、大荧幕投射电视及膝上型电脑。本田公司则将引擎相关的创新开发成果先后用于摩托车、汽车、船舶用马达、发电机、割草机等产品。

② 品牌资源的重复利用。再生利用并不限于科技基础的竞争力。品牌也可以再生利用,利用高知名度的"企业名称"推出全新的产品,至少可以让顾客"考虑购买"大牌制造商制造的产品,这和其他默默无闻的同期新产品比起来,显然,高知名度已经占有一项竞争优势了。

③ 制造资源的重复利用。保持制造资源的充分弹性,即迅速调整生产线,转而制造另一种产品的能力是制造资源重复利用的前提条件。在网络经济下,通过把高度分散的制造能力组合成必要的制造资源以响应市场机遇的协作式伙伴关系将迅速发展。当市场机遇消失时,这些资源将同样迅速解散,中小企业在全球制造中扮演着重要的角色。可以说,保持资源的弹性和重复利用非常重要。

④ 营销网络资源的重复利用。多系列产品的中小企业共用一个销售网络,充分利用

营销网络资源,可以降低成本。但当产品差异化比较大,特别是在售后服务环节存在较大差异时,不同产品对营销网络资源会有差异化要求,这时实现营销网络资源的重复利用有一定障碍。

⑤　管理资源的重复利用。同一系统应用于同一产品系列;迅速广泛应用一线员工的良好构思,以改善对顾客的服务,以及暂调有经验的主管赴供应商处驻厂指导,这些方法均是管理资源的重复利用。

三是资源的快速回收。

加快资源回收是资源杠杆运用的重要领域,公司越快赚到钱,回收资源的速度就越快,就越能再加以利用。假设有甲、乙两家公司,其投入的资源相同,甲公司回收利润的时间是乙公司的一半,则表示甲公司享有相当于乙公司两倍的杠杆运用优势。

四是资源的多方融合。

通过融合不同的资源,各种资源的价值将随之提升。抢先进入个别科技领域,并得到领导地位固然重要,但如果公司只关注与调和这些科技,使既有科技能力不能持续扩充,就是没有有效利用资源杠杆。因此,就算公司在许多单项科技领域领先,也无多大的实质意义。个别功能再强,也不代表最终产品一定成功。所以,只有培养出一批通才,有效整合不同技能、科技与功能,才能建立真正的竞争优势。

案例讨论

国内食品饮料龙头企业娃哈哈集团在2010年5月26日召开新闻发布会,整合全球产业链打造爱迪生奶粉,迈出了"中国品牌整合世界优资源第一步",引起了社会各界的关注,并引发了广泛的讨论。

"只要我们一涨价,客户就会立马将订单转移到东南亚等地区。"一位在东莞做珠宝首饰代工的企业老板说。继"金融危机"之后,"订单转移"正在成为中国制造企业的又一危机,中国企业的转型之路更加迫在眉睫。

其实,中国企业的"转型"从"市场换技术"就开始了。20世纪80年代初,中国汽车产业提出了"市场换技术"继而培育"自主品牌"的产业发展思路。

不过,有央视财经评论员分析称:"在过去的十几年里,中国汽车业走了一条'以市场换技术'的道路,在市场被外国汽车品牌瓜分殆尽的同时,换来的技术始终拿不上台面。我们只分享到了汽车工业带来的一小部分好处。"

这种局面现在终于有了改观。

"通过整合世界优质奶源和先进配方生产技术,娃哈哈奶粉品牌以最快的速度进入国际'顶级'行列,从'市场换技术'到'品牌整合技术',标志着中国品牌迈出了整合世界优质资源的第一步。"

你的看法：

_____

_____

_____

课堂活动

获取创业资源

1. 目标

掌握创业资源获取的方法。

2. 过程与规则

(1) 将学生分为5～7人的小组,小组任务是为本小组的创业项目寻找创业资源。

(2) 设计一个创业项目,项目要与学生校园生活息息相关,且是学生们学习生活中亟待解决的问题。

(3) 各小组列出团队组员的自有资源和外部资源。

(4) 评价本组项目是否可以开展。

(5) 小组展示。

3. 总结评价

各组派代表对本组和其他组资源获取情况进行评价和分析,让同学明白自己的创业项目是否具备足够的创业资源。

知识测试

1. 结合自身实际情况,谈一谈大学生在校期间如何为实现创业梦想积累创业资源。

2. 你是如何理解"资源在于整合而不在于拥有"这句话的?

三、创业融资

能力目标

1. 能够科学测算创业所需启动资金。
2. 了解创业融资的渠道和过程。

案例导入

视美乐的成败

1999年3月,王同学、邱同学和徐同学组队参加了某高校第二届学生创业计划竞赛,并作为最优秀的五个团队之一,参加了全国大学生创业计划竞赛决赛,获得金奖。同年5月,视美乐科技股份有限公司(简称"视美乐")诞生,注册资金50万元,邱同学任公司总工程师,王同学任总裁,徐同学任总经理。其核心产品为多媒体超大屏幕投影电视,是一种集光学、电子学、机械等多领域专利合成技术为一体的创新型高技术产品,虽然成本较低,但对产品模仿和解构都较为困难,因而产品的市场壁垒高,吸引了风险投资商注意。而创业初期的视美乐也急需大笔资金注入,因此团队开始了艰难的融资工作。

2000年4月25日,视美乐获得了某公司风险资金,资金分两期到账,第一期是250万元。然而第二年没有得到某公司5000余万元的第二期投资,而且某公司还将其股权卖给了某集团,于是,视美乐与某集团共同组建了北京澳柯玛视美乐信息技术有限公司,注册资金3000万元,双方各占50%的股份。原视美乐公司的主要技术人员全部进入北京澳柯玛视美乐信息技术有限公司。但没过几年,情况又发生了变化,公司70%的股份归某集团所有,原视美乐三位创始人仅作为小股东存在,并相继退出了公司管理层。再后来随着某集团侵占上市公司资金案发,视美乐自此也一蹶不振。

心得体会:

（一）创业启动资金的测算

1. 创业启动资金估算的重要性

融资是指通过一定的渠道，采用一定的方法，以一定的经济利益付出为代价，从资金持有者手中筹集资金，满足资金使用者在经济活动中的资金需求的一种经济行为。创业者在确定了创业项目，组建好创业团队后，就应该认真考虑创业资金的问题了，这也是在制订创业计划时需要详细阐述的部分。

具体来说，创业者需要梳理以下几个问题，并给出明确的答案。

（1）有多少自有资金？能否满足初创资金需求？

（2）还需要再筹措多少资金？

（3）是通过银行贷款还是向风投融资？

（4）能否预测现金流量的发展趋势？

（5）预计什么时候能盈亏平衡？

一般认为，一定要在银行账户里留有足够公司运营12～18个月的资金。创业计划的启动和发展必须靠足够的资金来实现。如果一个企业没有资金或者资金不足，再好的计划和项目都是空想，再好的投资活动都有可能中途搁浅。充足的资金是企业经营活动顺利进行的重要保障之一，起着根本性作用。企业之所以运转，是因为资金在不停地流动。

在融资前，创业者首先要弄清楚自己创业需要多少钱。创业者准确衡量需要多少启动资金是成功的关键，这个启动资金需要测算到创业公司盈利的平衡点。如果低估了初创资金需求，则创业者在盈利之前就可能用光了所有资金，而如果过高地估计了初创资金需求，创业者则可能永远无法筹集到所需资金来开启创业。

2. 创业启动资金的内容

创业启动资金是指企业开业初期运作所必需的资金，即启动资金＝固定资产投资＋流动资金。创业启动资金主要用于场地费、办公家具和设备、机器、折旧费、原材料、广告费、促销费、工资、差旅费、水电费、营业执照和许可证办理等。创业启动资金测算的具体操作可通过表3-1进行。

表3-1 创业启动资金测算表

项目	具体内容	测算金额（元）
固定资产投资	场地费用	
	设备费用	
流动资金	购买原材料和商品存货	
	促销费用	

续表

项目	具体内容	测算金额(元)
流动资金	支付工资	
	支付租金	
	保险费用	
	其他费用	
	应缴费用	
开办费用	筹建公司期间所发生的费用	
总计		

3. 估算创业启动资金应注意的问题

(1)创业初期,应从小事做起,实事求是,量力而行。设备不必全部购置,可以节约成本。非核心机件的加工可以采取委托加工,只要不影响产品质量,可以尽量租赁设备。

(2)创业流动资金和固定资产投资的占有比例必须恰当。创业者对以上两项资金的预测,应根据不同行业特征、经营规模和营销要求分配。

(3)办企业前,根据销售预测计算启动资金,对启动时需要的资金有个大致的了解。如果差距太大了,就缩小规模重新预测,如果差距不大就可以考虑贷款以补足启动资金的不足。

(二)创业融资渠道及过程

创业融资是创业企业在设立与发展期间的重要行为。正确的融资决策关乎创业企业的正常发展。

开创新的企业,最大的困难之一就是怎样获得资金。据不完全统计:大学生创业成功率只有2%~3%,其中有超过40%的人因为初期资金问题而失败。"巧妇难为无米之炊。"创业漫漫长路上,有热情、有决心、有冲劲、有勇气,固然都是大学生的优势,但若不能切实地解决资金问题,再好的主意和创意也只是"乌托邦"。

因此,大学生创业,寻找适当的融资渠道成为重要的课题。当我们确定了创业资金缺口,这时候就需要融资,而且,融资过程可能伴随着我们整个创业过程。因此,选择合理合法的融资渠道很重要。

1. 认识创业融资

融资是指资金的融通,其定义有广义与狭义之分。广义的融资是指资金由资金供给者向需求者运动的过程。狭义的融资主要是指资金的融入,而通常意义的资金来源,具体是通过一定的渠道、采用一定的方法、以一定的经济利益付出为代价,从资金持有者手中筹集资金,组织对资金使用者的资金供应,满足资金使用者在经济活动中对资金的需要。创业融资是指在持续的生产经营活动中,创业企业为了谋求自身生存和发展而筹措和运用资金的活动。

一般情况下,影响企业融资能力的因素主要包括企业的盈利记录、信用记录、未来预期的现金流量及可供抵押的资产等。资金提供者根据企业融资能力的大小,确定其可以提供的信用额度。但对创业企业而言,特别是处于初期创业的企业,其信用记录、盈利记录尚不可得。因此对创业企业融资能力的评价标准不能等同于一般传统大型企业的常规指标,需要做出一些修正。

2. 常规的融资渠道

目前国内创业者的融资渠道较为单一,主要依靠银行等金融机构来实现。其实,创业融资要多管齐下,不能只依靠单一的某种渠道。

（1）银行贷款

银行贷款被誉为创业融资的"蓄水池",由于银行财力雄厚,因此在创业者中很有"群众基础"。从目前的情况看,银行贷款有以下4种:

一是,抵押贷款,指借款人向银行提供一定的财产作为信贷抵押的贷款方式。

二是,信用贷款,指银行仅凭对借款人资信的信任而发放的贷款,借款人无需向银行提供抵押物。

三是,担保贷款,指以担保人的信用为担保而发放的贷款。

四是,贴现贷款,指借款人在急需资金时,以未到期的票据向银行申请贴现而融通资金的贷款方式。

（2）风险投资

在许多人眼里,风险投资家手里都有一个神奇的"钱袋子",从这个"钱袋子"里掉出来的钱能让创业者像坐上阿拉丁的"神毯"一样一飞冲天。但风险投资是一种高风险高回报的投资,风险投资家以参股的形式进入创业企业,为降低风险,在实现增值目的后会退出投资,不会一直与创业企业捆绑在一起。而且风险投资比较青睐高新技术创业企业。

（3）亲友融资

向亲朋好友融资也是创业初期较为常见的融资渠道,并且融资成功率比较高。亲友融资是建立在亲情和友情的基础上,彼此之间不需要过多的信誉担保,出资方也不是单纯为了高额的回报。需要注意的是,在向亲友融资时,创业者需遵守现代市场经济的游戏规则,树立正确的契约精神和法律意识,保障投融资双方的合法利益,避免不必要的经济纠纷。

（4）自有资金

自我筹集资金是大多数创业者的首选筹资渠道。处于创业初期的企业由于缺少经营记录,往往很难利用其他渠道融资,只能通过创业者和团队自筹资金。这不仅是因为自有资金筹集最为快捷,也是创业者吸引来自其他渠道投资本项目的基础。作为创业项目的所有者,首先要对项目有资金的投入,以证明自己相信项目能够成功,并愿意为之付出。

（5）融资租赁

融资租赁是一种以融资为直接目的的信用方式,表面上看是借物,实质上是借资,以租金的方式分期偿还。该融资方式具有以下优势:不占用创业企业的银行信用额度,创业者支付第一笔租金后即可使用设备,不必在购买设备上大量投资,这样资金就可调往最急需用钱的地方。

（6）政府扶持基金

在国家"大众创业、万众创新"的号召下,各省市相应出台了一些政策,设置了政府扶持基金。科技含量高的产业或优势产业可以申请政府扶持基金,若创立的是科技型中小企业,还可以申请地方政府的创新基金。

（7）高校创业基金

高校在大学生创业期间能起到鼓励和促进的作用,大多数高校都设立了相关的创业基金以鼓励本校学生进行创业实践。相对于大学生创业群体而言,通过这种途径融资是有独到优势的,但高校创业基金的资金规模不大,面向的对象有限,所以融资者面临的竞争也相当激烈。

3. 创业融资的过程

（1）创业者准备商业计划书,寻找投资人,进行初步接洽。商业计划书通常是投资人了解产品的第一道渠道或首选材料。初创企业和创业团队在准备商业计划书后,通过自我推荐、熟人介绍或者参加创业大赛和融资路演等方式,获得投资人的关注,双方进行初步接洽。创业者根据投资人的意见和建议,进一步优化和完善商业计划书。

（2）进一步沟通,签署投资意向书。初创公司、创业团队通过各种渠道联系不同的投资者,最终找到对其产品和团队感兴趣的投资者,进行进一步沟通。在深入分析初创公司产品（或服务）及其模型、方向和前景后,投资者将确定他们的投资意向,并与初创公司团队讨论,以确定投资意向书。投资意向书将规定投资的主要条款和条件,如公司的估值、投资金额、权益比率、投资者的优先权等,是起草下一份投资文件的基础和依据,决定了投资者与公司创始人之间的权利和义务。

因此,创业者需要重视和理清投资意向书中的条款内容,必要时应咨询专业人士或聘请律师参与确认。一旦条款清单签署,初创企业的创始人及团队将处于排他期,在此期间创业者不能再与其他投资方讨论融资问题,也不能接受其他投资方的投资要求。

（3）投资方对初创企业就业务、财务、法务等方面进行尽职调查。在签署投资意向书后,投资方将对企业从商业、财务、技术和法律等方面进行全面而详细的尽职调查。

（4）签署投资交易协议。在商业模式、财务、技术和法律的调查结果令投资者满意后,投资者将与初创企业团队签署正式的投资交易文件。为了节省时间,投资交易文件的起草和谈判通常与尽职调查工作同时进行。

（5）投资方打款。在签署正式投资交易文件后，初创企业完成交付投资文件的前提条件，交付条件全部达到要求后，投资人将所投资金汇给初创企业，一旦资金到位，融资过程就完成了，此时，投资人也就转变为企业的合作伙伴。

4. 创业融资需克服的几个问题

（1）需求上的急功近利。在创业初期，大学生创业者的创业热情高涨，但因为受资金短缺的困扰，急于得到启动或周转资金，即使手中有技术、有创意，也可能为了"小钱"而转让"大股份"，贱卖自己的一些技术或创意。因此，在制订融资方案时应该准确评估自己的有形和无形资产的价值，不要妄自菲薄，低估了自己的价值。

（2）对象选择上的盲目性。在当前的大学生创业融资环境中，大多数大学生创业者在创业早期要找到合适的融资对象，是一件很不容易的事情。一旦投资者出现，有的大学生创业者就像发现了救命稻草一样，而不管对方的业务或能力是否能够为投资项目提供渠道或指导，是否能有效支撑公司的成长。因此，大学生创业者一定要加强对融资市场信息的收集与整理，在掌握大量情报资料的前提下做出最优的融资对象选择。

（3）心态不成熟。融资心态不成熟主要表现为大学生创业者缺乏对公司、员工、投资者负责的责任感，在对所融入资金的使用上，存在不负责任的使用问题；缺乏风险意识，不注意风险的控制。事实上，每一轮融资中的投资者都将影响大学生创业企业后续融资的可行性和价值评估，能为投资者创造价值的大学生创业者才能得到更多的融资机会与成长机会。

（4）方式较单一。受融资知识、经验和环境等各种条件的限制，目前大学生创业者的融资方式较为单一，内部融资主要还是向亲朋好友借钱或自己的储蓄资金等，外部融资主要依靠银行贷款来实现。实际上创业融资要拓展思路，多渠道融资，除了自筹资金、银行贷款、民间借贷等传统途径外，还要充分利用风险投资、大学生创业基金等融资渠道，要多管齐下。

📖 **案例讨论**

国家政策帮忙，助力人生创业梦

选择牛肉米粉作为创业项目，张同学是经过深入分析和调研的。首先，这是家乡的味道。米粉，遍布常德的大街小巷。其准备工作主要在前期，牛肉、牛骨汤要提前约10小时熬制好，等到真正操作的时候，全过程不超过30秒，某种程度上具备了标准化操作的可能性。而一些餐厅的成功，也给了张同学很大的鼓舞与启发——餐饮业在移动互联网时代有很大潜力可挖。为了拜师学艺，张同学和合伙人走街串巷，吃遍了常德的米粉。随后，他们又开始进行标准化提炼：用小秤一勺一勺地称量每种配料的分量，又通过常德餐饮协会邀请到当地最有名的几家米粉店的主厨品尝，最后才制作出产品配方。

"那时候我有个译号叫'阿香婆'",张同学笑着说,创业之初,店里的牛肉都是自己炒制的,每天要忙到深夜,衣服上充满了牛肉味儿,右手也变得格外强壮。就在张同学创业后的1个多月,国家出台了"大学生创业引领计划",鼓励和支持更多的大学生创业。故事被报道后,张同学成了媒体和大众追捧的对象。慕名而来的顾客蜂拥在小店中,以至于不得不限量销售。2014年6月25日,第二家"伏牛堂"开业,面积扩大到180多平方米。6月27日,张同学在毕业典礼倒计时的前一天,独自一人,在店里盘点了创业以来所有的营业数据。1.4万碗!"这样一个数字,让我知道,至少有些东西是踏踏实实的。"他立下了一个目标:到年底卖出10万碗粉。11月中旬目标达成,比他的计划提前一个半月。后来,伏牛堂获得来自险峰华兴、IDG资本与真格基金的投资。米粉已经放到中央工厂生产,团队人数不断增加,还一直在招揽人才,为今后进一步发展做好储备。

你的看法:

_____

_____

_____

课堂活动

估算创业资金

1. 目标

分析项目所需启动资金的种类及数量,掌握创业不同时期筹资的策略。

2. 活动流程及要求

(1)案例分析:

王强,2015年高职食品专业毕业,毕业后三年内三次跳槽,面对严峻的就业形势最终放弃了求职,自己当老板。

其实,王强大学期间在一家知名的咖啡馆做过两年兼职,平时也会购买一些咖啡相关书籍阅读,自己对咖啡也是情有独钟。大学还没毕业,就一直梦想着将来能够拥有一家属于自己的咖啡厅,而此时正是一个契机。经过前期的市场调查和准备,王强在市区白领经常出入的写字楼旁边租了一间大概100平方米的商铺,开始装修、购买设备、工商注册、招聘人员等一系列准备工作,并进行了近一年的创业计划。辛苦经营了两年,到了第三年,王强已经积累了一些资本,并决定开2家分店,选址依然是写字楼旁边。但是算下来,资金有些紧张,需要融资。

面对资金紧张,王强并没有慌乱,通过合理的融资渠道和融资策略度过了初步扩张时的"财务危机",咖啡厅进入正常的扩张经营轨道。如今,王强已经是10家咖啡厅的老板,但他的目标绝不是仅此而已,他希望自己的咖啡厅能够不断扩张,甚至上市,让每一个爱喝咖啡的人都能喝到他的咖啡。

(2) 请以你所在的城市为背景,动手算一算该咖啡馆项目所需的启动资金(见表3-2)。

表3-2 启动资金需求表

类别	项目	数量	单价	金额	说明
固定资产					
开办费用					
流动资金					
合计					

(3) 按照资金规划的步骤,动手算一算资金缺口(见表3-3)。

表3-3 资金缺口

项目	细目		金额(元)
启动资金	固定资产	开办费用	
自有资金			
现金流入			
现金流出			
资金缺口			

注:资金缺口＝启动资金＋现金流出－自有资金－现金流入;现金流入、流出指的是自企业试生产(营业)起至收支平衡前的流入、流出。

(4) 在王强咖啡厅经营的5年多时间里,什么情况下可能需要融资,列举3~5种情况。针对不同情境和创业的不同阶段,为其咖啡厅制定相应的融资策略(在表3-4中填入相应融资方式所需金额)。

表3-4　制定融资策略

融资方式	创业阶段			
	创业启动阶段	创业一年后	创业三年后	创业五年后
自有资金				
亲情借款				
合伙融资				
银行贷款				
政府支持				
风险融资				
网贷				
其他方式				
合计				

（5）教师点评、总结，引导学生针对创业不同时期进行资金筹措。

知识测试

1. 创业者如何进行有效的资源整合？
2. 创业者进行创业筹措创业资金的途径有几种？

课外阅读推荐书目

《习近平在宁德》，作者：中央党校采访实录编辑室，中共中央党校出版社，2020年版。

推荐理由：《习近平在宁德》一书从不同角度回忆了习近平同志在宁德的工作经历，生动展示了他坚定的信仰信念、真挚的为民情怀、强烈的政治担当、卓越的领导才能和独特的人格魅力，为广大党员干部特别是领导干部树立了不忘初心、牢记使命的光辉典范。

技能训练：评估我的创业项目

主题：创业项目选定与评估

一、活动目标

能够选定与所学专业相关的创业项目，并能结合自己的情况，对该创业项目进行评估。

二、活动时间

50分钟

三、活动步骤

1. 将学生分成若干小组,每组4~6人。

2. 组员根据所学专业,结合前面介绍的选定项目应考虑的因素,确定自己的创业项目。

3. 组员各自介绍自己的创业项目,并结合自己的情况,从多个方面对该创业项目进行自评。自评结束后,小组其他成员进行点评。

4. 每个小组选出一个最好的创业项目进行汇报,全班同学进行点评,教师进行总结。

模块四 创业机会与风险

模块导读

"励志照亮人生,创业改变命运。"随着科技进步和科技发展,到处都涌现着创业的机会,对于创业者来说,学会快速捕捉创意,善于发现和识别真正有价值的创业机会,选择合适的创业项目,并进行科学合理的评估,是一项极其重要的技能。

创业机会,是指在市场经济条件下,在社会的经济活动过程中形成和产生的一种有利于企业经营成功的因素,是一种带有偶然性并能被经营者认识和利用的契机。

当创业者所处环境发生变化,一般也会给部分行业带来良机,这些变化包括产业结构的变化、科技进步、通信革新、政府放松管制、经济信息化服务化、价值观与生活形态化、人口结构变化等。

创业风险来自创业活动有关因素的不确定性。在创业过程中,创业者要投入大量的人力、物力和财力,要引入和采用各种新的生产要素与市场资源,要建立或者对现有的组织结构、管理体制、业务流程、工作方法进行变革。这一过程中必然会遇到各种意想不到的情况和困难,从而有可能使结果偏离创业的预期目标。

创业者在识别和发现潜在的创业机会之后,需结合内外部因素和环境进行进一步的评估,通过详细的市场调研和分析,对潜在项目的目标市场、可行性、成长性等方面做一个全面的了解,筛选出切实可行的实际创业机会。

本模块通过创业机会、创业风险、创业项目的遴选与评估,了解创业机会的内涵、特征、来源以及创业风险的特征、类型,掌握市场调查和分析的方法,对创业项目进行遴选。

一、创业机会

能力目标

1. 了解创业机会的概念、类型与相关知识。
2. 掌握创业机会识别的方法。

案例导入

在美国，有一对兄弟在乡下制作陶瓷，经过十几年的反复试验，他们终于烧制出他们认为最好的陶罐。他们幻想着全华盛顿的人都能用上他们做的陶罐，于是雇了一艘轮船，准备将所有陶罐都运到华盛顿去。

天有不测风云，轮船在行驶途中遇到了强烈风暴。等风暴过后，轮船靠岸，陶罐却全部成了碎片，他们的富翁梦也随着陶罐一起破碎了。兄弟俩面对这堆碎片，心情沮丧到了极点。

为了排解心中的郁闷，哥哥提议，来一趟城里不容易，不如休息一晚后，明天再去城里走走，长长见识。

弟弟捶胸顿足地痛哭了一番后，问哥哥："你还有心思去城里，难道你就不心疼我们辛辛苦苦烧出来的陶罐？"

哥哥心平气和地说："我们失去了那些陶罐本来就够不幸的了，如果我们还因此而不快乐，那不是更加不幸？"

弟弟觉得哥哥的话有道理，第二天便跟着哥哥向城里走去。

在闲逛的过程中，他们意外地发现城里人用来装饰墙面的东西很像他们的陶罐碎片。于是，他们索性将那些陶罐碎片出售给城里的建筑工地。结果，他们没有因为陶罐破碎而亏本，反而大赚了一笔。

陶罐碎了也有用，不当罐用，当建筑材料用也未尝不可。

心得体会：

（一）创业机会的内涵及特征

1. 创业机会的概念

对于创业机会的内涵，学者们各自从不同的角度进行了解读。美国百森商学院蒂蒙斯教授认为，创业机会具有吸引力、持久、适时的特性，它根植于可以为客户或最终用户创造或增加价值的产品或服务中；纽约大学柯兹纳教授认为，创业机会就是未明确的市场需求或未被充分利用的资源或能力；英国经济学家卡森认为，创业机会是在新的生产方式中引入新产品、服务、原材料等要素，并结合起来满足市场需求，进而创造价值的可能性；奥地利经济学家熊彼特认为，创业机会是通过把资源创造性地结合起来，以便迎合市场的某种需求，从而创造价值的一种可能性；我国创业领域的著名学者邓学军认为，创业机会是一种满足未被满足的有效需要的可能性。

2. 创业机会的分类

（1）按来源分类

根据创业机会的来源进行分类，创业机会可分为问题型创业机会、趋势型创业机会和组合型创业机会。

问题型创业机会指的是由现实中存在的未被解决的问题产生的一类机会，比如消费者的不便、顾客的抱怨、无法买到称心如意的商品等。一般人看到的是问题，创业者看到的是机会。

趋势型创业机会指的是在变化中看到未来的发展方向，预测到将来的潜力和机会。一般出现在经济、政治变革、人口变化、社会制度变革、文化习俗变革等多个方向，而且被人们认可，它产生的影响将是持久的，带来的利益也是巨大的。

组合型创业机会就是将现在的两项以上的技术、产品、服务等因素组合起来，以实现新的用途和价值而获得的创业机会。

（2）按手段—目的的明确程度分类

根据创业机会中手段—目的的明确程度进行分类，创业机会可分为创造型创业机会、识别型创业机会和发现型创业机会。

创造型创业机会指的是完全要靠创业者新创造，几乎无法辨识的创业机会，其根本原因在于手段和目的皆处于不明朗的状态。不过，在这种情况下，对创业者的机会识别能力要求也特别高。

识别型创业机会指的是创业者可直接通过手段—目的链轻松辨识出的创业机会，其前提条件是市场中的手段—目的的关系相当明显。比如，某小区因新建不久，几乎没有任何商业活动，居民们买菜及日常用品需要到2公里外的超市，这给小区居民带来了很大不便。

在这个例子中，"目的"就是居民购物不便，"手段"就是抓住这一机会，开一些小型超市或便民店。"目的"和"手段"都非常明确，不需要去努力发掘或创造，这样的机会就是识别型机会。这类机会创新程度较低，并不需要太繁杂的辨别过程，只要拥有较多的资源，就可以较快进入市场获利。

发现型创业机会指的是还需要创业者进行发掘，较难辨识的创业机会，其背景条件是手段或目的任意一方的状况处于未知状态。

3. 创业机会的特征

面对机会，不同的人有不同的感受，正确认识创业机会的特征，有助于对创业机会的识别和捕捉。创业机会具有以下几种特征。

（1）时代性

机会总是与时代紧密联系，具有鲜明的时代特征。时代是机会的土壤，好的时代像肥沃的土壤，孕育着大量机会；而差的时代则像荒凉的土地，很少有成功的机会和可能。寻求成功的人们，要紧跟时代的脉搏，捕捉机会，创造更多成功的可能。

（2）普遍性

凡是有市场、有经营的地方，客观上就存在着创业机会。创业机会普遍存在于各种经营活动过程之中。

（3）偶然性

机会在大多数情况下是偶然被捕捉到的。人们越刻意地寻找，很可能就越无法寻找到其踪影；然而在你毫无准备的时候，机会却可能突然出现在面前。机会的偶然性，考验着人们的综合能力。

（4）风险性

机会带来利益的同时，也给人们带来投资风险。这是因为机会本身带来的是一种新兴的事物，需要物力、财力、人力等资源的投资，同时需要一定时间的坚持与努力。

（5）隐蔽性

机会是一种无形的事物，人们只能凭感觉意识到它的存在，而无法用眼睛看到它。机会往往隐藏在现象背后，很难找到踪影，需要人们细心敏感地去发觉。

（6）易逝性

机会还有显著的特征——易逝性，表现为稍纵即逝和一去不复返，这就是"机不可失，时不再来"。虽然机会可能还会有，但同样的机会是极难再来。

（二）创业机会的来源

如何寻找和识别创业机会是创业过程中的关键因素。产生创业机会的来源主要有以下几个方面。

1. 解决问题

创业的根本目的是满足顾客需求。现实生活中会存在一些尚未解决的问题和一些不协调的现象,这些问题时常会给人们带来困扰和不便,而问题的存在说明有改变或改进的空间,这恰恰是创业机会的主要来源之一。而顾客需求在没有满足前就是问题。问题就是机会。创业者要善于去发现和体会自己和他人在工作、学习和生活中遇到的问题和难处,把这些问题转化为创业机会。

例如,上海有一位白领丽人发现,一些家离公司远的白领们中午想忙里偷闲地多休息一会儿,以便舒缓身心的疲惫、养精蓄锐,但公司一般是不允许办公室放几张床让员工休息的,于是她创办了一家小旅馆名为"睡吧",这就是一个把问题转化为创业机会的成功案例。

2. 环境变化

创业的机会大都产生于不断变化的市场环境,环境变化了,市场需求、市场结构必然发生变化。这种变化主要来自产业结构的变动、消费结构的升级、城市化的加速、人口思想观念的变化、政府政策的变化等诸多方面。例如,由于居民收入水平提高,私人轿车的拥有量不断增加,这就派生出汽车销售、修理、配件、清洁、装潢、二手车交易、代驾等诸多创业机会。变化是创业机会的重要来源,经济、社会、技术、政策这些方面的变化通常会刺激创业机会的产生。

（1）经济的发展

对经济发展趋势的了解和分析,有助于创业者辨别和选择合适的创业方向及行业领域。例如,银行利率下调通常会刺激房地产及配套行业的增长;经济发展持续向好会带动非生活必需品甚至是奢侈品的消费需求,等等。

（2）社会的变革

社会和人口结构的变化趋势会对人们的行为方式和生活需求产生一定的影响,这往往孕育着更多的创业机会。例如社交模式的改变使得微信和微博这样的社交平台备受欢迎;大家对健康的关注提高了人们对绿色食品的消费兴趣;越来越快的生活节奏导致连锁快餐业的蓬勃发展;人口结构的老龄化使得医疗保健、健康养生等行业逐渐兴起;职场竞争和生活压力的不断增大带动了"脱发经济"。

（3）技术的创新

技术创新也是有价值创业机会的重要来源,新技术正在改造和重构经济与商业,在新技术浪潮的冲击下,一系列传统行业和商业模式将面临全新竞争、彻底改造甚至全面颠覆。例如智能手机的出现带动了操作系统、应用程序、移动互联网、手机配件等产业的发展;对新能源的利用加速了新能源汽车、蓄电池、配套设施等产业的兴起。

（4）政策的调整

政策的变化可以促进创业环境的变化,新政策出台往往引发新的创业机会。创业者要善于研究和利用政策,抢先把握商机,站在潮头。例如电动汽车、环境监测、教育培训、代驾等都是由于政策法规的调整带动起来的新兴行业。

3. 市场缝隙

创业机会依附于为用户创造价值的产品或服务中,而顾客的需求是有差异的,在现代市场中总会存在着市场的盲点。中小企业生产经营活动要围绕"寻找市场缝隙"而展开,并以新产品或服务的开发作为填补市场缝隙的核心战略。例如,美国有一家生产"即拍得"照相机的公司,准备打开日本市场时,别人都认为这完全是行不通的。因为日本已经有佳能、尼康等优质的产品,两家公司在日本拥有雄厚实力,佳能、尼康在国际市场上也占有很大的份额。而美国的这家公司却不这么看,他们认为,"即拍得"是一种与上述产品有区别的新型产品,并非把一种普通照相机推销到日本市场,而是把一种"只要10秒钟就可洗出照片来的喜悦"提供给用户。

正是靠着能为用户提供一种新的体验和乐趣,"即拍得"相机成功打入了日本市场。可以看到,现代市场并非铁板一块,它完全是可以被细分的,只要在细分市场中找准适合自己的"缝隙",就能找到创业机会的突破口。

案例讨论

"牛仔大王"李维斯的创业故事

"牛仔大王"李维斯的创业发迹史中曾有这样一段经历:当年他像许多年轻人一样,带着梦想前往西部淘金,途中一条大河拦住了去路,于是陆续有人向上游、下游绕道而行,也有人打道回府,更多的则是怨声一片。李维斯却"非常兴奋"地不断重复着对自己说:"太棒了,大河居然挡住我的去路,又给我一次成长的机会,凡事的发生必有其因果,必有助于我。"果然,他真的有了一个绝妙的创业主意——摆渡。淘金人都愿意花一点小钱坐他的渡船过河,很快,他人生的第一笔财富居然因大河挡道而获得。一段时间后,摆渡生意开始清淡,他决定放弃,并继续前往西部淘金。来到西部,李维斯发现因为采矿人出汗很多,饮用水很紧张,但大家的注意力似乎都放在淘金上,并没有人关注缺水的问题,于是别人采矿他卖水,不久他卖水的生意红红火火,他又赚了不少钱。慢慢地,有人加入卖水的队伍,再后来,同行的人已越来越多。甚至一个壮汉为了抢生意,将李维斯暴打了一顿,还拆烂了他的水车。李维斯无奈地接受现实,但他调整心态,转移自己关注焦点。他发现来西部淘金的人,衣服极易磨破,又发现西部到处都有废弃的帐篷,于是他有了一个绝妙的好主意:把那些废旧的帐篷收集起来洗干净,做成裤子卖给工人,结果销量非常好,最终他成为举世闻名的"牛仔大王"。

你的看法：

_____

_____

（三）创业机会的常见识别方法

创业者要取得成功与发展,首先思想上必须重视寻找商机,千方百计地发现商机,并利用资源最大限度地抓住商机。有句话叫作"愚蠢的人等待商机,聪明的人抓住商机,卓越的人创造商机",商机永远属于有准备的人。

1. 创业机会的特征

（1）独特、新颖,难以模仿

创业的本质是创新,创意的新颖性可以是新的发明、新的技术,可以是新的解决方案,可以是差异化的解决办法,也可以是更好的措施。另外,新颖性还意味着一定程度的领先性。不少创业者在选择创业机会时,关注国家政策优先支持的领域就是在寻找领先性的项目。不具有新颖性的想法不仅将来不会吸引投资者和消费者,对创业者本人都不会有激励作用。当然,新颖性也会加大被模仿的难度。

（2）客观、真实,可以操作

有价值的创意绝对不能是空想,而要有现实意义和实用价值。简单的判断标准是能够开发出可以把握机会的产品或服务,而且市场上存在对产品或服务的真实需求,或可以找到让潜在消费者接受产品或服务的方法。同时,市场对这些产品和服务的需求量也要足够大。

（3）对用户的价值与对创业者的价值

有潜力的创意还必须具备对用户的价值与对创业者的价值。创意的价值特征是根本,好的创意要能给消费者带来真正的价值。好的创意需要进行市场测试,必须给创业者带来价值,这是创业动机产生的前提。

2. 影响创业机会识别的关键因素

分析影响创业机会识别的关键因素及其相互关系,有助于深入把握创业机会识别的内在规律。影响创业机会识别的因素主要有以下6个。

（1）创业愿望

创业愿望是创业的原动力,只有拥有强烈的创业愿望,创业者才有可能更多、更有效地发现和识别市场机会。反之,再好的创业机会也会与创业者失之交臂。

（2）认知能力与专业知识

一般来说,拥有在某个领域更多专业知识的人,会比其他人对该领域内的机会更具警觉性与敏感性,而并非"当局者迷,旁观者清"。

（3）先前经验

根据走廊原理,创业者一旦创建企业,就开始了一段旅程,在这段旅程中,通向创业机会的"走廊"将变得清晰可见。也就是说,特定产业中的先前经验有助于创业者识别出创业机会。

（4）社会资本

创业者的社会资本是指与创业者个人及组织所建立的各类社会关系连接在一起形成的一系列资源,实际上是创业者各类社会关系资源价值的集中体现。创业者的社会关系网络包括政府、金融机构、高校、专业支持机构、商业合作伙伴、朋友、家庭、同事等。

（5）创新思维

创业的本质是创新。创业机会的识别过程也要求创造新的手段—目的的关系,最终形成新的产品、新的服务、新的原材料以及新的组织方式,其本身就是一个不断反复的创造性思维过程。创新思维对于创业机会识别及其后续创业活动十分重要。

（6）创业环境

创业环境是创业过程中多种因素的组合,包括宏观经济政策与制度、产业结构、人口环境、技术环境、自然环境、市场环境、创业价值观等。

3. 创业机会常见的识别方法

现实经济生活中,适合创业的机会并不是很多。创业者需要借助"机会选择漏斗",经过层层筛选,选出真正适合自己的创业机会。好的创业机会大多有五个特点:一是前五年中的市场需求会稳步快速增长;二是创业者能够获得利用该机会所需的关键资源;三是创业者不会被锁定在"刚性的创业路径"上,而是可以中途调整创业的"技术路径";四是创业者有可能创造新的市场需求;五是特定机会的商业风险是明朗的,且至少有部分创业者能够承受相应的风险。

常见的识别创业机会的方法有以下几种。

（1）通过认知经验

以往的认知经验和实际的工作经历会使创业者对某一领域了解得比较透彻,有利于其把握规律,识别出潜在的创业机会,这是获取创业机会的主要来源。对于没有太多工作经验的大学生而言,应考虑先到创新型企业工作锻炼或者积极参加学校的各项创业实践活动,积累经验,积攒资源,为获取更好的创业机会做准备。另外,大学生也可以通过所学的专业知识和技能结合自身的兴趣爱好酝酿创业想法,并转化为实际的创业项目。

（2）通过系统分析

大多数的创业机会都可以通过系统分析得到，人们可以从企业的宏观环境（政治、法律、技术、人口等）和微观环境（顾客、竞争对手、供应商等）的变化中发现机会。注重二级调查、借助市场调研、不断记录想法并从环境变化中发现机会，是创业机会发现的一般规律。

（3）通过网络资源

创业者还可以通过自己已经拥有的人脉资源、技术资源、渠道资源等方面的优势，合理整合，充分利用，寻找适合自己的创业机会。

（4）通过创造获得

这种方法在新技术行业中最为常见，如3D打印机、无人机等，它可能始于明确拟满足的市场需求，从而积极探索相应的新技术和新知识，也可能始于一项新技术发明，进而积极探索新技术的商业价值。通过创造获得创业机会比其他任何方式的难度都大，风险也很高。同时，如果能够成功，其回报也更大。

案例讨论

1号店创始人的领悟

于刚，1号店网站前董事长，上海益实多电子商务有限公司联合创始人。谈到创业时，于刚说："要敢于否定自己。"

在创业过程中，决策的速度，往往比决策的质量更重要。

"在创业过程中，尤其是互联网类企业，我认为决策的速度通常比决策质量更重要。为什么？因为如果在那个时间没有做出决策的话，机会就失去了，也没有再做这个决策的机会了。因为互联网信息量很大，传播速度非常快，要做非常快的决策。从最早10平方米面对面一张桌子的办公室起步，我们搬了5次办公室，但是，我们一直都在一个办公室里，做决策讨论后，马上就往前推动。没有关系，因为我们知道大方向是对的，要往前走，不能停滞不前。但是，我们有一个纠错机制，这个机制让我们每两周回头看看过去做的决策对不对，哪些地方需要改正。这样的话，我们始终能往前走。"

有舍才有得，人生最后悔的不是做事失败，而是有机会而没去做。

"人生中，最后悔的不是一件事做坏了，做错了，失败了，而是有机会没有去做。我记得以前在亚马逊时，去欧洲访问配送中心，路上我们做了一些交流。贝佐斯当时是华尔街投资公司的资深副总裁，和他太太开着车，一路上写创业计划，到了西雅图开始融资，最后，建造了亚马逊。在车库里用门装了4条腿作为他的桌子创业时，他认可他的决定，他看到这个机会，当时互联网以一年24倍的速度在增长，他觉得他不做的话，一生都会后悔。"

你的看法：

_____

_____

_____

课堂活动

识别创业机会

步骤1：5~6人一组，每位同学将最具代表性的烦恼所挖掘出来的用户需求展示给组员，各组同学讨论并投票选择出一个创业机会。

步骤2：各组同学一起分析这个创业机会，并对该商业机会进行描述。

知识测试

1. 创业机会的核心要素是什么？你是如何理解的？

2. 在校大学生如何发挥自身优势，识别创业机会？

二、创业风险

能力目标

1. 能辨别创业风险的类型。

2. 能评估创业风险并学会制订预防创业风险的方案。

案例导入

"一起唱"App 的失利

曾经被捧上神坛的"90后"创业者尹桑宣布自己的创业项目"一起唱"融资失败。

"一起唱"成立于2012年，上线时主打"一起唱"App，专注于线下KTV的颠覆。在"一起唱"的系统中，提供了基于地理位置的KTV搜索、比价、预订、智能推荐歌曲等功能。而其团队主要通过地推的方式把他们的点歌系统推给线下传统KTV，截至2014年年底已经有100多家线下KTV使用了"一起唱"的点歌系统。融资方面，"一起唱"在上线之初就得到IDG500万元人民币天使轮融资。2014年1月完成IDG的300万美元A轮投资；4月完成

1 200万美元的B轮融资,投资方仍然是IDG。后来尹桑发布员工内部信称,由于C＋轮融资失败,再加上此前采购大批硬件设备,账上仅剩的现金已经用尽,公司临近倒闭。

"一起唱"App的失利是产品定位不清晰还是管理者年纪尚轻,缺乏专业管理经验导致的呢?

心得体会:

（一）创业风险的特征

1. 创业风险的概念

创业过程中会遇到的各种风险和不确定性,如创业投资的投资风险,找合作伙伴及用人的人力资源风险,政府政策对创业项目影响的政策风险,市场供需变化的市场风险,做商业的选址风险等,这些风险和不确定性都可能造成创业失败。因此,对于创业者来说,尤其是初次创业者,了解和熟悉创业风险非常重要。

所谓的创业风险,即在企业创业过程中存在的风险,是指由于创业环境的不确定性、创业机会与创业企业的复杂性,创业者、创业团队与创业投资者的能力与实力的有限性而导致创业活动偏离预期目标的可能性。创业的道路是崎岖的,可能会遇到很多问题和风险。但如果在这些困难和风险面前退缩了,而不是积极主动地想办法来处理这些问题和规避风险,那就不适合创业。

2. 创业风险的表象

研究表明,由于创业的过程往往是将某一构想或技术转化为具体的产品或服务的过程,在这一过程中,存在着几个基本的、相互联系的缺口,它们是上述不确定性、复杂性和有限性的主要来源,也就是说,创业风险在给定的宏观条件下,往往就直接来源这些方面。

（1）融资缺口

融资缺口存在于学术支持和商业支持之间,是研究基金和投资基金之间存在的断层。其中,研究基金通常来自个人、政府机构或公司研究机构,它既支持概念的创建,也支持概念可行性的最初证实;投资基金则将概念转化为有市场的产品原型(这种产品原型有令人满意的性能,对其生产成本有足够的了解并且能够识别其是否有足够的市场)。创业者可以证明其构想的可行性,但往往没有足够的资金将其实现商品化,从而给创业带来一定的风险。通常,只有极少数基金愿意鼓励创业者跨越这个缺口,如富有的个人专门进行早期项目的风险投资,以及政府资助计划等。

(2) 研究缺口

研究缺口主要存在于仅凭个人兴趣所做的研究判断和基于市场潜力的商业判断之间。当一个创业者最初证明一个特定的科学突破或技术突破可能成为商业产品基础时,他仅仅停留在自己满意的论证程度上。然而,这种程度的论证后来不可行了,在将预想的产品真正转化为商业化产品(大量生产的产品)的过程中,即具备有效的性能、低廉的成本和高质量的产品,在能从市场竞争中生存下来的过程中,需要大量复杂而且可能耗资巨大的研究工作(有时需要几年时间),从而形成创业风险。

(3) 信息和信任缺口

信息和信任缺口存在于技术专家和管理者(投资者)之间。也就是说,在创业中,存在两种不同类型的人:一是技术专家;二是管理者(投资者)。这两种人接受不同的教育,对创业有不同的预期、信息来源和表达方式。技术专家知道哪些内容在科学上是有趣的,哪些内容在技术层上是可行的,哪些内容根本就是无法实现的。在失败类案例中,技术专家要承担的风险一般表现在学术上、声誉上受到影响,以及没有金钱上的回报。管理者(投资者)通常比较了解将新产品引进市场的程序,但当涉及具体项目的技术部分时,他们不得不相信技术专家,可以说管理者(投资者)是在拿别人的钱冒险。如果技术专家和管理者(投资者)不能充分信任对方,或者不能够进行有效的交流,那么这一缺口将会变得更深,带来更大的风险。

(4) 资源缺口

资源与创业者之间的关系就如颜料和画笔与艺术家之间的关系。没有了颜料和画笔,艺术家即使有了构思也无从实现。创业也是如此。没有所需的资源,创业者将一筹莫展,创业也就无从谈起。在大多数情况下,创业者不可能拥有所需的全部资源,这就形成了资源缺口。如果创业者没有能力弥补相应的资源缺口,要么创业无法起步,要么在创业中受制于人。

(5) 管理缺口

管理缺口是指创业者并不一定是出色的企业家,不一定具备出色的管理才能。进行创业活动主要有两种:一是创业者利用某一新技术进行创业,他可能是技术方面的专业人才,却不一定具备专业的管理才能,从而形成管理缺口;二是创业者往往有某种"奇思妙想",可能是新的商业点子,但在战略规划上不具备出色的才能,或不擅长管理具体的事务,从而形成管理缺口。

3. 创业风险的特征

创业风险始终存在于整个创业过程中,它是一个普遍现象,但会具备一些共同的特征。

（1）客观性

创业本身是一个识别风险和应对风险的过程。在创业的过程中,由于内外部事情发展的不确定性是客观存在的,因而创业风险也必然是客观存在的。客观性要求我们采取正确的态度承认和正视创业风险,并积极对待创业风险。当然,客观性并不否认创业风险的存在也有主观的一面。

（2）不确定性

创业的过程往往是将创业者的某一个"奇思妙想"或创新技术变为现实的产品或服务的过程。在这一过程中,创业者面临各种各样的不确定因素,如遭受到市场竞争对手的排斥,进入新市场需求的不确定,新技术难以转化为生产力等。此外,在创业阶段投入较大,而且往往只有投入没有产出,因而可能面临资金不足的危机。也就是说,影响创业的各种因素是不断变化、难以预知的,这种难以预知就造成了创业风险的不确定性。

（3）双重性

创业有成功或失败这两种可能性,创业风险具有盈利或亏损的双重性。如果能正确认识并且充分利用创业风险,会使收益有很大程度的增加。

（4）可变性

随着创业因素的变化,内外部环境的变化,创业风险的大小、性质和程度也会发生变化。

（5）可识别性

根据创业风险的特征和性质,创业风险是可以被识别和区分的,还可通过定性或定量的方法对其进行估计。

（6）相关性

创业者面临的风险与其创业行为及决策是紧密相连的。同一风险事件对不同的创业者会产生不同的风险,同一创业者由于其决策或采取的策略不同,会面临不同的风险。

📖 **案例讨论**

成功的宝洁,失败的润妍

宝洁公司,是世界上最大的日用消费品公司之一。在中国,宝洁旗下洗发水品牌包括飘柔、潘婷、海飞丝、沙宣、伊卡璐等。2000年,宝洁推出了新的品牌,意指"滋润"与"美丽"的"润妍"正式诞生。

润妍针对18～35岁女性,定位为"东方女性的黑发美"。宝洁在其包装、广告形象、公共宣传等方面倾注了巨大的财力、物力、人力。然而,润妍洗发水最终没能在市场上存活下来。润妍失败的主要原因是什么呢？

目标人群有误,失去需求基础。润妍将目标人群定位为18～35岁的城市高知女性,作为潮流引导者,其行为特点就是改变与创新。随着染发产业的发展,发型与颜色都在不断变换。为这样的目标人群,仅仅提供黑头发的选择,是润妍最大的败笔。

未突出新功能和配方,购买诱因不足。当时,能吸引消费者的购买诱因更多集中在纯天然或品牌形象上,而润妍在推广中没有突出消费者重视的这些利益点,仅靠黑头发,诱因不明显。

品牌自视甚高,遭遇阻力障碍。宝洁以过去的经验确定润妍的价格体系,而经销商觉得无利润空间,消极应对,致使产品没有快速铺向市场。一贯作风强硬的宝洁,当然不会向渠道低头,那么渠道也不会积极配合宝洁的工作。

虽然宝洁公司不是新创企业,但由于它未充分考虑消费者需求、宣传推广失误、渠道铺货不积极等原因,最终导致了润妍的失败。这对新创企业也具有很大的借鉴意义。

你的看法：

_____

_____

（二）创业风险的类型

1. 客户风险

客户风险是指新创企业并不确定自己的创新产品是否拥有市场。这是当前中国大多数创业公司面临的最主要的风险。虽然中国已经成为全球创业最活跃的国家之一,但由于技术水平和制度环境的限制,目前,中国创业者大多数所选择的还是对现有技术进行"二次创业",集中表现在网络产品和服务开发,并利用互联网渠道进行销售。这实际上并不是完全的发明创造或颠覆性的技术创新,而是属于"微创新",因此这类企业面临的真正风险不是来自技术,而是在于针对此产品或服务到底是否存在真正的客户和市场。换言之,即客户和市场对新创公司的产品或服务是否"买账"。客户风险存在的原因一方面固然在于市场的不确定性,另一方面,一个很重要的原因还在于新创公司易犯错,即照搬成熟公司的新产品管理模式。创业者对商业机会进行识别,从一个概念开始,然后进行产品开发、测试,最终生产出具有实用价值的产品。这一新产品开发过程实际上蕴含着巨大的客户风险。具体说来,客户风险可以从以下3个方面进行识别。

（1）创业者不能清晰地定义目标客户群体

新创企业最初都没有客户,这是必须面对的事实。对于仅有的少量客户,还要注意防范"大客户陷阱"。因此,新创企业必须承认自己的新产品或新服务还停留在"实验"阶段,无论是客户群体还是自己的解决方案都建立在"设想"之上,还仅仅是一种"可能"而不是"现实",能否真正找到客户和市场都还是问题,还有待检验。

（2）创业者不能清晰地定义商业模式

本来新创企业就是要打破既有的商业模式,因此对新创企业来说,并不存在现成的商业模式。而新的商业模式实际上来自创业者的假设,其可行性要不断地接受市场检验和测试才能固定下来,但在实践中,创始人往往认为自己已经找到了可行的商业模式,从而将重点放在"执行力"上。的确,大量的商学院创业教育课程都告诫创业者执行力是第一位的,但是在强调执行力之前,创业者必须明确只有通过不断实验才能定义市场,否则市场风险将难以规避。

（3）创业者不能清晰地定义产品特征

即便新创企业能够清晰地定义客户群体,也无法预先知道客户会青睐什么样的产品。实际上,我们在事后会发现,取得成功的新产品开发极少是提供全面的产品功能,而更加普遍的情形是新产品或解决方案往往是在某一方面"单点突破",提供更多的价值。因此,重要的并不是创业者所设想的完美的产品,而是在某一方面超越传统产品的客户体验。在现实中,创始人通常都对新产品具有什么样的特征有非常清晰的想法,只是他们往往忘记了这是创业者自己的想法,而不是顾客的。产品特征到底是否符合顾客的要求,只有通过市场来检验。

2. 创新风险

创新风险指的是新创企业将技术成果商品化过程中的技术创新失败的可能。显然,技术创新一旦取得成功,将会有高投资回报。但创新风险的特点是研发周期长、投资成本高、产品性能不确定性大、投资成功回报率高。具体来说,创新风险大致包括如下几类风险:一是技术自身的风险,如技术能否被成功开发、实际效果、是否有技术副作用等都难以确定。二是相关技术不匹配的风险。三是技术环境风险,包括发展前景及替代技术的出现等。我国新创企业往往依赖成熟技术,这从另外一个侧面反映出创新风险过高。应该指出的是,由于创业环境与创业制度制约,我国大多数创业公司所面临的创新风险并非来自颠覆式的技术变革,而主要是技术改进。对于少数真正进行先进技术研发的技术型创业公司而言,创新风险除了来自技术研发本身,还包括外部环境风险,其中主要来自国家政策变动与规制,例如医药领域、信息安全等领域的技术研发,研发环节中常常涉及政府审批,且与国家政策与资金支持紧密相关。

3. 法律风险

新创企业普遍缺乏法律咨询意识和法律风险防范机制,这与只重视社会关系、崇拜权力而轻视法律法规的创业环境有关。新创企业由于财力有限,规模尚小,更是难以顾及法律规范和法律咨询。实际上,这是新创企业面临的最为隐秘的风险。新创企业本质上就是要打破常规,因此其所面对的不确定性要远远高于成熟的大企业。

(1)政府关系的风险

新创企业在确定经营领域、获取经营资格和市场准入、争取政府扶持与优惠政策等过程中会与政府部门形成联系,部分创业者往往在与政府官员的交往过程中只重视"关系",轻视法律界限,这实际上会诱发大量法律风险。

(2)知识产权的风险

新创企业进行技术研发、实施品牌战略、申请、购买或使用专利成果等过程中涉及大量知识产权问题,创业者往往不具备专业的法律知识,易于陷入法律纠纷。

(3)法律风险

新创企业在进行决策权力行使、产权和收益分配、公司建章建制、引入天使投资或风险投资、进行并购或上市等诸多环节都会涉及大量法律合同,没有律师的专业咨询和指导难以做出科学决策。

(4)市场风险

新创企业的市场风险与法律风险彼此叠加,后果更加严重。尤其是在融资过程中,新创企业往往缺乏金融和投资领域的专家,风险评估和议价能力有限,对融资陷阱缺乏有效识别手段,甚至由于无知而触犯法律。但在现实中,极少有新创企业事前对上述可能的风险进行防范和明确约定,运营过程中因陷入利益纠纷而分崩离析的企业不在少数。

(三) 创业风险的来源与识别

1. 创业风险的来源

(1)项目选择

大学生创业时如果缺乏前期市场调研和论证,只是凭自己的兴趣和想象来决定投资方向,甚至仅凭一时心血来潮做决定,一定会撞得头破血流。大学生创业者在创业初期一定要做好市场调研,在了解市场的基础上创业。一般来说,大学生创业者资金实力较弱,选择启动资金不多、人手配备要求不高的项目,从小本经营做起比较适宜。

(2)创业技能

很多大学生创业者眼高手低,当创业计划转变为实际操作时,才发现自己根本不具备解决问题的能力,这样的创业无异于纸上谈兵。一方面,大学生应去企业打工或实习,积累相关的管理和营销经验;另一方面,积极参加创业培训,积累创业知识,接受专业指导,提高创业成功率。

(3)资金融资

资金风险在创业初期一直存在。是否有足够的资金创办企业是创业者遇到的第一个问题。企业创办起来后,就必须考虑是否有足够的资金支持企业的日常运作。对于初创企业来说,如果连续几个月入不敷出或者因为其他原因导致企业的现金流中断,都会给企业带来极大的威胁。相当多的企业会在创办初期因资金紧缺而严重影响业务的拓展,甚至错失商机而不得不关门大吉。另外如果没有广阔的融资渠道,创业计划只能是一纸空谈。除了银行贷款、自筹资金、民间借贷等传统方式外,还可以充分利用风险投资、创业基金等融资渠道。

（4）社会资源

企业创建、市场开拓、产品推介等工作都需要调动社会资源,大学生在这方面会感到非常吃力。平时应多参加各种社会实践活动,扩大自己人际交往的范围。创业前,可以先到相关行业领域实习一段时间,为自己日后的创业积累人脉。

（5）企业管理

一些大学生创业者虽然技术出类拔萃,但理财、营销、沟通、管理方面的能力普遍不足。要想创业成功,大学生创业者必须技术、经营两手抓,可从合伙创业、家庭创业或从虚拟店铺开始,锻炼创业能力,也可以聘用职业经理人负责企业的日常运作。创业失败者,基本上都是管理方面出了问题,其中包括:决策随意、信息不通、理念不清、患得患失、用人不当、忽视创新、急功近利、盲目跟风、意志薄弱等。特别是大学生知识单一、经验不足、资金实力和心理素质明显不足,更会增加管理上的风险。

2. 创业风险的识别

（1）环境分析法

企业环境的构成极其复杂。自然、经济、政治、社会、技术等环境构成宏观环境,而企业的微观环境主要包括投资者、消费者、供应商、政府部门和竞争者等。环境分析法是指通过对环境的分析,明确机会与威胁,发现企业的优势和劣势,找出这些环境可能引发的风险和损失。运用环境分析法,重点分析环境的不确定性及变动趋势。例如,市场是否有新的竞争对手介入? 竞争对手的趋势是什么? 市场需求因素对企业产品销售将产生什么影响等。这些不确定因素往往使企业的经营难以预料。同时,要分析环境中的变动因素及其相互作用的产生对企业的制约和影响。此外,应从整体角度分析外部环境与内部环境的相互作用及其影响程度。

（2）财务报表分析法

财务报表分析法是以企业的资产负债表、利润表及财务状况等资料为依据,对企业的固定资产、流动资产等情况进行风险分析,以便从财务的角度发现企业面临的潜在风险。根据财务报表的特点,可以使管理人员便于掌握资料,提高风险识别工作效率;由于报表集中反映了企业财务状况和经营成果,通过报表分析,可以为发现风险因素提供线索。这种方法成为风险识别的有力手段。

（3）专家调查法

专家调查法是一种重要而又广为使用的风险识别方法，是引用专家的经验、知识和能力，发挥专家的特长，对风险的可能性及其后果做出估计。一般来说，运用专家调查法的基本步骤是：① 选择主要的风险项目，选聘相关领域的专家；② 专家对各类可能出现的风险进行评估、打分；③ 回收专家意见并整理分析，将结果反馈给专家；④ 将专家的二轮结果汇总，直到满意为止。

案例讨论

第四次创业终成功

杭州一大学生小陈，现为某科技公司董事长兼总经理，他创业至今已经历四次。

第一次创业是他大三的时候，做互联网"图片搜索"，但赚不到钱，失败了。

第二次创业是做"呼叫搜索"，可是卖不出去，失败了，但他不气馁。

第三次创业是把几个大学校园做成3D社区，内容虽然有趣，但还是没法赚钱。

第四次创业把大学校园变成网络社区的魔幻题材，就像哈利·波特一样，有比较强的娱乐性质，这下才成功。现在公司有300多个员工，上市融资估值近3个亿。

所以，我们对大学生创业失败要有充分的理解和宽容，不以暂时的成败论英雄，而是支持他们勇于承认失败，不断努力，在一次次历练中进步成长。

你的看法：

_____

_____

_____

课堂活动

企业风险分析

1. 活动目标

运用SWOT进行企业风险分析。

2. 活动过程与规则

（1）班级随机分组，每4~6人为一组，并推选出一名组长。

（2）在某一行业中选取若干同类型企业，每个小组选择一家企业，进行SWOT分析，制订发展战略。

（3）每个小组派代表上台展示分析结果。

（4）各小组组长和老师分别进行评价。

知识测试

1. 新创企业需要注意和规避的主要风险有哪些？创业者如何识别创业风险？

2. 大学生在创业过程中除了需关注客户风险、创新风险和法律风险外，还可能遇到哪些风险？

三、创业项目的遴选与评估

能力目标

1. 进行一次创业市场调查。

2. 总结出一次成功的创业市场调查应该具备的要素。

3. 进行一次行之有效的创业市场调查。

案例导入

通过创业市场调查找到市场空白之处

在当前"大众创业、万众创新"政策的鼓舞下，许多有想法的大学生都成了创业者。但创业之路并不如想象中平坦和受到瞩目，更多的是不停地发现问题和解决问题的日常琐碎。如果创业前有做更细致和科学的创业市场调查，创业之路会不会走得更加顺利呢？答案是肯定的，以下是成功的案例。

来自福建的大学生杨建军通过创业市场调查发现了一个非常好的相对空白的市场，他决定创业，专门从事家用电器的清洗工作。随后他用仅5 000元的创始资金成立了某网络科技有限公司，该公司通过网站、微信和微博等新媒体平台接单，基本每天可以接到30多张订单，清洗50多台家用电器。他获得了初步的成功。

张荣耀通过调查发现消费者对大件衣物的清洗有强烈的需求，于是创立了e袋洗公司。e袋洗自诞生伊始就有着互联网的基因，用户可以通过网上下单，e袋洗公司会派专人上门收需要洗的衣服，洗完之后包装好再送回给用户，十分方便。而且，e袋洗还抓住了用户怕麻烦的心理，与传统的洗衣店复杂的产品服务定价方式不同，e袋洗顾名思义就是一袋洗，即公司给用户提供一个标准袋，用户根据需求往里面塞衣物，只要能塞得下，都是一口价——99元一袋。当然,贵重的衣物或者是材质特殊的还是要采取差异定价的。这样的营销模式和定位抓住了用户的需求,用户体验到了e袋洗服务的便利性,2013年才成立的e袋洗在2018年营业创收将近50亿元,制造了一个奇迹。

心得体会:

(一)市场调查和分析

市场调查是一种将市场和消费者连接在一起的特定营销活动,用于识别市场机会、组织活动和评价营销活动的效果及其后续步骤。创业市场调查是创业者针对未来潜在的市场机会进行调查、研究、识别和分析等系列活动,并从中识别出创业机会和创业路径的市场活动。

1. 宏观市场调查

(1)政策环境

创业首先要考虑并且了解政策环境,党和国家的路线、方针、政策,尤其是创业政策和行业、产业政策以及法律法规等,都需要创业者深入了解。政策对创业活动有直接的影响,与企业的生存、发展密切相关。有的行业受到国家的管制限制,如铁路、航空等,国家对这类企业的经营资格有比较严格的限制;有的行业有特殊的要求,如安全问题、环保问题等,这些要求会阻碍创业者进入。因此,创业者初期应考虑相关的政策和法律,要选择适合自己的行业进行创业。

(2)经济环境

经济环境是影响企业生存和发展的国家经济形势、经济特征,经济环境包括经济结构、经济周期以及资本市场发育程度等因素,它们决定了企业潜在市场的大小。

经济结构是指企业所在地区的生产力布局情况,包括产业结构、分配结构、交换结构、消费结构、技术结构等。与新创企业关系最密切的是产业结构,社会对最终产品的需求影响经济结构的形成,科学技术进步会影响经济结构的变化。

经济周期又称商业周期,指经济活动发生的总体趋势所表现出来的经济波动规律,包括繁荣、萧条、衰退、复苏四个阶段(在图形上叫衰退、谷底、扩张和顶峰),反映了经济活动扩张与紧缩的交替或周期性波动变化。在经济复苏、繁荣阶段,有利于新创企业的发展,在萧条、衰退阶段,不利于新创企业的活动,但不管在什么阶段,对创业的机会而言,可能性是一样的。

资本市场又称长期资金市场,与货币市场相对应,一般指的是进行中长期(一年以上)资金(或资产)借贷融通活动的市场,资本市场的活跃状态和发展状况对企业的资本获得、资金的获取有重要的影响,是决定新创企业获取资金难易的关键。资本市场是融资、投资的主要渠道,可以长期获得稳定收入,但由于资金期限长、流动性差、价格变动大、风险大,需要加强监管。

(3)社会环境

社会环境有广义和狭义之分,这里指的一般是狭义的社会环境,就是组织生存和发展的具体环境。比如唱卡拉OK是一个我们认为再正常不过的简单行为,但在卡拉OK作为新生事物刚进入中国的时候,引起了很大的争议。主要原因是当时中国的社会环境还相对比较封闭和保守,人们对于这种释放自我、展现自我的事物还不太适应。但现在,我们看到了改革开放以来,国人对新生事物更多的是持一种谨慎而欢迎的态度,所以我们才能看到唱吧、抖音这一类释放自我、展现个性的App的创业成功。经济环境的重要性就更加自不待言了,随着我国经济的不断发展,整个社会的需求发生了巨大的变化,社会的主要矛盾也转化为人民日益增长的美好生活需要和不平衡不充分的发展之间的矛盾。人民对美、对健康、对高品质生活的向往正是青年大学生创业的巨大推动力和奋斗方向。

(4)文化环境

文化环境是某一地区人类生活要素的统称,是一种说不清、道不明的东西,难以定论衡量,但在生活中又真实存在,并对我们的创业活动产生巨大的影响。比如我们在国内创业,就要考虑国人对于一些新生事物的接受程度,以及是否会跟我们的传统文化有冲突,是否会造成受众群体的不适。如果出现了与文化相悖的情况,轻则创业的项目无法落地发展,重则会对自己的前途事业甚至对个人产生影响。

(5)技术环境

技术环境一般是指影响市场和营销的外部技术因素的总和。有些基础技术甚至会对商业和创业产生决定性的影响,比如我们现在生活中随处可见的"扫一扫"支付,其基础技术和核心之一就是二维码技术。如果二维码技术没有被发明出来,那么现在无论是微信还是支付宝,便捷性都无从谈起,也就无所谓移动支付时代的出现。所以,作为大学生创业者,我们要充分了解当今社会科学技术的发展情况,了解其最新动态,争取站在巨人的肩膀上,去更好地完成创业使命,而不是重复投入资源,浪费人力、物力进行重复的技术开发研究。我国当前科学技术突飞猛进,在无人机、人工智能和工业机器人领域积累了大量的基础科研成果,大学生完全可以在充分了解和掌握这些技术的基础上,进行集成创新和二次开发,争取在各领域取得更大的创新创业成果。

2. 微观市场调查

要分析微观创业市场应先分析创业微观环境。微观环境是指直接影响、制约企业运行的各种力量和因素的总和,微观环境包括企业资源、企业文化、企业核心竞争力等。

(1) 企业资源

企业资源是指企业在向社会提供产品或服务的过程中所拥有、控制或可以利用的、能够帮助实现企业经营目标的各种生产要素的集合。

从资源的范围看,企业的资源可分为内部资源和外部资源。企业的内部资源包括人力资源、财力和物力资源、信息资源、技术资源、管理资源、可控市场资源、内部环境资源;企业的外部资源包括行业资源、产业资源、市场资源、外部环境资源。

从资源的外部形态看,企业的资源也可分为有形资源和无形资源。有形资源主要是指财务资源和实物资源,它们是企业经营管理活动的基础,一般都可以通过会计方式来计算其价值;无形资源主要包括时空资源、信息资源、技术资源、品牌资源、文化资源和管理资源等。相对于有形资源来说,无形资源似乎没有明显的物质载体而看似无形,但它们却成为支撑企业发展的基础,能够为企业带来无可比拟的优势。

(2) 企业文化

企业文化(又叫组织文化)(Corporate Culture&Organizational Culture)是一个企业在日常的运行、生产经营和管理活动中表现出来并实践的理念、价值观等精神财富和物质形态,它包括组织价值观、企业精神、处事方式、行为准则、企业制度、信念、仪式、符号等,是企业文化形象的展示,企业的价值观是企业文化的核心。

(3) 企业核心竞争力

企业的核心竞争力是企业内部多种要素的结合,是企业长期形成的,在其竞争领域表现出来的,支撑企业过去、现在和未来的竞争优势和能力,或者说,是其不容易被竞争对手所模仿或效仿的,能带来独特利润的能力,它具有价值高、不易模仿、稀缺、不可替代等特点,核心内容包括知识、制度和资源。企业的核心竞争力要从以下几个方面进行考虑:管理的规范化、竞争对手分析、资源竞争分析、市场竞争分析、差异化分析、无差异化分析、人力资源竞争等。

3. 市场分析的主要方法

市场分析是创业者对创业机会或项目进行行业规模、市场情况、用户需求的深入研究,有助于创业者正确评估创业机会,科学细分目标市场,客观认识优势与挑战。市场分析的具体方法有很多种,初创企业常用的市场分析方法主要有PEST分析法、波特五力模型和SWOT分析法。

(1) PEST分析法

PEST分析法主要用于分析影响行业发展的主要外部因素,主要是针对政治环境

(Politics)、经济环境(Economy)、社会环境(Society)、技术环境(Technology)这四大类因素加以分析,把握创业企业和项目所处宏观环境的现状及变化的趋势,简称为PEST分析法。

政治环境是指一个国家或地区在一定时期内的政治大背景。内容主要包括国家出台的法律法规、产业相关政策、投资政策、政府补贴等。这些因素常常影响着企业的经营行为,尤其是对企业长期的投资行为有着较大影响。

经济环境是指企业在制订战略过程中须考虑的经济制度、经济结构、产业布局、资源状况、经济发展水平以及未来的经济走势等多种因素。从创业者的角度而言,需要关注的因素主要有利率水平、通货膨胀程度及趋势、能源供给成本、居民可支配收入水平、居民消费倾向和消费模式、收入差距等。

社会环境是指一个国家或地区的文化传统、价值观念、宗教信仰、教育水平以及风俗习惯等因素。构成社会环境的要素包括人口规模、年龄结构、收入分布、消费结构和水平、人口流动性等。

技术环境是指企业业务所涉及国家和地区的技术水平、技术政策、新产品开发能力以及技术发展的动态等。技术要素不仅仅包括那些引起革命性变化的发明,还包括与企业生产有关的新技术、新工艺、新材料的出现和发展趋势以及应用前景。

（2）波特五力模型

波特五力模型是迈克尔·波特(Michael Porter)于20世纪80年代初提出的,用于分析一个行业的基本竞争态势和市场吸引力程度的高低。"五力"是指行业中存在的决定竞争规模和程度的五种力量,这五种力量综合起来会影响产业的吸引力以及现有企业的竞争战略决策。五种力量分别为同行业内现有竞争者的竞争能力、潜在竞争者进入的能力、替代品的替代能力、供应商的讨价还价能力、购买者的讨价还价能力。

① 同行业内现有竞争者的竞争能力。企业竞争战略的目标在于使本企业获得相对于竞争对手的优势,所以,在实施竞争战略时就必然会产生冲突与对抗现象,这些冲突与对抗就构成了现有企业之间的竞争。现有企业之间的竞争常常表现在价格、广告、产品介绍、售后服务等方面,其竞争强度与许多因素有关。

② 潜在竞争者进入的能力。潜在进入者在给行业带来新生产能力、新资源的同时,希望在已被现有企业瓜分完毕的市场中赢得一席之地,这就有可能会与现有企业发生原材料与市场份额的竞争,最终导致行业中现有企业盈利水平降低。竞争性进入威胁的严重程度取决于两方面的因素,这就是进入新领域的障碍大小与预期现有企业对于进入者的反应情况。

③ 替代品的替代能力。两个处于同行业或不同行业中的企业,可能会由于所生产的产品是互为替代品,从而在它们之间产生相互竞争行为,这种源自替代品的竞争会以各种形式影响行业中现有企业的竞争战略。

④ 供应商的讨价还价能力。供应商主要通过其提高投入要素价格与降低单位价值质

量的能力,来影响行业中现有企业的盈利能力与产品竞争力。

⑤ 购买者的讨价还价能力。购买者主要通过其压价与要求提供较高的产品或服务质量的能力,来影响行业中现有企业的盈利能力。

（3）SWOT分析法

SWOT分析法是一种项目可行性分析工具,就是将与研究对象相关的优势、劣势、机会、威胁四个方面因素列举出来,然后通过系统分析的方法,把各种因素有机结合起来加以分析,并得出结论。简称为SWOT分析法。

在SWOT分析的四种因素中,优势和劣势是内部因素,是可以通过努力去改变的;机会和威胁是外部因素、环境因素,一般难以通过努力去改变。

① 优势:擅长做什么,拥有什么新技术,和别人有何不同,能做什么别人做不到的,什么因素让你可以获得订单。

② 劣势:不擅长做什么,缺乏什么技术,别人有什么是比我好的,不能满足何种顾客,什么因素让你失去订单。

③ 机会:相关行业领域出现了哪些政策的变化,人们的生活方式出现了哪些改变,市场中出现了什么合适的机会,可以学到什么技术,可以提供什么新的服务,可以吸引哪些新的顾客。

④ 威胁:市场最近出现了什么变化,竞争者最近有何动向,顾客需求出现了哪些变化,政策环境的变化是否影响到业务发展,所涉及的产品和服务标准是否有改变。

案例讨论

高尔夫球场里的大生意

在20世纪的美国,一位叫瑞德的美国青年在高尔夫球场里做球童,有一次他发现,两位打球的人在一场球赛里将3个高尔夫球打进了湖里。要知道,高尔夫球是很贵的,虽然玩球的人不在乎,但是这位看球的小伙子动起了脑筋。他想,光一场球赛就有3个球打进了湖里,那长年累月下来,湖里该有多少个球啊?他想验证一下自己的想法。在当天营业时间结束后,他借口说落了东西在球场里,要返回去拿。他偷偷潜入湖底,发现湖底密密麻麻的全是高尔夫球,大感振奋。

第二天,他就去捞湖底的球,经过简单重新喷涂后,以半价出售给球场,因此赚到了第一桶金。从此他不再做球童,而是专门做捞球的生意。但捞球的生意门槛比较低,当别人发现瑞德的秘密后,纷纷模仿,他的收入迅速下降了。瑞德思考了许久,于是决定成立一家公司,专门回收高尔夫球,将高尔夫球按照品质分类,重新喷涂,然后出售给高尔夫球场或者玩家,这样,他作为首创者赚得盆满钵满。

你的看法:

_____

_____

_____

（二）创业项目遴选的原则与方法

创业者在创业初始对机会和项目的识别筛选是极为关键的一步。据研究,80%的创业者在创业前期都感到确定创业项目"十分头疼"或"很难抉择";在创业失败的案例中,有接近60%的人觉得"创业项目不对"或"创业项目选择失误";而在成功创业的人群中,70%的人都认为是"好的创业机会和项目成就了事业"。

1. 创业项目的筛选原则

衡量一个好的创业项目的条件是必须存在于一项独立的、有一定创新的产品或服务中,这项产品或服务必须能切实满足用户需求,而且具有较好的技术可行性和商业可行性,还需有一定的潜在利润空间。具体而言,主要包括以下几个方面:

（1）创业项目所针对的痛点具有持续性,在以后相当长一段时间内,都会有用户对该产品(服务)持有一种期许和渴望的态度。

（2）该产品(服务)与问题解决方案有很高的匹配度,切实解决了用户的痛点问题。

（3）该产品(服务)是有一定的创新性的,不是单纯模仿和复制,并且在技术上是可以实现的。

（4）该产品(服务)的成本结构合理且持续可控,具有良好的商业可行性。

（5）该产品(服务)的市场容量很大,成长率高且持续时间长。

（6）所属行业正处于成长期,并且发展前景良好。

（7）该产品(服务)的目标客户群体清晰,有明确的细分市场。

（8）在现有竞争者中有明显的竞争优势,并能构建起竞争壁垒。

（9）利润空间大,潜在价值高,能在较短时间内实现盈亏平衡。

（10）风险可识可控,容易退出。

2. 创业项目遴选的方法

由于大学生创业者群体的特殊性,大学生在筛选创业项目时要尽量发挥自身优势,优先考虑以下4个方面。

（1）优先考虑政策优惠的创业项目

为了鼓励大学生创业,各级政府和行政主管部门都出台了一系列的优惠政策,其中有一些是专门针对具体行业的。大学生创业者可以根据自身的实际情况,在这些可享受优惠的项目中找到适合自己的创业机会。

（2）优先考虑技术可行性高的项目

大学生创业者应尽量避免一开始创业就进入不太熟悉的高新科技行业,高科技行业需投入大量的研发资金,对于资金较少的创业者是难以实现的,因此大学生创业者可以选择技术可行性高的行业,在积累了一定的资金和技术资源后,再考虑转入高新科技行业。

（3）优先考虑处于成长期的项目

大学生创业者在创业时往往会选择毫无市场基础的项目,这样做会有很大的风险。只有当一个项目处于市场已经开发,但是现有的供应能力不足的时候,才应该及时介入,这样成功的概率会大很多。选择这些处于成长期的项目,不仅能有效降低风险,而且可以获得相对较大的利润空间。

（4）优先考虑有特色的项目

别人没有的、与别人不同的、先于别人发现的、比别人强的项目都可以归类为有特色的项目。特色项目除了可以避免陷入与同类型的竞争者同质化竞争的困境,还可以提升产品的辨识度和认知度,拥有更高的定价空间。

案例讨论

昙花一现的泡面食堂

如果有人问你,大学期间让你感到印象深刻的味道有哪些? 有人会想起校园里花开的味道,有人会想起食堂饭菜的味道,有人会觉得是草地上青草的味道,但估计不少人会回答,宿舍里泡面的味道最让人难忘。学生往往会囤一些泡面充饥。常吃泡面会索然无味,但许久不吃,又怀念。

2018年的夏天,第一家泡面食堂开业了。虽然泡面本身是一种廉价亲民的食品,但泡面食堂的价格却一点也不亲民,较为便宜的都要10~12元,比较贵的套餐居然要价66元甚至更高,但为了体验情怀,许多人蜂拥而至,泡面食堂一时盛况空前,有人还拍了短视频发到网上。

客观来说,泡面食堂固然前期成本非常低,但从创业风险的角度分析,其原材料简单,准入门槛基本不存在难度,任何人想代替都可以说是轻而易举,故此判定项目最大的风险在于可替代性和不可持续性。果不其然,看到泡面食堂的门槛如此之低,各地纷纷跟风开起了泡面食堂,甚至还有更细分的牛肉面食堂和炒面食堂等,但由于进入的门槛太低、口味相对单一,消费者的热情也容易退去。待消费者的热情退去后,泡面食堂也变得无人问津了。

你的看法：

_____

_____

_____

课堂活动

了解宏观环境

1. 活动目标

（1）让学生通过活动了解宏观环境。

（2）让学生通过活动学会分析宏观环境。

2. 材料准备

黑笔、A4纸、大卡纸、便利贴。

3. 活动步骤

（1）思考企业面临的宏观环境。

（2）对这些环境问题进行分析（填写表4-1）。

表4-1　企业面临的宏观环境分析表

	问题一	问题二	问题三	问题四
政治环境				
经济环境				
社会环境				
科技环境				

（3）全面思考这些大环境及宏观因素，不要拘泥于创业的狭小微观领域，要有开阔的大局观和犀利的预判能力。创业者应如何运用PEST进行分析？

知识测试

1. 对创业项目开展市场调查一般需从哪些方面进行？

2. 你认为什么样的创业项目才能称得上是一个好的创业项目？

技能训练:产生和评估创业项目

主题:创业项目的产生

一、活动说明与要求

请大家以小组为单位组建团队,利用头脑风暴法思考并讨论如何利用下面的物品,尽可能多地提出创业项目,填入表中。

物品	创业想法	补充说明
钢笔		
玻璃杯		
椅子		
快递盒		
轮胎		

二、活动时间

60分钟。

三、活动步骤

根据团队提出的创业项目,对这些项目进行可行性评估。

模块五　新企业的建立

模块导读

习近平总书记在党的二十大报告中指出,"优化民营企业发展环境,依法保护民营企业产权和企业家权益,促进民营经济发展壮大。完善中国特色现代企业制度,弘扬企业家精神,加快建设世界一流企业。支持中小微企业发展"。

企业是一种特殊类型的组织。一般是指以获取利润或特定的目标为目的,运用各种资源或生产要素(土地、劳动力、资本和企业家等),向市场提供商品或服务,实行自主经营、自负盈亏、独立核算的具有法人资格的社会经济组织。

在社会发展过程中,企业是创新的最活跃主体。新企业成立的途径和市场进入模式主要包括创办一个全新企业、特许经营和收购现有企业。在我国经济转型及创新创业环境的大潮中,涌现了一批批创新创业者。一家新企业可以选择的法律组织形式有多种,在我国主要有个人独资企业、合伙企业和有限公司。

创办企业过程中,新企业选址是一个复杂的决策过程,涉及多种因素,主要影响因素有五个方面:政治因素、经济因素、技术因素、社会文化因素和自然因素。创业者在创办企业过程中,必须了解和遵守有关法律法规,以确保自身和他人的利益没有受到非法侵害。与创业有关的法律主要有专利法、商标法、著作权法、民法典、劳动法、反不正当竞争法、产品质量法、公司法等。了解和学习如何创立组建企业,是当前大学生创新创业基础教育的重要组成部分。

任何企业创立前的市场调查、组织形式的确定、企业选址、企业起名、企业注册、税务登记、企业章程拟定、组织架构确立、企业文化构建等都不可缺少,还必须反复推敲。企业经营者还应积极学习和遵守法律法规,经营内容必须符合道德标准,同时承担社会责任,所有的一切都必须符合我国法律规定的要求。

本模块主要介绍创办企业组织形式、企业选址、起名与注册及相关企业法律的内容。大学生通过了解、学习、实训实践,掌握创办企业常见的几种法律形式及如何选择企业法律形式,了解企业在创办过程中的相关程序与环节,为今后创办企业获得充足的知识储备。

一、新企业组织形式的选择

能力目标

1. 了解创建企业的常见法律形式。
2. 理解不同企业组织形式的区别。

案例导入

合伙人对合伙企业的债务承担连带清偿责任

张某为某一合伙企业合伙人之一。因市场竞争激烈，该合伙企业经营状况一直不佳，为此张某决定退出该合伙企业，并按规定通知了其他合伙人。这期间，另一合伙人余某以该合伙企业名义与某装饰建材公司签订了代销油漆涂料的合同。王某自认为很有商业头脑，精通经营之道，要求加入该合伙企业，但其提出只负责货物销售，享受一定比例的利润提成，对合伙企业的债务不负责任，其他合伙人口头表示认可，从此王某便以该合伙企业的名义到处活动。张某在办理退伙事宜时，因合伙企业与某装饰建材公司刚刚签订代销油漆涂料的合同，故未将此合同有关事宜进行结算，张某退伙后，即去外地打工。该企业在后来的经营过程中，因违法经营，问题严重，被工商部门依法吊销营业执照，导致企业解散。某装饰建材公司得知该合伙企业解散的消息后，即向法院起诉，请求该合伙企业偿还代销其油漆涂料的货款。

请问：张某对合伙企业的债务是否还应承担责任？在该案的诉讼活动中，王某可否被列为被告？为什么？

心得体会：

（一）企业法律组织形式

不同形式的企业,法律责任是不同的。对于创业者来说,要创办一家企业,首先必须清楚企业有哪些法律形式,不同形式的企业遵守哪些相关法律法规等。

企业法律组织形式反映了企业的性质、地位、作用和行为方式;规范了企业与出资人、企业与债权人、企业与政府、企业与企业、企业与职工等内外部的关系。毫无疑问,它必须和我国的社会制度相适应,和我国的生产力发展水平相适应,同时要充分考虑到企业的行业特点。企业只有选择了合理的组织形式,才有可能充分调动各方面的积极性,使之充满生机和活力。

在市场经济条件下,生产力的发展水平是多层次的,由此形成了三类基本的企业法律组织形式,即个人独资企业、合伙企业和公司制企业(以有限责任公司和股份有限公司为主)。由于每种企业组织形式都有自身的优点和缺点,因此创业者必须考虑企业组织形式的法律规定及相互之间的对比,在此基础上甄选出最合适的企业组织形式。

创业者在创办新企业前,应事先确定企业法律组织形式。我国已经有《中华人民共和国个人独资企业法》(简称《个人独资企业法》)、《中华人民共和国合伙企业法》(简称《合伙企业法》)、《中华人民共和国公司法》(简称《公司法》)等相关法律、法规。

1. 个人独资企业

个人独资企业是最早出现的企业法律组织形式。个人独资企业又称个人业主制企业,是指依法设立的,由一个自然人投资并承担无限连带责任,财产为投资者个人所有的经营实体。独资企业的业主可以自行管理企业的各项业务,也可以聘任其他人员管理企业事务。投资人聘用他人管理企业事务的,要签订书面合同,明确授权范围。根据《个人独资企业法》,只要符合以下5种条件,创业者就可申请设立个人独资企业。

(1) 投资人为一个自然人。

(2) 有合法的企业名称。

(3) 有投资人申报的出资。

(4) 有固定的生产经营场所和必要的生产经营条件。

(5) 有必要的从业人员。

个人独资企业在创业过程中是否能够成功,往往与创业者个人的技能和能力等有较大关系。当个人独资企业财产不足以清偿债务时,选择这种企业形式的创业者须依法以其个人其他财产予以清偿。同时法律规定:个人独资企业不得从事法律、行政法规禁止经营的业务;从事法律、行政法规规定须报经有关部门审批的业务,应当在申请设立登记时提交有关部门的批准文件。

2. 合伙企业

（1）合伙企业的概念及特征。如果两个或两个以上的人员共同创业，就可以选择合伙制作为新企业的法律组织形式。根据《合伙企业法》，"合伙企业"是指自然人、法人和其他组织依照本法在中国境内设立的普通合伙企业和有限合伙企业。合伙企业具有以下法律特征。

① 合伙人以自己所有的全部财产对合伙企业的债务承担责任，并且合伙人之间承担连带责任。

② 合伙企业中，一般是合伙人直接参与经营，合伙企业的日常经营活动由各合伙人共同执行。

③ 合伙企业是契约式企业，合伙人权利的行使与义务的承担按合伙协议的约定。合伙企业又包括普通合伙企业和有限合伙企业两种形式。两者最大的区别在于有限合伙企业有两种不同的所有者：普通合伙人和有限合伙人。其中，普通合伙人对合伙企业的债务和义务负责，而有限合伙人仅以投资额为限承担有限责任，但后者一般不享有对组织的控制权。

普通合伙企业合伙人可以用货币、实物、知识产权、土地使用权或者其他财产权利出资，也可以用劳务出资，但有限合伙企业有限合伙人不得以劳务出资。

（2）合伙企业的设立。设立合伙企业应当具备下列条件：有两个以上合伙人，合伙人均承担无限责任；有书面合伙协议；有各合伙人实际缴付的出资；有合伙企业的名称；有经营场所和从事合伙经营的必要条件。

申请设立合伙企业，应向所在地的企业登记机关申请办理设立登记。营业执照的签发日期为合伙企业的成立日期。

（3）合伙企业的经营管理。合伙企业的财产由全体合伙人共同管理和使用。合伙企业的事务，可以由全体合伙人共同执行，也可以由合伙协议约定或者全体合伙人决定，委托一名或数名合伙人予以执行，其他合伙人不再执行合伙企业事务，但有权对其执行合伙企业事务的情况进行监督、检查。

一般情况下，合伙企业的盈余分配和亏损分担的方法及比例由合伙人在合作协议中做明确约定；合伙协议未做约定或约定不明确的，由各合伙人平均分配和分担。但是，合伙人协议中不得约定将全部盈亏分配给部分合伙人，也不得约定全部亏损由部分合伙人承担，否则该约定无效。

（4）入伙与退伙。入伙是指合伙企业成立后，其他人加入合伙企业的行为。新合伙人入伙时，应当经全体合伙人同意，并依法订立书面的入伙协议；入伙协议未约定的，新合伙人与原合伙人享有同等权益，承担同等责任。新合伙人必须对入伙前合伙企业的债务承担连带责任。

退伙是指合伙人退出合伙,从而丧失合伙人资格。退伙一般分为任意退伙、法定退伙和除名三种。任意退伙也称为声明退伙,即合伙人告知其他合伙人而发生的退伙行为。法定退伙是指基于法律的规定以及法定事由而当然退伙的情况,主要有:死亡或被依法宣告死亡;被依法宣告为无民事行为能力人;个人丧失偿债能力;被人民法院强制执行在合伙企业中的全部财产份额。除名是指合伙人因有严重违反合伙协议规定或有其他重大不轨行为损害了合伙企业的利益或威胁合伙企业的生存与发展,而被其他合伙人一致决定开除的行为。

(5)合伙企业的解散、清算。

① 合伙企业的解散。合伙企业有下列情形之一的,应当解散:合伙期限届满,合伙人决定不再经营;合伙协议约定的解散事由出现;全体合伙人决定解散;合伙人已不具备法定人数满30天;合伙协议约定的合伙目的已经实现或者无法实现;依法被吊销营业执照、责令关闭或者被撤销。

② 合伙企业的清算。合伙企业解散后应当进行清算,并通知和公告债权人。合伙企业清算时,其债务应先以其全部财产进行清偿。合伙企业财产不足以清偿债务的,各合伙人应当承担无限连带责任。

案例讨论

瓦伦汀商店企业组织形式的选择

瓦伦汀是一位成功的汽车经销商,多年来瓦伦汀一直坚持独资经营。由于年事已高,瓦伦汀打算退休,但希望瓦伦汀汽车经销商店能延续下去,并且留给自己的儿孙们。他考虑把瓦伦汀商店改为公司制,并提出了一些要求。

1. 两个儿子各拥有25%的股份,五个孙子各拥有10%的股份。

2. 无论发生任何状况都不会影响商店的存续性。

3. 虽然财产的所有权归他的儿孙们,但由于有两个孙子没有经营管理能力,他们不参加管理工作,而是将他们的产业交给长期服务于商店的雇员乔·汉兹来管理。

4. 每年的经营所得尽可能多地分配给商店的所有人。

5. 即使是商店发生损失时,儿孙们的财产也不受任何影响。

你认为瓦伦汀商店应该选择什么样的企业形式呢?

你的看法:

_____

_____

_____

3. 公司制企业

公司是以盈利为目的,由股东出资形成,拥有独立的财务,享有法人财产权,独立从事生产经营活动,依法享有民事权利,承担民事责任,并以其全部财产对公司债务承担责任的企业法人。

公司制企业实行所有权与经营权分离,与传统"两权合一"的个人业主制、合伙制相比,创业者选择公司制作为企业组织形式的最大特点是:仅以其所持股份或出资额为限对公司承担有限责任。同时,承担双重纳税义务,即公司盈利要上缴企业所得税,创业者作为股东获得分红时还要缴纳个人所得税。

《中华人民共和国公司法》是为了规范公司的组织和行为,保护公司、股东、职工和债权人的合法权益,完善中国特色现代企业制度,弘扬企业家精神,维护社会经济秩序,促进社会主义市场经济的发展,根据宪法制定的法规。该法所称公司,是指依照该法在中华人民共和国境内设立的有限责任公司和股份有限公司。

(1)有限责任公司

有限责任公司由50名以下股东出资设立,各股东以其认缴的出资额为限对公司承担责任。

有限责任公司的股东即公司的出资人,在公司获准成立之后,各个出资人即成为公司的股东。股东按照投入公司的出资份额享有资产收益、重大决策和选择管理者等权利,但股东不能直接控制与支配股权名下的财产,股东可以自由转让其股份,但不得随意抽回出资。股东以其出资额为限承担责任。

有限责任公司的组织机构包括股东会、董事会、经理、监事会。股东会由全体股东组成,是公司的最高权力机关。董事会是由股东推选出代表全体股东利益对公司活动进行管理和指挥的机构,既是负责组织实施股东会决议的执行机构,又是制订公司某些方针政策的经营决策机构。经理由董事会聘任或解聘,主持公司的生产经营管理工作。监事会是公司的内部监督机构,是代表股东及公司职工对公司(主要是董事、经理)的业务经营活动进行监督的机关。

公司因不能清偿到期债务,符合我国破产法律的有关规定,可以被依法宣告破产、解散。公司有下列情形之一的,可以解散——公司章程规定的营业期限届满或者公司章程规定的其他解散事由出现时;股东会决议解散;因公司合并或者分立需要解散的。公司违反法律、行政法规被依法责令关闭的,应当解散、清算。公司依法被宣告破产或者解散的,应当依照《公司法》规定成立清算组。有限责任公司财产在清偿后的剩余财产,按股东的出资比例分配。清算结束后,清算组应当制作清算报告,报股东会或者有关主管机关确认,并报送公司登记机关,申请注销公司登记。

(2)股份有限公司

股份有限公司是指公司资本为股份所组成的公司,股东以其认购的股份为限对公司承担责任。

设立股份有限公司,应当有2人以上200人以下为发起人,其中须有半数以上的发起人在中国境内有住所。股份有限公司其全部资本为等额股份,股东以其认购的股份为限对公司承担责任,公司以其全部资产对公司的债务承担责任。

股份有限公司的设立,可以采取发起设立或者募集设立的方式。发起设立,是指由发起人认购公司应发行的全部股份而设立公司。募集设立,是指由发起人认购公司应发行股份的一部分,其余股份向社会公开募集或者向特定对象募集而设立公司。

(3) 一人有限责任公司(简称"一人公司")

根据《公司法》中关于一人公司的特别规定,创业者也可设立一人公司。

一人公司其实是有限责任公司的一种。一人公司,是指只有一个自然人股东或者一个法人股东的有限责任公司。一个自然人只能投资设立一个一人公司。该一人公司不能投资设立新的一人有限责任公司。

一人公司应当在公司登记中注明自然人独资或者法人独资,并在公司营业执照中载明。一人公司章程由股东制订。一人公司不设股东会。一人公司成立的法律形式给创业者带来了很多便利,成为创办新企业的一种重要组织形式,在很大程度上激励了创业型企业的形成。

一人公司在法律组织形式上降低了公司创立的门槛;因主体是公司且只承担有限责任,降低了投资者的风险;一人公司往往组织结构简单,经营机制较灵活,增加了企业的经营柔性;因不存在股东大会和董事会,所有者与经营者合一,没有代理成本,有利企业快速经营决策,也有利于人力资本价值的实现和激励创新。如一人公司的知识产权可以作为投资入股等。

但一人公司也存在一些缺点:如筹资功能不足,缺乏科学的决策机制等。因此创业者选择时必须保持清醒,尤其是对于首次创业者,当缺乏一定的公司管理经验和资金实力时,应谨慎选择一人公司。

(二) 不同组织形式企业的比较和选择

一个新创企业可以选择不同的组织形式,创业者可以选择个人独资企业和一人公司,或者由几个人创办合伙企业,或者成立股份有限企业。

不同法律组织形式的企业,对创业者来说各有利弊,没有绝对的好坏之分,没有说哪种形式一定比另一种形式更好,关键在于是否适合创业者自身。

1. 不同企业形式的优劣势比较

下面是个人独资企业、合伙企业、有限责任公司、一人公司和股份有限公司这几种企业法律组织形式对于创业者的优劣势的比较(如表5-1所示)。

表5-1　几种企业法律组织形式对于创业者的优劣势的比较

法律组织形式	优势	劣势
个人独资企业	●企业设立手续非常简便,费用低 ●所有者拥有企业控制权 ●可以迅速对市场变化做出反应 ●只需缴纳个人所得税,不双重课税 ●在技术和经营方面易于保密	●创业者承担无限责任 ●企业成功过多依赖创业者个人能力 ●筹资困难 ●创业者的投资流动性低
合伙企业	●创办较简单,费用低 ●经营上比较灵活 ●企业拥有更多人的技能和能力 ●资金来源较广,信用度较高	●合伙人承担无限责任 ●企业绩效依赖合伙人的能力、企业规模受限 ●企业往往因关键合伙人死亡或退出而解散 ●合伙人的投资流动性低,产权转让困难
有限责任公司	●创业股东只承担有限责任,风险小 ●公司具有独立寿命,易于存续 ●可以吸纳多个投资人,促进资本集中 ●多元化产权结构有利于决策科学化	●创立的程序相对复杂 ●存在双重纳税,税收较重 ●不能公开发行股票,筹集资金的规模受限 ●产权不能充分流动,资产运作受限
一人公司	●设立比较便捷,管理成本比较低 ●鼓励个人创业以及技术型企业 ●风险承担责任小,经营机制灵活	●筹资能力受限,财务审计条件严格,运营较难
股份有限公司	●创业股东只承担有限责任,风险小 ●筹资能力强 ●公司具有独立寿命,易于存续 ●职业经理人进行管理,管理水平较高 ●产权可通过股票形式充分流动	●创立程序复杂 ●双重纳税,税收较重 ●股份有限公司要定期报告公司的财务状况、公开自己的财务数据 ●限制较多

2. 选择企业组织形式的考虑因素

创业者不但需要了解我国现有企业制度中可以选择的各种投资、创业形式,而且应当了解每一种组织形式的优劣,从而选择一种合适的企业组织形式。通常而言,选择企业组织形式时应当考虑如下几个方面的因素。

(1)拟投资的行业。对于一些特殊的行业,法律规定只能采用特殊的组织形式。例如,律师事务所只能采用合伙形式而不能采取公司制形式,而对于银行、保险等金融事业,法律则要求必须采用公司制形式。因此,根据拟投资的行业确定可以采取的企业组织形式,是应当首先考虑的因素。对于法律有强制性规定的行业,只能按照法律规定的要求办理;对于法律没有强制性要求的,则需要根据实务中通常的做法及创业者的特殊要求来确定组织形式。例如,近几年来创业投资领域内非常热门的私募股权基金,法律允许采用的组织形式包括公司制和合伙制,但是随着《合伙企业法》的修改,越来越多的私募股权基金采取了发达国家最为流行的做法,即有限合伙制组织形式。

(2) 创业者风险承担能力。对于创业者而言,风险承担能力是其创业前必须考虑的重要因素之一。商业环境中存在各式各样的经营风险,而企业组织形式与创业者日后所需要承担的责任大小息息相关。正如前文所述,公司制企业的股东仅以其出资额为限对公司承担责任,公司以其全部的资产对公司债务承担责任,因此公司制企业的有限责任制度对于风险控制具有十分重大的意义;而对于普通合伙企业以及个人独资企业,合伙人或者投资人则需要对企业承担无限责任,如果选择这两种组织形式,创业者必须承担的风险不仅限于目前投资数额,还包括全部个人财产。因此,采用后两种组织形式进行创业的风险相对较大。

(3) 税务因素。由于不同的企业组织形式所缴纳的税不同,因此选择企业组织形式也要考虑税赋问题。根据我国相关税法的规定,对个人独资企业和合伙企业生产经营所得计征个人所得税。其中合伙企业的投资者将全部生产经营所得和合伙协议约定的分配比例确定各自的应纳税所得额,分别缴纳个人所得税。而对于公司制企业,既要就公司经营所得缴纳企业所得税,又要在向股东分配利润时为股东代缴个人所得税,即按20%的税率缴纳个人所得税。因此从税赋筹划的角度而言,选择合伙企业以及个人独资企业,通常所需要缴纳的税赋较公司制企业更低。但是这并不能一概而论,对于一些特殊的行业,如高新技术企业和小微企业,由于我国政府对其采取税收优惠政策,在享受到税赋优惠政策的情况下,公司制企业或者更加节税。

(4) 未来融资的需要。企业组织形式对于未来的融资也具有较大的影响。如果创业者自身资金充足,拟投资的事业所需资金要求也不大,则采用合伙制或者有限公司的形式均可;但是如果日后发展企业所需要的资金规模非常大,则建议采用股份有限公司形式。

(5) 关于经营期间的考量。对于个人独资企业,一旦投资人死亡且无继承人或者继承人决定放弃继承,则企业必须解散;合伙企业由合伙人组成,一旦合伙人死亡,除非不断吸收新合伙人,否则合伙企业的寿命也是有限的。因此,无论是合伙企业还是个人独资企业,通常的经营期限都不会很长,很难持续发展下去。但公司制企业却不同,除出现法定解散事由或者股东决议解散外,原则上公司是可能永远存在的。因此,创业时可以根据拟经营的期限来选择企业组织形式,若希望将该企业不断经营下去,则更建议公司制企业形式。

总之,选择企业组织形式需要考虑的因素主要有:投资者的资本和规模、创业者的企业运营经验、企业税费负担和运营成本负担、企业设立程序繁简、利润分配与责任承担、组织存续期限等。创业者必须对这些因素进行综合考虑,根据自身实际,选择适合自己创业的组织形式。当然,企业组织形式也不会是一成不变的,如果认为伴随着企业的发展,企业最初的组织形式已不适合,也可根据企业的实际情况进行改制。

（三）章程订立

1. 公司章程的概念

公司章程是指关于公司组织和行为的基本规范。公司章程不但是公司的自治法规,而且是国家管理公司的重要依据。

2. 公司章程的作用

（1）公司章程是公司设立的最主要条件和最重要文件。公司的设立程序从订立公司章程开始,以设立登记结束。《公司法》明确规定,订立公司章程是设立公司的条件之一。审批机关和登记机关要对公司章程进行审查,以决定是否给予批准或者给予登记。公司没有公司章程,不能获得批准,也不能获得登记。

（2）公司章程是确定公司权利、义务关系的基本法律文件。公司章程一经有关部门批准,并经公司登记机关核准,即对外产生法律效力。公司依公司章程享有各项权利,并承担各项义务,符合公司章程的行为受国家法律的保护;违反章程的行为,有关机关有权对其进行干预和处罚。

（3）公司章程是公司对外进行经营交往的基本法律依据。由于公司章程规定了公司的组织和活动原则及其细则,包括经营目的、财产状况、权利与义务关系等,这就为投资者、债权人和第三人与该公司进行经济交往提供了条件和资信依据。凡依公司章程而与公司经济进行交往的所有人,依法可以得到有效的保护。

（4）公司章程是明确股东之间权利义务关系的基本依据。由于《公司法》没有具体的相关规定,对于公司股东之间权利义务关系的约束就只能靠公司章程了。所以,公司股东在成立公司时,一定要在公司章程中将几方的权利义务都尽量写清楚、详尽,如出资问题、不出资的惩罚问题、分红问题、股东退出问题等,以保证出现纠纷时能够顺利地解决。

（5）公司章程是唯一也是最主要的解决股权纠纷问题的证据。随着新公司法的实施,公司股东之间的股权纠纷将进一步增加,而股权争议最有力的证据就是公司章程。

3. 制定公司章程的规定

鉴于公司章程的上述作用,必须强化公司章程的法律效力,这不仅是公司活动本身的需要,也是市场经济健康发展的需要。公司章程与公司法一样,共同肩负调整公司活动的责任。这就要求公司的股东和发起人在制定公司章程时,必须考虑周全,规定得明确详细。公司登记机关必须严格把关,使公司章程做到规范化,从国家管理的角度对公司的设立进行监督,保证公司设立以后能够正常运行。有限责任公司章程由股东共同制定,经全体股东一致同意,由股东在公司章程上签名、盖章。修改公司章程,必须经代表2/3以上表决权的股东通过。

有限责任公司的章程必须载明下列事项:公司名称和住所;公司经营范围;公司注册资本;股东的姓名和名称;股东的权利和义务;股东的出资方式和出资额;股东转让出资的条件;公司机构的产生办法、职权、议事规则;公司的法定代表人;公司的解散事由和清算办法;股东认为需要规定的其他事项。

案例讨论

瑞幸咖啡——以高品质咖啡产品和创新商业模式迅速崛起

瑞幸咖啡是中国的一家新兴咖啡连锁品牌,成立于2017年。尽管起步较晚,但瑞幸咖啡凭借其对产品品质的严格把控和创新的商业模式,在短时间内迅速崛起,成为中国咖啡市场的佼佼者。

在咖啡市场竞争激烈的环境下,瑞幸咖啡面临着来自星巴克等国际品牌的巨大压力。同时,国内消费者对咖啡品质的要求日益提高,如何在众多品牌中脱颖而出,成为瑞幸咖啡初创时期的主要挑战。

1. 如何做出好的产品

优选高品质咖啡豆:瑞幸咖啡注重咖啡豆的选购和烘焙工艺,与全球知名咖啡产地建立合作关系,确保每一杯咖啡都选用优质咖啡豆。此外,瑞幸咖啡还根据不同消费者的口味偏好,推出多款特色咖啡饮品,满足市场的多样化需求。

创新饮品研发:为了吸引更多年轻消费者,瑞幸咖啡不断研发创新饮品,如奶盖咖啡、果味拿铁等,这些产品不仅口感独特,而且符合现代人的健康理念,受到了市场的热烈欢迎。

智能化生产:瑞幸咖啡引入智能化生产设备,提高生产效率和产品质量的稳定性。同时,通过大数据和人工智能技术,瑞幸咖啡能够精准分析消费者需求,为产品开发和优化提供有力支持。

2. 如何可以凭借好产品取得好的市场

线上线下融合:瑞幸咖啡采用线上线下相结合的营销策略,通过线上App下单、线下门店自提或配送的方式,为消费者提供便捷的购物体验。同时,瑞幸咖啡还积极与第三方平台合作,扩大销售渠道和市场影响力。

精准营销:瑞幸咖啡利用大数据分析消费者行为,实现精准营销。他们通过社交媒体、短视频平台等渠道,发布有趣、有料的营销内容,吸引年轻消费者的关注和参与。此外,瑞幸咖啡还推出了一系列优惠活动,如首单免费、买一送一等,增强用户黏性和品牌忠诚度。

品牌建设:瑞幸咖啡注重品牌形象的塑造和传播。他们通过设计独特的Logo、店面装修和品牌形象大使等方式,提升品牌的知名度和美誉度。同时,瑞幸咖啡还积极参与社会公益活动,履行企业社会责任,树立积极向上的品牌形象。

作为初创企业,要想在激烈的市场竞争中取得成功,必须注重产品的开发和优化、市场的拓展与品牌的建设以及创新商业模式的探索和应用。同时,要关注消费者的需求和变化,不断推出符合市场需求的新产品和服务,以满足消费者的多样化需求。

你的看法:

_____

_____

_____

课堂活动

团队创业选择企业法律组织形式

1. 目标

认识和理解建立企业法律组织形式及其重要性,能够根据不同类型情况的创业者团队选择运用不同的企业法律组织形式。

2. 过程和规则

(1) 班级随机分组,每3~5人为一组,并推选出一名组长。

(2) 请学生以"团队创业选择企业法律组织形式"为题,假设自己的小组团队现在要创业。各小组根据团队情况,通过小组交流讨论后,选择一个合适的企业法律组织形式,每小组代表上台发表团队所选择的企业法律组织形式并阐明原因。各小组组长和老师分别进行打分和评价,最终得分最高的小组为优胜组。

知识测试

1. 企业组织形式的常见类型有哪些?

2. 不同组织形式的企业在法律责任、税费标准、组织架构方面有哪些不同?

3. 创业者如何根据实际情况选择合适的企业组织形式?

4. 有限责任公司与股份有限公司有何区别?

二、新企业的命名与选址

能力目标

1. 能够了解企业起名的有关规定和基本规范。
2. 能够清晰地知道企业选址的概念、原则及步骤。

案例导入

独树不成林

林先生原本是一家IT公司的高管，在成功赚到了人生的第一桶金后，开始把视线投向了传统餐饮行业，虽说林先生对餐饮业有着极大的热情，但由于没有相关经验，在征询了朋友的意见后决定加盟一家成熟的品牌，这样借助别人的成熟品牌和管理模式让他这个外行也能变内行。

经过一番选择和比较，林先生最终选择了一家在行业内有极强品牌影响力的火锅加盟，同时，林先生的选址计划也正在进行。很快，一块位于十字路口黄金码头的门面进入了林先生的视线，他认为经营餐饮店，地段很重要，贵一点不要紧，人气更重要。

这块位置周边就是几家大的手机卖场，没有同类火锅店，林先生似乎看到了市场的蓝海，按照总部的要求，几轮谈判，场地很快就敲定了！

开业、促销都按照计划如期进行着，但是生意却不尽如人意。即使是开业促销，店里也是勉强坐满，他不明白如此黄金位置，人流也不少，为什么偏偏生意却不好呢？

然而就在距离他店面不到一公里远的另外一条街上，七八家火锅店生意兴隆，几乎每天可见排队候餐的场景。前期的大手笔投入和不温不火的现状让林先生陷入了困惑。

心得体会：

（一）新企业的命名

公司起名对一个企业将来的发展而言,是至关重要的。因为公司起名不仅关系到企业在行业内的影响力,还关系到企业所经营的产品投放市场后,消费者对该企业的认可度。品牌命名或公司起名过程符合行业特点,有深层次的文化底蕴,又是广大消费者熟知的、有特色的名称时,再也找不到更好的替代名称时,企业的竞争力就明显区别于行业内的其他企业,为打造知名品牌奠定了基础。

1. 新公司起名原则

（1）识别功能。易于识别是一个好公司名应当具备的基本功能,店名只有具备了识别功能,才能使消费者在众多企业中很快将之分辨出来;反之,如果名字雷同或过于相似,在宣传上就会由于缺乏新鲜感而不容易引人注意,从而失去名字的意义。

（2）便利功能。一个好公司名还必须使消费者在购物时感到便利,这就是便利功能。这就要求店名笔画要简洁,字数不宜过多,发音容易,谐音趋吉,勿用生僻字、繁体字。这样才能使顾客易读易记,过目不忘,从而提高其重复购买率,逐渐带来更多的回头客。

（3）广告功能。一个好的公司名,本身就应当是一则很好的广告,具备广告功能。店名除具备上述识别和便利功能外,如果还能便于人们传播,使人们在茶余饭后或街头巷尾乐意提及,那么便能轻松为公司创出更大更好名声,带来滚滚财源。

（4）示意功能。中国人历来讲究"名正言顺"。名称是事物的专有标志,只有"名副其实",才能准确反映事物的特征,让人家一看名字便知道产品是什么,从而正确引导消费者,这就是示意功能。

（5）美化功能。如果企业名的寓意很好,文体设计美观,富有艺术性,那么这种带有公司名标志的物品就会被人们作为装饰物,或贴于室内,或戴在身上,起到美化作用。

（6）增值功能。良好的具有特殊意义的企业名称,或格调高雅、富有品位的名称,一旦在社会上打响,具有很高的知名度,就能产生增值功能。消费者如果购买了该产品,从而产生一种优越感,得到心理上的享受。

2. 新公司起名的技巧

（1）新公司名要响亮、吉利。新公司名要使用响亮、吉利的词或词组,切忌生硬难懂,如联想、华为、正泰、盛大等,这些名字活动力强,吉利、好记、大气。

（2）新公司名要充分考虑企业简称或自己的商标。

（3）名称中不允许多行业并存。

（4）公司名称不宜过长。

（5）新注册公司名称不宜用繁体字、符号。

3. 工商法规中关于公司名称的一些规定

公司名称是公司章程必须记载的必要事项之一,是标明公司本身的文字符号。公司名称必须用文字表示而不能用一些数字、符号、图形表示。如公司性质为有限责任公司,必须在公司名称中标明"有限责任公司"字样;如公司性质为股份有限公司,必须在公司名称中标明"股份有限公司"字样。这是为了便于人们明了公司性质,了解公司信用。除此之外,《工商企业名称登记管理暂行规定》还对企业不得使用的名称作了下列限制:企业不得使用对国家、社会或者公共利益有损害的名称;外国国家(地区)名称;国际组织名称;以外国文字或汉语拼音字母组成的名称;以数字组成的名称。

4. 新公司起名的注意事项

(1) 传达企业理念,体现企业精神。

(2) 注重个性化。

(3) 体现行业特征。

(4) 积极向上,爱国爱民。

(5) 简洁明快。

(6) 体现艺术性。

(7) 易记,利于传播。

(8) 字形结构合理。

案例讨论

公司名字

公司是创业者的心血,每个人都希望自己的公司能够继续发展下去。而公司名字起得好,有助于提高品牌形象,以下是一些关于公司名字的起名技巧。

1. 巧用姓名起名。当为公司起名字时结合创始人姓氏当中的某个字起名,能很好地寓意着该公司的发展,使公司与创始人之间建起联系。

2. 根据古诗词起名。为公司起一个雅而不俗的名字是必要的,能提高公司整体的形象,从而赋予公司文化内涵,而我国流传千年的古诗词不失为公司起名字的宝库。比如:百度公司巧用《青玉案·元夕》当中的"众里寻他千百度",与创始人的初心相吻合。

3. 运用吉祥的字起名。除了以上两种公司起名方法,还有一种更简单直接且常用的方法——借助于富有吉祥色彩的字起名,像"昌、盛、吉、翔、祥、富、贵、兴、欣、辉"等字均适合给公司起名。比如:富士康公司,运用吉祥的"富""康"字搭配"士"字起名,寓意着公司繁荣昌盛。

4. 专用字为公司起名。每个行业都有自己的行业用字,也是现在很多创业人士喜爱运用的,简称"专用字"。比如:在古代中医药店都喜欢用"堂"字起名,如同仁堂;西药店喜欢用"房"字为公司起名,如民生大药房。

你的看法:

_____

_____

_____

(二) 企业选址考虑的因素

有道是"天时不如地利",这句话充分说明"地利"在作战中的重要性。用在创业企业经营上,则是根据不同的地理环境和不同区域的市场形势,有选择地进行投资。选择合理的企业地址,就是一项长期的投资,对创业企业的经济效益和发展前景有着重要的影响,甚至在某种程度上可以决定创业企业的经营成败。对于大学生创业者来说,在选择创业企业的地址时要考虑位置、成本、环境等因素。

1. 位置

在选择创业企业的地址时,大学生创业者要考虑位置因素。

(1) 地理位置的卫生状况和繁华程度。地理位置的卫生状况很恶劣的话,对目标顾客流量起到很大的负面影响。例如,有的餐饮店开在公厕旁边或附近,不远处还是垃圾场、臭水沟,或者店门外尘土飞扬等,都属于恶劣的环境。选址的繁华程度,通常取决于所在位置人口密集程度,如车站附近、码头附近、商业区或同行业集中的街区,都会带来很大的客流量。

(2) 交通条件。在选择创业企业的地址时,大学生创业者要考虑交通条件是否便利,包括停车是否方便,货物运输是否方便等,这些对创业企业的销售有很大影响。

(3) 周围设施。周围设施的存在会对创业企业的销售有较大影响,因此,在选择创业企业的地址时,大学生创业者要充分考虑周围设施。如果选址在城区干道旁,但干道两边有栅栏,会使生意大受影响。典型的街道有两种,一种是只有车道和人行道,开车的人和步行的人都很容易注意到街道两旁的铺面,这样的街道位置就很好。但是,如果街道太宽敞,就不容易聚集人气。另一种典型的街道是机动车道、自行车道和人行道分别被隔开,属于封闭的交通,这样的位置不适合新创企业的落户。

(4) 服务区域的人口情况。在选择创业企业的地址时,大学生创业者要考虑服务区域的人口情况。一般情况下,创业企业位置附近人口越多、越密集越好。人口聚集区通常为商业区、旅游区、高校区等。

（5）目标顾客收入水平。在选择创业企业的地址时,大学生创业者要针对创业企业的性质,选择拥有最佳目标顾客的位置。例如,首饰店、高档时装店通常选择在富人聚集区。

2. 成本

尽管在选择经营场地时,各行业的考虑重点不尽相同,但都要考虑租金给付的能力和租约的条件。经营场地租金是固定的营运成本之一,即使休息不营业,都照样得支出,尤其在房价飙升后,租金往往是经营者的一大负担,不能不好好"计较"。有些货品流通迅速、体积小而又不占空间的行业,如精品店、高级时装店、餐厅等,负担得起高房租,可以设置在高租金区;而家具店、旧货店等,因为需要较大的空间,最好设置在低租金区。租约有固定价格及百分比两种,前者租金固定不变,后者租金较低,但业主分享总收入的百分比,类似以店面来投资作股东。租期可以定为不同时限,但对于初次创业者来说,最划算的方式是订一年或两年租期,以预备有更新的选择。在选择创业企业的地址时,由于大学生创业者的创业资本一般都不多,所以要本着节约开支的原则选择合适的经营场所,不能一味地选择好地段。

3. 环境

在选择创业企业的地址时,大学生创业者还要考虑环境因素。一般情况下,如果自己所创办的企业可能会产生废水、废渣、废气等,应考虑当地风向和城市整体规划;如果自己所创办的企业生产噪声大或生产的是易燃、易爆、有毒产品,则应远离城市。

总之,影响创业企业选址的因素还有很多,应该"具体情况具体分析"。位置的好坏,是相对的而非绝对的。但企业经营的好坏不仅仅取决于选址的位置,与企业经营内容、经营方式、服务、形象均有密切的关系。因此,在创业企业选址定位时要充分考虑以上要素,并尽可能把问题想周全,把总体规划搞好,以便创业企业旗开得胜。

（三）不同类型企业选址技巧

创业企业在选择经营地址时,不能一概而论,应根据不同的行业考虑不同的因素,以下分别以工业创业企业、餐饮业、农副产品加工业、文化娱乐场所、商店、服装店为例说明企业选址的一些技巧。

1. 工业创业企业的选址

工业创业企业的选址要考虑以下几点。

（1）工业创业企业原料进厂、产品销售都要运输,且运输量大,其地址应尽量选择在接近公路、铁路、水路等交通便利的地段,或选择在与原材料供应地和产品销售地距离较近的地方。

（2）工厂既有生产车间,又有原材料库、半成品库和成品库,占地面积较大;城区土地价格高,选择城区既增加创业企业经营成本,又不利于创业企业今后的发展。因此工业创业企业选址要尽量远离居民区,最好选在郊区交通较方便的地方。

(3) 工业创业企业用电、用水、用气量大,因此选址应考虑水源、能源供应、动力等外部条件,尽量选择在能保证水、电等充分供应的地方。

总之,工业创业企业选址是一个综合性的问题,既要考虑方便,又要考虑成本,以最有利于创业企业的中长期发展为原则。

2. 餐饮业的选址

无论经济怎样发展,人们都离不开"吃",怎么才"吃"得实惠、"吃"得方便始终是广大消费者关注的首要问题,所以餐饮业店面位置的选择是生意兴隆的重要环节。餐饮业的选址应该注意以下几个问题。

(1) 是否靠近消费群体。看一看现在及将来,是否靠近居民生活区及生活服务区,是选址的关键所在。

(2) 了解居民的消费习惯。通过对潜在消费者的调查和了解,确定餐饮服务的品种。

(3) 了解当地居民的消费水平,依此推出与当地消费水平相适应的餐饮服务,确定服务档次。

(4) 考察店面周围环境。如果周围环境污染严重,噪声很大,人们是不喜欢到这个地方来的。尽量选安静、卫生的地方开店。

(5) 店面前是否有宽敞的停车场所。一般来说,消费者不但希望得到优质服务,更希望行动方便。宽敞的停车场所,会给在拥挤的都市里生活的人们带来较大的舒适感。

3. 农副产品加工业的选址

在我国广大的农村地区,伴随着新农村建设和城镇化建设步伐的加快,农村已经成为一个潜力巨大的市场,农副产品加工业前景广阔。对农副产品加工业的选址,要考虑以下几点。

(1) 农副产品的加工,首先应有得天独厚的资源优势。加工的产品应取材方便、资源丰富。

(2) 农副产品的加工,应解决运输问题。农村受地理条件与经济条件的制约,交通运输一般并不十分方便,而投资建厂则要充分考虑交通问题,看看是否有利于原料的运输和产品的外运。

(3) 农副产品的加工,一般属于技术条件要求不太高的产业,劳工的需求量通常很大。此时,要分析劳工资源的分布情况以及劳工的技术知识条件。

(4) 不同地区的劳务工资水平不尽相同,劳务工资水平的高低直接影响劳务的成本。

(5) 要了解当地政府的政策。要充分利用地方政府对建厂的优惠政策,避免与地方性法规冲突,为创业企业的生存与发展营造良好的环境。

（6）充分了解当地的生活习惯与消费水平。应从民众真正的需求出发,制造出适合民众消费水平的产品,从不同角度、不同层次满足人们的需求。

4. 文化娱乐场所的选址

文化娱乐场所是人们消遣和休闲的地方,特别是在快节奏的经济发展大潮中,人们总希望拥有一片放松的空间,来调节紧张的情绪。文化娱乐场所是能给人们带来乐趣的地方,同时也应该是人们增长知识、陶冶情操的好去处。因此,文化娱乐场所的选址同样至关重要,应该注意以下几点。

（1）文化娱乐场所应处在人口密集区附近,但要保持一定的距离。离人们较近是指能够方便人们充分利用闲暇时间,同人群要保持一定距离是指娱乐场所不能影响人们的正常休息。

（2）要有便利的交通。便利的交通能方便八方客人,同时也是人口集中或人口流量较大的地方。

（3）要有宽敞的停车场所。文化娱乐业主要是生活水平较高的人们会客聚友的地方,所以难免有众多的车辆,有了停车场,既方便了顾客,也会给自己带来利润。

（4）文化娱乐场所周围环境。文化娱乐场所设在空气清新、环境幽雅的地方,能起到一定的陶冶情操的作用。文化场所与娱乐场所又有所不同,文化场所虽然要交通便利,但要远离嘈杂的环境,以便人们静心学习;娱乐场所则突出高雅与闲适,给人以清新的乐趣。

5. 商店的选址

俗话说"小生意就是靠地点的生意",商店的位置可以决定商店经营的种类与方式,也决定了经营的成败。对于商店的选址,除了考虑前面所述的各个方面,还要了解将来的发展规划,如交通开发计划、社区发展计划及商业区的建设计划等,同时,更要了解同行竞争者的动向。选择商店位置主要应考虑如下问题。

（1）该地区交通情况是否良好。

（2）该地区是否有方便的银行服务。

（3）该地区是否离商店主要供应商较近。

（4）该地区同行业的竞争是否激烈。

（5）与邻近商店是否能形成相容互补。

（6）若在郊区开店,道路是否良好,停车位是否足够。

（7）商店在该地区是否有发展潜力。

（8）若在市中心开店,考虑该地区是否有便利的运输系统或是否允许通行大型货车。

（9）经营商品是否有别于其他的大型商店。依据上面的提示,如果评估结果回答"是"较多,那么设置商店位置则较为理想;如"否"较多,则要慎重考虑。

6. 服装店的选址

（1）要根据自己服装店铺的经营定位进行选址。通常情况下，大多数服装店铺适合选择在人流量比较大的街区，特别是当地贸易流动比较频繁的成熟商圈。

（2）要尽量避免在受交通管制的街道选址，服装店铺门前要有适合停放车辆的位置。很多城市为了便于交通治理，在一些主要街道会设置交通管制，例如单向通行、限制车辆种类、限制通行时间等，服装店铺选址应该避免这些地方。也尽量不要在道路中间设有隔离栏的街道开服装店。

交通便利是选择服装店铺位置的前提之一，服装店铺四周最好有公交车站点，以及为出租车提供的上下车站等。另外，服装店铺门前或附近应该有便于停放车辆的泊车场或旷地，这样会更方便顾客购物。

（3）要选择居民会聚、人口集中的地区，不要在居民较少和居民人口增长较慢的地区开服装店。人气旺盛的地区有利于开设服装店铺，而城市新开发的地区，刚开始居民较少、人口稀零，假如又缺乏较多的流动人口，是不宜开设服装店铺的。

（4）要事先了解服装店铺近期是否有被拆迁的可能，房屋是否存在产权上的纠纷。开设服装店铺首先要调查和了解当地的城市规划情况，避免在可能会拆迁的"危险"地区设置服装店铺。在租赁房屋时，还要调查了解该房屋的使用情况，如建筑质量，房屋业主是否拥有产权或其他债务上的纠纷等，如果忽略这些细节，往往会导致服装店铺的夭折，给自己带来巨大的损失。

（5）要留意服装店铺所在街道的特点和街道客流的方向与分类。要选择街道两端交通通畅，往来车辆人流较多的街道，避免在一条"死胡同"里开服装店。同样一条街道的两侧，因为行人的走向习惯，客流量不一定相同，要细心观察客流的方向，在客流较多的一侧选址。长途汽车站、火车站和城市的交通主干道，固然人流也很大，但客流速度较快，目的不是购物，滞留时间较短，在这些地方开服装店，要根据自己的经营需要慎重选择。

（6）可选择同类服装店铺比较汇集的街区，或者选择适合自己服装店铺的专业市场。"货比三家"是常常采取的购物方式，选择同类服装店铺集中的街区，更容易招揽到较多的目标消费群体。

🗨 **案例讨论**

麦当劳的选址标准

1. 针对目标消费群。

由于麦当劳的目标消费群是年轻人和儿童，所以在选地上，一是选择人流量大的地方，二是在年轻人和儿童经常光顾的地方布点。比如在儿童乐园附近设点，方便儿童就餐；在商场开设店中店，吸引逛商场的年轻人就餐。

2. 着眼于今天和明天。

麦当劳对每个点的开与否,都会通过3~6个月的考察,再作决策评估。重点考察是否与城市规划发展相符合,是否会出现市政动迁和周围人口动迁,是否会进入城市规划中的红线范围。进入红线的,坚决不碰;老化的商圈,坚决不设点。有发展前途的商街和商圈、新辟的学院区、住宅区是布点考虑的地区。纯住宅区则往往不设点,因为纯住宅区居民消费有限。

3. 讲究醒目。

麦当劳布点大都选择在一楼的店堂,透过落地玻璃橱窗,让路人感受到麦当劳的餐饮文化氛围,体现其经营宗旨——方便、安全、物有所值。由于布点醒目,便于顾客寻找,容易吸引人流。

4. 不急于求成。

黄金地段黄金市口,业主往往要价很高。当要价超过投资的心理价位时,麦当劳不急于求成,而是先发展其他地方的布点。通过别的网点的成功,让"高价"路段的房产业主感到麦当劳的引进有助于提高自己的身价,有利于再谈价格,重新布点。

5. 优势互补。

麦当劳开店中店选择的东家不少都是影响力较高的商业中心。这些知名百货商场为麦当劳带来客源,麦当劳又吸引年轻人来逛商场,起到优势互补的作用。

你的看法:

_____

_____

_____

课堂活动

企业选址

1. 目标

认识和理解创业企业选址的重要性和影响因素,能够根据实际情况选择适当地址进行创业。

2. 过程和规则

(1) 班级随机分组,每3~5人为一组,并推选出一名组长。

(2) 请学生以"企业选址"为题,假设自己的小组团队想要创业,各小组根据团队情况,通过交流讨论后,选择适合的地址,每小组代表上台发表最终选定的企业地址并阐明原因。各小组组长和老师分别进行打分和评价,最终得分最高的小组为优胜组。

假如你的创业项目需要设立企业,你将如何为拟创建企业选址?

三、新企业创建的流程

能力目标

1. 了解企业注册需提交的材料。
2. 掌握企业注册登记的基本流程。

案例导入

如何注册新企业?

小李就读于某高校计算机专业,他和同伴们利用课余时间打工,每人都积累了一定的资金,大家商量创业。一个本地的同学可以提供公司办公地点,小李自己有两项专利技术,有两个同学甚至拿出了父母准备为自己购房的钱,大有"男子汉先立业后成家"的气概,大家一商量,准备成立一家软件开发公司。

你认为小李他们在成立公司前应先做好哪些准备?

> **心得体会:**
>
>
>
>
>
>
>

(一)企业注册所需提交的材料

新办企业的注册,即企业在设立、变更、终止时,由申请人依法在公司注册登记机关提出申请,主管机关审查无误后予以核准并记载法定登记事项的行为。大学生创业者从事生产经营活动时,必须进行注册登记,申请领取营业执照,取得合法的经营权。不同形式的企业在登记注册时要提交的材料不同,具体如表5-2所示。

表5-2　不同形式的企业登记应提交的材料

企业形式	登记材料
个人独资企业	投资人签署的个人独资企业设立登记申请书
	投资人身份证明
	企业住所证明
	企业名称预先核准通知书
	国家市场监督管理规定提交的其他文件
	委托代理人申请设立登记的,应当提交投资人的委托人和代理人的身份证明或资格证明
	经营范围涉及法律、行政法规规定必须报经前置审批的,还应提交有关部门的批准文件或许可证明
合伙企业	企业名称预先核准通知书
	全体合伙人签署的设立登记书
	全体合伙人共同委托的代理人的委托书
	全体合伙人的身份证明(身份证或户籍证明复印件)
	合伙协议
	出资权属证明
	经营场地证明
	全体合伙人共同委托执行合伙企业事务人的委托书
	法律、法规规定提交的其他文件证件
有限责任公司	公司法定代表人签署的公司设立登记申请书
	全体股东指定代表或者共同委托代理人的证明
	公司章程
	依法设立的验资机构出具的验资证明
	股东首次出资是非货币资产的,应当在公司设立登记时提交已办理其财产转移手续的证明文件
	股东的主体资格证明或者自然人身份证明
	载明公司董事、监事、经理的姓名、住所的文件及有关委派、选举或者聘用的证明
	公司法定代表人任职文件和身份证明
	企业名称预先核准通知书
	公司住所证明
	国家市场监督管理总局规定要求提交的其他文件
股份有限公司	公司登记申请书
	创立大会的会议记录
	公司章程
	验资证明

续表

企业形式	登记材料
	法定代表人、董事、监事的任职文件及其身份证明
	发起人的法人资格证明或者自然人身份证明
	公司住所证明
	以募集设立方式设立股份有限公司公开发行股票的,还应当向公司登记机关报送国务院证券监督管理机构的核准文件

（二）企业注册流程

创业者注册公司需要到当地工商部门按照一定的流程办理相关手续,具体办理的流程一般如下。

1. 预先登记公司名称

提供公司名称和大概经营范围,在工商所查询和审核,预订公司名称。

2. 开户

在银行开立资本金账户,支付开户费用。

3. 验资

以实物、无形资产出资的,需请会计师事务所进行评估;评估结束,在注册资金到位后,请会计师事务所进行验资,取得验资报告,支付验资费。验资费是根据注册资本来定的,地方不一样,价格也不太一致,一般个体公司为1000～2000元。

4. 办理营业执照

取得营业执照正副本和电子营业执照,支付工商登记费、公司名称预录费等。

5. 办理组织机构代码证

取得营业执照后,去质量技术监督局办理企业代码证,取得代码证正副本和代码卡,支付代码证费用。

6. 刻章

凭营业执照、代码证去公安局指定地刻公章、财务专用章、法人章、合同章。

7. 开立基本存款账户

凭营业执照、代码证等再去银行开立基本存款账户,支付开户费用以及购买一些支票、汇票等结算单据。

8. 办理税务登记

凭上述证件及基本开户证明,去国税、税务局办理税务登记,支付税务登记费以及支付刻发票专用章费用。

9. 开业材料准备

税务登记完成后,证件登记基本完成,此时要购置账簿,购买财务软件,建账。

10. 完税准备

在办理税务登记的时候,国税和地税出具"应税税目表",告知应税税目、纳税时间和税率。

近年来,政府多部门联合办公,集中办理各类执照和登记,大大压缩了办理时间,简化了办理流程,具体的办理事宜需咨询当地政府相关部门。

案例讨论

新企业的初创期管理营运为什么非常重要？

初创期企业的目标就是生存,这个阶段谈公司管理,流程、制度建设,都不是很现实。在这个阶段,企业的培训以业务和销售为主,几乎都是内部培训。

对于一个团队来说,发挥每个成员的特长,才能够更好地为团队完成任务。在工作中要充分发挥所长,将个人利益和集体利益协调一致,才能使团队更具活力,也才能使我们的方向更为正确,速度更快。企业与企业之间的竞争,既是业务的竞争,也是人的竞争,更是人与人之间能力的竞争,一个企业真正持久的生命力就是你比你的竞争对手快多少,你是不是一个更新换代、新陈代谢非常快的学习型组织。

2018年,某高职院校美术专业的小陈等人参加了所在省份的创新创业大赛,虽然没有拿到较好的名次,但参加比赛激发了他们的创业热情。比赛结束后,小陈的团队打算继续实践其项目,准备成立创意礼品之类的公司,主营业务是文创产品。通过商议,团队的小张出资10万元,其他人每人出资5万元,共计30万元作为启动资金。2018年年底,他们的公司顺利成立。后来的经营中,有两人因经营理念不同而撤资,其余三人继续经营。这三名成员根据自身特点和专业特长,分别负责公司的市场版块、管理版块和技术版块,很快,公司走上了正轨,业绩也越来越好,并于公司成立半年后开始盈利。

创业家与企业家只有一字之差,其内涵和本质却有天壤之别。企业家是以企业为中心,而创业家却是以用户为中心;企业家以创造完美的产品和服务为使命,而创业家以创造用户最佳生活体验为中心;企业家以规模和利润为成就标尺,而创业家以用户资源和"粉丝"为荣耀指南;企业家以管理和控制为权力之杖,而创业家以自组织为魔法宝盒;成千上万人成就一个企业家,而每一个创新的个体都可以成为一个创业家。

你的看法：

_____

_____

_____

（三）企业注册的注意事项

1. 企业的命名

注册公司的第一步是要到当地的工商部门办理企业名称预先登记，办理程序如下。

第一步，咨询后领取并填写《名称（变更）预先核准申请书》《投资人授权委托意见》，同时准备相关材料。

第二步，递交《名称（变更）预先核准申请书》《投资人授权委托意见》及相关材料，等待名称核准结果。

第三步，领取《企业名称预先核准通知书》或《企业名称变更核准通知书》。

需要注意的是，最好多准备几个企业名称，以免出现相同或近似名称。另外，申请书中要填写股东的身份证、投资金额、股份比例，这些信息一旦确认后要更改的话需要股东授权或者亲自去办，会很麻烦，因此事先要仔细确认无误。

企业的名称一般由三部分构成，即字号（或者商品）、行业或者经营特点、组织形式。另外，企业名称应当冠以企业所在地区的行政名称。

（1）字号。企业可以选择字号。字号应当由两个以上的字组成。企业有正当理由可以使用本地或者异地地名作字号，但不得使用县以上行政区划名称作字号。

（2）行业或经营特点。企业需根据自身的经营范围以及经营方式来确定其名称中与行业相关的字词，并要求该字词能够反映企业的生产、经营以及服务范围等特点。

（3）组织形式。我国企业使用的组织形式大体有两类：一类为法人公司类；另一类为其他企业类。其中，法人公司类分为有限责任公司和股份有限公司两种。其他企业类有厂、店、馆、所等。企业在登记注册时应当根据企业自身的组织结构以及责任形式在企业名称中标明。企业的名称创业者不能随便命名，必须符合国家相关规定的要求，在此基础之上，创业者可根据自身所确立的公司发展方向以及自己的意愿来为公司命名。以下是我国对于企业命名的一些规范性要求。第一，企业名称应当使用规范性汉字。第二，企业法人使用的名称必须是唯一独立的。第三，企业名称不得包含损害国家及社会利益的字词。第四，企业名称不得包含其他违反国家法律及行政法规规定的内容。

（4）行政地区。一般性商业企业的名称前面都冠以所在行政区域的名称。但经国家市场监督管理总局允许的三类企业可以例外：一是全国性集团公司以及经国务院等国家机关批准的大型进出口企业和大型企业集团，可申请在企业名称前加"中国""国际"等字样；

二是历史悠久的老字号企业;三是外商独资企业。每个企业的企业名称都应有别于其他企业。企业名称原则上应当避免使用行业字词,但可以使用本地或异地地名作为企业名称。外商独资企业的中文名称不得使用汉语拼音以及字母;国内企业也不可以以外语字母作为企业名称。

2. 企业的经营范围和专项审批

新公司进行登记审批时,应登记事项包括名称、住所、经营范围、公司类型以及法定代表人姓名、注册资本、实收资本、营业期限、有限责任公司的股东(股份有限公司的发起人)姓名或名称以及认缴和实缴的出资额、出资时间、出资方式。

根据《企业经营范围登记管理规定》第十三条规定,企业申请的经营范围中有下列情形的,登记机关不予登记:

(1) 法律、行政法规、国务院决定禁止企业经营的。

(2) 属于许可经营项目,不能提交审批机关的批准文件、证件的。

(3) 注册资本未达到法律、行政法规规定的从事该项目经营的最低注册资本数额的。

(4) 法律、行政法规、国务院规定特定行业的企业只能从事经过批准的项目而企业申请其他项目的。

(5) 法律、行政法规、国务院规定的其他情形的。

公司变更经营范围时须注意如下问题:增加的经营项目是不是许可项目,如果是许可项目,应先到相关部门办理前置审批手续;新增行业对公司注册资本是否有最低限额规定,如有相关规定且公司注册资本额低于该行业注册资本最低限额的,应同时增加注册资本使其符合法律法规规定;新增项目是否为公司主营项目,如果是主营项目则应调整为经营范围的第一项;注意公司名称所体现的行业特征是否与主营项目一致,如果不一致,则应同时变更公司名称。公司分支机构的经营范围不能超出公司的经营项目。如果分公司申请登记的是一般经营项目,应在公司申请变更经营范围后,再办理分公司经营范围变更;如果是许可项目,应先办理分公司行政许可手续,公司凭分公司许可证申请增加该项目(限分公司经营)后,分公司才能申请经营范围变更登记。企业申请改制时,自身的许可证只要仍然在有效期内,在申请改制时就仍然适用。企业在改制工作完成后,应凭新换发的营业执照到相关部门办理许可证更名手续。

3. 入资

入资是创业过程中非常重要的一步,因为资金是新企业起步的根基所在,所以创业者必须清楚企业入资的整个操作流程,以下便详述创办企业所需入资方面的事项。

(1) 入资、划资的程序公司、股份合作制企业法人和集体企业设立登记,增加注册资本(金),应将缴付或增加的注册资本(金)存入入资专户。应按以下程序办理入资、划资手续。持"企业名称预先核准通知书"或"营业执照"到工商局确认的入资银行(以下简称经办行)

开立入资专用账户—将认缴的出资存入经办行专用账户—凭经办行出具的"交存入资资金凭证"(以下简称"入资凭证")到具有法定验资资格的机构进行验资(有实物出资的,须做资产评估)—办理注册登记—领取营业执照—选择银行,开立企业的银行基本账户—到工商局办理划资手续,领取"划转入资资金通知书"—到经办行办理将入资专用账户上的资金划转到企业的银行基本账户上的手续。

① 入资应提交的文件、证件。

第一,"企业名称预先核准通知书"(设立时出示)或营业执照(增资时出示)。

第二,各股东认缴的出资额(自然人股东不得以企业支票出资)。

② 划资应提交的文件、证件。

第一,营业执照正本或副本原件。

第二,加盖登记主管机关备案章的企业章程。

第三,"银行开户许可证"原件。

第四,"入资凭证"的第二联(登记主管机关存档备案联)。

以下情况需特别注意:办理企业已在某一登记主管机关指定的经办行办理入资手续后,因住所发生变化,到另一登记主管机关办理登记注册并领取营业执照的,应持上述文件证件到发照登记机关领取"划转入资资金通知书"(不用加盖登记主管机关经办人名章)及"协助划转入资资金通知函"。企业持"划转入资资金通知书"第二、三联和"协助划转入资资金通知函"到原经办行对应的登记主管机关,由其在"划转入资资金通知书"上加盖登记注册专用章及登记主管机关经办人名章后,持"划转入资资金通知书"第二、三联到原经办行办理划转资金手续。

(2) 退资应提交的文件、证件。因登记申请被驳回或其他原因使企业不能设立或增资的,应向登记主管机关提交以下文件、证件,领取"退还入资资金通知书"。

① 经全体股东签字(法人股东盖公章)的退资说明。

② "入资凭证"的第二联(登记主管机关存档备案联)。

以下情况需特别注意:企业已在某一经办行办理入资手续,后因住所发生变化,而到另一登记主管机关办理登记,因登记申请被驳回或其他原因使企业不能设立的,应持上述文件、证件到新的登记机关领取"退还入资资金通知书"(不用加盖登记主管机关经办人名章)和"协助退资通知函"。企业持"退还入资资金通知书"第二、三联和"协助退资通知函"到原经办行对应的登记主管机关,由其在"退还入资资金通知书"上加盖登记注册专用章及经办人名章后,持"退还入资资金通知书"第二、三联到原经办行办理退资手续。

4. 验资

在创业者的公司入资之后,就需要对资本进行检验,验资的具体程序如下。

第一步,到工商行政管理局分局进行公司名称核准,领取公司名称核准通知书。

第二步,起草公司章程,并由各股东签字(章)确认。公司章程需明确规定各股东的投资金额、所占股权比例及出资方式(现金、实物资产或无形资产)。

第三步,凭工商管理部门的公司名称核准通知书到银行开设公司临时账户。

第四步,各股东全部以现金出资的,应根据公司名称核准通知书及公司章程规定的投资比例及投资金额,分别将投资款缴存公司临时账户,缴存投资款可采用银行转账或直接缴存现金两种方式。需注意的是,股东在缴存投资款时,在银行进账单或现金缴款单的"款项用途"栏应填写"××(股东名称)投资款"。

第五步,股东如以实物资产(固定资产、存货等)或无形资产(专利、专有技术)出资,则该部分实物资产或无形资产需经过具有资产评估资格的会计师事务所或资产评估公司评估,并以经评估后的评估价值作为股东的投入额。以实物资产作价投入的,所作价投入的实物资产不得超过公司申请的注册资本额的50%;以无形资产作价投入的,所作价投入的无形资产不得超过公司申请的注册资本额的20%。

第六步,与会计师事务所签订验资业务委托书,委托会计师事务所验资。向会计师事务所提供验资资料。

第七步,协助会计师事务所到公司开户银行询证股东投资款实际到位情况。

第八步,一个工作日后到会计师事务所领取验资报告,并到工商行政管理局分局专门登记备案。

会计师事务所验资需要以下材料。

(1)公司章程(复印件)。

(2)经企业登记机关核准的"企业名称预先核准通知书"(复印件)。

(3)银行询证函。

(4)股东会纪要、租房协议(或房产证)(复印件各一份)。

(5)股东身份证(复印件)。

(6)银行出具的进账单、对账单。

(7)股东印章。

(8)实物移交与验收证明、作价依据、权属证明和实物存放地点的证明。

(9)与无形资产有关的转让合同、交接证明及作价依据。

(10)实物资产、无形资产等的评估报告及出资各方对资产价值的确认文件。

(11)其他所需材料。

另外,如果验资不成功,退回投资单位的资金时要做到"同户名出,同户名进"。退回投资人投入的资金时要求出示投资人身份证,银行会根据开户时预留的身份证件核实无误后,由投资人填写支款凭条后,银行才将相应资金划转。

案例讨论

新公司注册需要避免的五大问题

创业者在注册新公司时没有经验，会出现不少差错，产生一些麻烦。以下是一些常见的问题。

1. 公司命名绝非起个好听的名字这么简单。当确定好名字后，可以先在工商企业信用网上查询检索，看是否已被他人注册，提高通过率。

有的创业者给公司取名"中国×××"，这类名字国家审核会特别严，基本不可能通过。还有更重要的一点，确定公司字号和品牌名称是否一致。

2. 选择公司类型，建议避免一人有限公司。常见的公司类型主要有有限责任公司、个人独资企业、合伙企业（分普通合伙和有限合伙）以及股份有限公司等类型。

有限责任公司是现实经济活动中最常见、最大量的企业组织形式，由2个以上股东共同出资，以认缴的出资额为限承担有限责任。而普通合伙企业和个人独资企业要对公司债务承担无限连带责任。

3. 公司注册资本并不是越多越好。2014年新《公司法》将注册资本实缴登记制改为认缴登记制，放宽注册资本登记条件。公司股东可以自主约定认缴出资额、出资方式、出资期限等，并记载于公司章程。认缴登记制不占用企业资金，可以有效提高资本经营效率，降低企业成本。

4. 公司注册地址直接影响公司税收政策。地址是注册公司需考虑的一个重要问题，直接关系到公司的税收优惠政策、一般纳税人申请的政策等。新《公司法》规定成立公司必须要有合法及有效产权证的注册地址。公司注册地及实际经营地是否一致，各地区有不同规定，要咨询当地的政府部门。

5. 公司注册时间越早越好。很多人觉得什么时候注册公司问题都不大，以为公司可以先运行，再慢慢注册，其实一旦团队稳定后，公司越早注册越好。而且注册公司后，像商标、专利的申请，微信公众号认证等才可以尽早开展。

你的看法：

_____

_____

_____

课堂活动

<h2 style="text-align:center">企业注册流程实训</h2>

1. 实训内容

在市场调查后,进行企业名称预先核准申请备案、企业法律组织形式的确定等内容。

2. 实训目的

通过实训,使学生了解和掌握创建企业的一般注册流程,熟悉相关工商管理行政法律法规知识。

3. 实训安排

(1) 小组成员进行讨论,要明确企业经营场所、经营范围、法律形式、公司章程、注册资本等(见表5-3)。

表5-3　确定企业经营的有关项目

项目		项目	
企业经营字号		注册资本	
企业经营场所		法律形式	
股东及法人		公司章程(主要内容)	
经营范围		其他	

(2) 分工合作,模拟进行营业执照、税务登记书、组织机构代码证(或三证合一)的流程办理,填写相应信息表格,提交申请,如表5-4所示。

表5-4　证照办理部门

政府管理要求	相应办理或政府管理部门	政府管理要求	相应办理或政府管理部门
营业执照		组织机构代码证	
税务登记书		其他特殊证件	

(3) 完成相应信息表格,各小组总结并提交相应报告。

知识测试

假如你已经为拟创企业选择了组织形式,那么接下来你将如何完成该企业的登记注册呢?

课外阅读推荐书目

《微习惯:简单到不可能失败的自我管理法》,作者:[美]斯蒂芬·盖斯,译者:桂君,江西人民出版社,2016年版。

推荐理由:《微习惯:简单到不可能失败的自我管理法》就是斯蒂芬·盖斯逆袭人生的见证,他在书中为我们详细介绍了自己成功逆袭的秘诀——微习惯,并从生理和心理两个方面为我们揭示了无法成功坚持一个习惯的原因。

我们不要小看这些看起来微不足道的微习惯，正所谓"给我一个支点，就能撬起整个地球"。斯蒂芬·盖斯的微习惯养成，就是从每天做一个俯卧撑，每天读两页书开始，最后他成功拥有了想要的生活。到底是什么让微习惯拥有如此令人惊叹的力量呢？斯蒂芬·盖斯在书中给出了答案。

技能训练：创业团队的组建

主题：团队创业选择企业法律形式

一、活动目标

认识和理解企业法律形式及其重要性，能够根据不同类型的创业者团队选择运用不同的企业法律形式。

二、活动时间

25分钟。

三、活动步骤

步骤一：班级随机分组，每3~5人为一组，并推选出一名组长。

步骤二：各小组以"团队创业选择企业法律形式"为题，假设自己的团队现在要创业，根据团队情况，在小组交流讨论后，选择并确定企业法律形式，每小组代表上台发表团队创业选择的企业法律形式并阐明原因。各小组组长和教师分别进行打分和评价，最终评价得分最高的小组为优胜组。

步骤三：教师总结和反思。

模块六 初创企业的经营

拓展资源

模 块 导 读

初创企业要高度重视和加强企业运营,开发好适销对路的产品、打开营销局面、积累客户资源,启动品牌建设,注重客户体验和满意度调查反馈,让客户尽快认识和接受企业的产品或服务,并通过诚信和优质的服务赢得口碑和实现盈利,推进企业步入供需良性循环的发展快轨道。

产品是初创企业的基石,产品不好则创业根基不稳,即使万丈高楼也会一夜倾覆。而产品好不好,除了能最明显看到的产品质量问题,价值、需求、定位、用户体验等都是影响产品的因素。

新创企业营销最重要的事情是销售、定价、创建品牌。对于新创企业而言,在没有资本投入的情况下,理想的状态是企业的新产品通过市场销售出去,获得相应利润或价值,为企业生产经营进入良性循环创造条件。所以营销管理是新创企业经营管理的关键一环,而掌握营销技巧与方法,把产品卖出去,是新创企业营销活动成功的关键。成功的营销会带来优质的产品、满意的顾客和更大的利润。因此,创业者学习营销策划与技巧方面的知识和技能是非常必要的。

对于创业者来说,良好的客户资源是企业源源不断获得收益的重要保证,也是提升市场竞争优势的重要条件。充分掌握客户资源利用途径和发掘客户资源方法,建立客户资源管理体系,是新创企业未来发展的动力。

本模块主要介绍初创企业经营过程中的产品开发与运营、营销策略与技巧、客户资源积累与维护等方面内容,让未来创业者了解初创企业的产品开发、市场运营、客户资源拓展,掌握初创企业发展的核心内容。

一、产品开发运营

能力目标

1. 熟悉产品的开发策略。
2. 掌握产品运营技巧。

案例导入

用匠人精神做好产品

在2019年"首届中国大湾区创投高峰论坛暨中国天使联合会升级发布会"上，A8新媒体集团董事会执行董事及主席、青松基金创始合伙人刘晓松发表了"初心不改，使命必达"的主题演讲。

什么是好产品？刘晓松表示，这个只要回答一个问题就可以："别人凭什么到你家，不到他们家？""一个企业家要把一个产品做好，本质上就是要用心，要有匠人精神。你挣多少钱，你的估值是多少是第二位的，你的企业本身做好才是更重要的事情，有时候创业者不能太看估值。""解决方案、目标客群和价值痛点能够匹配，这是每一个企业要优先回答的核心问题，其次才是怎么做传播，怎么挣钱。"

心得体会：

（一）产品及产品开发

1. 产品的概念

所谓产品，是指能提供给市场，用于满足人们某种需要和欲望的任何事物，包括实物、服务、组织、场所、思想、主意等。

　　产品整体包括三个层次(见图6-1):第一层次称为核心产品,体现商品的实质性;第二层次称为有形产品,体现商品的实体性;第三层次称为附加产品或延伸产品,体现商品的服务性。

　　产品是企业的价值所在,企业所有活动都围绕产品的生产与再生产而展开,企业所有的职能部门为此而建立,能否生产出符合市场需要的产品正是其核心竞争力的关键。一般来说,创业初期做单品、爆品比较容易成功,也就是选择一个具体的产品或者服务做到越精细越好。更容易获得创业成功的产品应具备以下特点:一是满足用户需求;二是具有商业价值;三是产品定位清晰;四是用户体验好;五是市场需求大。

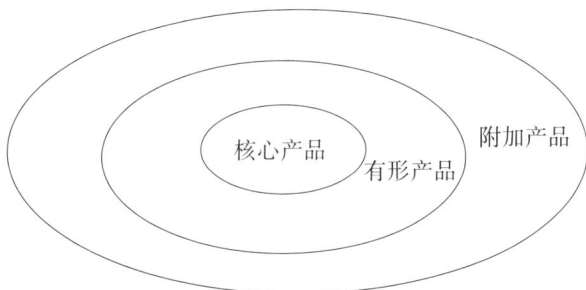

图 6-1　产品整体概念三个层次

2. 产品开发要考虑的因素

　　对于初创企业来说,产品开发应选择那些能够顺应且满足客户需求的产品样式,同时能够设计开发的产品。产品开发应当考虑以下因素:

　　(1)产品的市场潜力。产品是否被目标市场接受和产品的市场潜力决定着创业项目能否存活和发展。产品的市场潜力,主要从产品功能出发,满足了客户什么需求,解决了客户什么问题,较其他替代品或竞争产品具有什么样的优势,与目前市场上存在的同类或相似产品比较,产品的差异化在哪里。产品的市场潜力由目标市场客户群的显隐性需求所决定,众多客户的当前或潜在需求造就了产品的市场潜力。对于初创企业说来,进行产品市场潜力的测算非常重要,它有助于确定企业经营目标、挖掘市场潜力、扩大产品销售量、提高企业效益,这也是投资者非常看重的地方。

　　(2)产品的收益性。任何一个创业项目,如果不盈利、没有收益,都是不可能存续下去的。毫无疑问,稀缺型产品的市场收益一定会明显高于大众型产品,但稀缺型产品的产品总量、市场需求都较低,所以在考虑产品收益时,要考虑单品收益和综合收益。单品各项成本总和与市场所能接受的价格之间的差价就是单品的收益,而对产品收益性的评估,还需要在该产品市场总容量的条件下进行。产品的收益性还应结合创业项目团队的市场能力、渠道能力、市场服务能力等要素一并考虑。

　　(3)市场竞争力。提高产品的市场竞争力,要综合考虑产品的市场容量、产品的竞争优势和市场的竞争弱点,选择有利于发挥企业核心技术优势的产品进行设计开发。

（4）可利用的资源条件。从开发设计产品的材质、工艺、便利度、经济性和环保性考虑,评估可利用的资源条件。为满足产品开发,应在盘活现有资源的基础上积极整合利用其他优质资源。

（5）考虑现有的技术水平和生产能力。设计新产品,要充分考虑新产品的生产制作工艺和现有的生产水平与生产能力能否支撑新产品的制作生产。如果设计的新产品未考虑它的工艺、生产能力与技术要求,这种产品设计只能是纸上谈兵。此外,初创企业开发产品还要综合考虑企业的经销能力、销售渠道、市场的服务能力和国家政策、法律法规等。

（二）产品开发策略

开发新产品,既包括开发全新产品,也包括原有产品的改进创新,如在原有产品基础上增加新功能,改进产品结构,简化操作,甚至哪怕是改善外观造型和包装等,都可视为产品开发,都有可能收到意想不到的市场效果。产品开发策略,是指在现有市场改良现有产品或开发新产品而采取的策略,它是企业积极应对市场机遇挑战、评估内部资源能力的优劣势所进行的全面且富有前瞻性的思考和认识之后所做出的选择和决定,其目的是扩大和促进销售。可以说,产品开发策略是企业产品开发的军事路线图,指引产品开发的方向。常见的新产品开发策略有领先策略、跟随策略、补缺策略、延伸策略。

1. 领先策略

领先战略是进攻型或进取型的产品开发策略,是指企业在其他企业新产品还未开发成功或还未投放市场之前,抢先开发新产品、投放市场,使企业的某种产品处于领先地位,千方百计扩大战果,迅速扩大市场覆盖面。这种策略是在激烈的市场竞争中采用新原理、新技术,优先开发出全新产品,从而捷足先登,占领市场制高点。这类产品的开发多属于发明创造范围,投资投入和科研工作量大,新产品实验耗时长。因此,采用这种产品开发策略的企业须有一支人员素质高、实力雄厚的研发队伍,为企业提供外界不具备的科学技术成果,具有更快、更强开发新技术和运用新技术开发新产品的能力。

要做到领先,就应引领主导市场,而非跟随市场。领先策略实质上是以进攻取胜、以奇制胜,关键在于要有敏锐的目光和开拓的胆识,看到社会需求的新动向,选准制高点,果断出击。企业应该注重研究消费者心理和分析预测市场趋势,才能抢先一步研制生产新产品,激起消费者的消费欲望,引导市场走向。

2. 跟随策略

跟随策略是指企业在发现市场上刚崭露头角的畅销产品或竞争力强的产品后,不失时机地仿制,并组织力量将仿制产品及时投放市场。

采用这种策略的企业往往针对市场已有的产品进行仿制或进行局部的改进创新,但基本原理和结构是仿制的。这种企业紧跟既定技术的先驱者,以求用较少的投资得到成熟的定型技术,然后利用其特有的市场或价格方面的优势,在竞争中对早期开发者的商业地位进行侵蚀。这种策略风险小,要求科研技术水平不太高,在技术和经济上都比较稳妥。但是,采用跟随策略必须具备两个条件:一是对市场信息捕捉快、接收快,二是具备一定的应变能力和研究开发能力。这样才能及时开发出仿制的新产品并投放市场。

3. 补缺策略

任何一家企业都不可能满足市场的所有需求,因此在市场上总存在着未被满足的需求,这就为小企业或初创企业留下了一定的发展空间,以自有产品填补市场空缺。

一些大企业往往放弃盈利少、相对落后的产品,必然形成一定的市场空当。在我国,很多领域市场都被几个"寡头企业"瓜分,似乎其他后来者很难进入市场。实际情况却是,各地尤其是在中西部农村,一些实力偏弱的小企业中低档次的产品仍然销得很好,它们在各大品牌产品的冲击下,仍能获得可观的市场份额。

补缺策略要求企业对市场上现有产品及消费者的需求进行详细的分析,从中发现尚未被占领的市场。技术、资金实力相对较弱的小企业可采用这种开发策略。

4. 延伸策略

企业可增加每一产品品目内的品种数,即增加产品组合的深度,这样能扩展自己企业的产品数量,推出更多细分产品。例如:各牙膏厂商都推出了多种口味与香型的牙膏,这就构成了同一牙膏产品的延伸策略。

(三) 产品开发流程

新产品开发是一项相当复杂的工作,从根据用户需求提出设想到正式产品投放市场为止,其中会经历许多阶段,因此必须按照一定的程序开展工作。这些程序之间互相促进、互相制约,才能使产品开发工作协调、顺利地推进。由于行业的差别和产品的不同特点,新产品开发所经历的阶段和具体内容并不完全一样。通常,新产品开发一般需要经历以下阶段(见图6-2)。

调查研究 ⟶ 构思创意 ⟶ 产品设计 ⟶ 产品试制 ⟶ 测试评价

图6-2　新产品开发阶段

1. 调查研究

开发新产品,是为了满足社会和用户需要,为此必须认真做好调查研究工作。这个阶段主要任务是提出新产品构思和新产品的原理、结构、功能、材料等方面的开发设想与总体方案。

2. 构思创意

新产品开发是一种创新活动,产品创意是开发新产品的关键。在这一阶段,要根据社会调查掌握的市场需求和企业本身条件,充分考虑用户的使用要求和竞争对手的动向,有针对性地提出开发新产品的设想和构思。产品创意对新产品能否开发成功有至关重要的意义和作用。新产品创意包括三大过程:产品构思、构思筛选和概念形成。

（1）产品构思。产品构思是在市场调查和技术分析的基础上,提出新产品的构想或有关产品改良的建议。

（2）构思筛选。并非所有的产品构思都能发展成为新产品。有的产品构思可能很好,但与企业的发展目标不符合,也缺乏相应的资源条件;有的产品构思可能本身就不切实际,缺乏开发的可能性。因此,必须对产品构思进行筛选。

（3）概念形成。经过筛选后的构思仅仅是设计人员或管理者头脑中的概念,离产品还有相当的距离,需要形成能够为消费者接受的、具体的产品概念。产品概念的形成过程,实际上就是构思创意与消费者需求相结合的过程。

3. 产品设计

产品设计是指从明确方案到确定产品为止的一系列工作和管理,是产品开发的重要环节,应遵循"三段设计"程序。

（1）初步设计阶段。这个阶段一般是为下一步技术设计做准备。主要工作就是编制设计任务书,让上级对设计任务书提出体现产品合理设计方案的改进性和推荐性意见,经批准后,作为新产品技术设计的依据。本阶段的主要任务在于准确确定产品的最佳总体设计方案、设计依据、产品用途与使用范围、基本参数与主要技术性能指标、产品工作原理、关键技术解决办法、关键元器件、特殊材料资源分析等,对新产品设计方案进行分析比较,研究确定产品的合理性能及通过不同结构原理和系统的比较分析,从中选出最佳方案。

（2）技术设计阶段。这一阶段是新产品的定型阶段。它是在初步设计的基础上完成设计过程中必需的试验研究,并写出研究报告。以产品设计为例,要画出产品总体尺寸图、产品主要部件图;对产品中造价高的、结构复杂的、数量多的主要部件的结构、材质精度等选择方案进行成本与功能关系的分析,并编制技术经济分析报告,对产品进行可靠性、可维修性分析。

（3）工作图设计阶段。工作图设计的目的,是在技术设计的基础上完成供试制(生产)用的全部工作图样和设计文件。设计者必须严格遵守有关标准规程和指导性文件的规定,设计绘制各项产品工作图。

4. 产品试制

产品试制阶段又分为样品试制和小批试制阶段。样品试制的目的是考核产品设计质量,考验产品的结构、性能及主要工艺,验证和修正设计图纸,使产品设计基本定型,同时也要验证产品结构工艺性,审查主要工艺上存在的问题。小批试制阶段的工作重点在于工艺准备,主要目的是考验产品的工艺,验证样品在正常生产条件下(即在生产车间条件下)能否保证所规定的技术条件、质量和良好的经济效果。

5. 测试评价

产品试制后,应进行测试和评价。对新产品做出全面评价,才能得出全面结论和投入正式生产。产品测试是将产品原型或产品成品提供给消费者,由用户根据自己的想法对产品属性进行评价,从中全面、系统获得用户的意见和建议。在这个阶段,要验证产品是否满足规划时所确立的各项定义和描述,判断产品是否能让用户快速接受和使用,确定产品能否满足目标用户的需求。目前,用户体验测试已成为几乎所有企业所关注的流程环节,不但大多数新产品在上市前都会进行用户体验测试,而且即使在产品发展初期,只有原始模型时,也进行用户体验测试。测试目标是如何使产品的属性特征最优化,从而更吸引顾客。此外,还可以帮助企业确定定位策略,将产品特征转化成显著的客户利益。用户体验测试一般分为四个阶段:

(1)测试前准备。产品测试人员根据测试目的编写测试脚本,然后招募和筛选用户,一般需要多个用户代表,注意一定要选择正确的目标用户,即选择产品的最终使用者或潜在使用者。

(2)用户沟通。向用户介绍测试的目的、时间、流程等,注意一定要作简要介绍,因为详细介绍一方面用户可能会不耐烦,另一方面可能会干预用户的自主使用,无法达到准确收集用户反馈的目的。此外,让用户签署保密协议非常重要。因为产品尚未正式上市,保守商业秘密是必须的。

(3)进行测试。测试流程一般有四步:第一步,让用户自己体验,尽可能边体验边说出自己的想法和感受。第二步,产品开发人员观察用户的体验过程,特别注意观察用户的肢体语言,比如视线运动轨迹、手部动作等。第三步,收集用户反馈,可以进行集中访谈。第四步,测试结束后向用户致谢。这些人今后很可能成为用户,或成为帮助宣传产品的粉丝。

(4)总结评价。产品设计开发人员及时总结用户的反馈,形成用户体验报告,并提出产品的改进建议。企业负责人将根据测试报告决定下一步的行动,指定解决关键问题的负责人。因为产品测试过程(中间可能随需求和开发的不断修改)会花费部分成本,用户体验测试也不例外(用户体验环境从时间耗时和资源上都能体现)。考虑实际收益,用户体验测试的设计需要慎之又慎,需要对测试的目的、介入时间、测试的周期、场景、人员的选型都要做出深入的分析和界定。

（四）产品开发技巧

1. 要研究用户的购买动机

产品做出来，没有人愿意购买是最让企业尴尬的，要避免这样的情况发生，就必须在研究消费者购买动机上下功夫。即在产品开发阶段要明确目标用户"为什么购买"。购买动机则是指为了满足一定需要而引起人们购买行为的欲望或意念。购买动机是直接驱使消费者进行购买活动的一种内部动力，反映了消费者在心理、精神和感情上的需求。在现实生活中，每个消费者的购买行为都是由其购买动机引发的。购买动机通常分为三大类：

（1）本能动机。人类为了维持和延续生命，有饥渴、冷暖、行止、作息等生理本能。这种由生理本能引起的动机叫作本能动机。具体表现形式有维持生命动机、保护生命动机、延续生命动机等。这种为满足生理需要的购买动机推动下的购买行为，具有经常性、重复性和习惯性的特点。所购买的商品大都是供求弹性较小的日用必需品。例如，消费者在维持生命动机驱使下，为了解除饥渴而购买食品饮料；消费者在保护生命动机驱使下，为抵御寒冷而购买服装鞋帽等。

（2）心理动机。由人们的认识、情感、意志等心理过程引起的行为动机，称为心理动机。具体包括以下几种动机：

① 情绪动机。这是由人的喜、怒、哀、欲、爱、恶、惧等情绪引起的动机。例如，为了增添家庭欢乐气氛而购买音响产品，为了过生日而购买蛋糕和蜡烛等。这类动机常常是被外界刺激信息感染，所购商品并不是生活必需或急需，事先也没有计划或考虑。情绪动机推动下的购买行为，具有冲动性、即景性的特点。

② 情感动机。这是道德感、群体感、美感等人类高级情感引起的动机。如因爱美而购买化妆品，为交际而购买馈赠礼品等。这类动机推动下的购买行为，一般具有稳定性和深刻性的特点。

③ 理智动机。这是建立在人们对商品的客观认识之上，经过比较分析而产生的动机。这类动机对欲购商品有计划性，经过深思熟虑，购前做过一些调查研究。例如，看重品质的消费者在众多电冰箱中，经过对质量、性能、保修期的比较分析，决定购买德国西门子牌电冰箱。理智动机推动下的购买行为，具有客观性、计划性和控制性的特点。

④ 惠顾动机。这是指基于情感与理智的经验，对特定的商店、品牌或商品，产生特殊的信任和偏好，使消费者重复地、习惯性地前往购买的动机。例如，有的消费者几十年一贯地使用某种牌子的牙膏；有的消费者总是到某几个商店去购物等。这类动机推动下的购买行为，具有经验性和重复性的特点。

（3）社会动机。人们的动机和行为，不可避免地受到社会的影响。这种由社会因素引起的后天行为动机称为社会动机。社会动机主要受社会文化、社会风俗、社会阶层和社会群体等因素的影响。社会动机是后天形成的,一般可分为基本的和高级的两类社会性心理动机。由社交、归属、自主等意念引起的购买动机,属于基本的社会性心理动机;由成就、威望、荣誉等意念引起的购买动机属于高级的社会性心理动机。每个人的购买动机同时又受个人因素的影响,包括性别、年龄、性格、气质、兴趣、爱好、能力、修养、文化等方面。明确了目标用户的购买动机,就可以投其所好,精确规划产品的功能、样式等要素。

2. 要进行差异化开发

产品开发,不但要把握目标客户"为什么购买"这一关键问题,还要研究目标客户"想买什么样的产品"。现代社会的市场竞争越来越激烈,一般企业不可能在各方面都有优势,初创企业更是竞争力弱,在人才、技术、管理等方面都存在不足,因此产品不能寻求方方面面都领先,要考虑差异化策略。所谓产品差异化,就是让产品在质量、款式、性能、服务等方面与市场上的产品形成差异化。对于小企业来说,产品的差异化可以通过几个简单的方式来实现。

(1)外观设计。通过外观设计来改变产品与产品之间的差异化,这种方式是小企业运用最低的成本来实现产品差异化的方式。在外观设计中我们经常也提到产品外观要有特色,有一个好的外观往往会有意想不到的效果。

(2)产品体验靠用户体验来实现产品的差异化。在产品操作方式、操作界面、操作细节等交互方面进行优化设计,为用户带来全新的使用体验。

3. 要寻找突破点

产品要想在市场中突围而成,最佳方式是找到产品的突破点,目前国内流行的一个叫法是——尖叫点。尖叫点就是产品在某些方面超出预期、能让用户感到惊喜。尖叫点在当今互联网时代有相当重要的作用,用户喜出望外,就很可能主动去传播,利用口碑传播,就能快速带来更多的客户。

4. 综合运用创新方法

产品的构思、设计要综合运用各种创新方法,即把这些方法融会贯通,用到产品的开发上。

案例讨论

海底捞的服务

1994年,海底捞通过好的服务成功地从四川简阳出发,先后登陆北京、上海、西安、郑州、天津、南京、杭州、深圳、厦门、广州等城市,还将发展的目光瞄准海外市场,成功地在新加坡、美国等国家开设了海外直营店。

相对于其他餐饮行业,海底捞的服务公认特别周到。将顾客的就餐环节分为餐前、餐中、餐后,并提供用心、充满情怀的服务,餐前针对顾客等位这一情况,设置公共服务空间让消费者打发时间;用餐环节,服务员帮助顾客添菜等。消费者能够在海底捞享受的优质服务有:根据不同人群提供围裙、手机袋、眼镜布、橡皮筋和发卡、靠垫、玩具、化妆品等物品;每桌配有一名服务员负责搭配酱料、添菜;熟悉顾客名字;服务员可酌情为顾客换菜、送菜、打折、免单;等等。

你的看法:

_____

_____

_____

(五) 产品运营

1. 产品运营的概念

所谓的产品运营,就是通过把用户、内容、渠道、活动等各种各样的运营手段进行不同组合,从而更好地将产品和用户连接起来,实现产品价值,并持续产生商业价值的过程。产品运营涵盖的范围很广,它贯穿产品的整个过程,从最初的设计到最终的推广销售,见表6-1。

产品运营的概念最初来自互联网领域,指有互联网思维的运营人员运用互联网手段对企业产品进行推广,常用的推广渠道有网站、应用商城、社会化媒体等。对于互联网产品运营人员来说,在推广过程中应该掌握SEO、SEM等基本知识,并熟练掌握ASO的使用方法,对微信、微博、知乎、豆瓣、贴吧等媒体渠道有相应的资源和推广规划,同时还要掌握线下的渠道,对广告、地推等方式有自己的想法和理解,选择科学适宜的运营方式,用最少的钱去为企业创造更多的流量转化,取得更大的营销效果。

面对"互联网+"时代的到来,不少传统企业也开始主动或被动地进行网上"产品运营",并取得了不错的效果。比如传统装修行业品牌土巴兔,利用互联网平台,打造家装服务平台,持续赋能构筑生态。

表6-1 不同产品生命周期阶段的产品运营工作内容

产品生命周期	产品运营工作内容
产品研发期	产品上线前,首先产品运营要搞清楚产品的定位以及目标用户。
产品种子期	即产品内测期。在这个阶段,产品运营主要目的在于收集用户行为数据和相关的问题反馈,和产品策划一起分析讨论进行产品优化。
产品成长期	即产品爆发期。产品要爆发,活动策划是必不可少的一部分。
产品成熟期	产品成熟期重要的就是小版本的迭代更新。产品运营需要做好产品策划和用户之间的桥梁作用。

续表

产品生命周期	产品运营工作内容
产品衰退期	这个阶段用户流失加剧,用户活跃度也明显下滑,营收贡献也急剧下降。公司技术支持减少,新产品开始推出。

产品运营的目标是让产品活得更好、活得更久。活得更好,就是产品运营要通过活动和推广、培训教育等多种手段,让产品的用户数据不断提升、增长;活得更久,需要产品运营通过数据分析和了解用户的行为,从而不断迭代、优化产品,提高产品的功能、易用性和用户体验等方面,从而延长产品的生命周期。

2. 要做产品运营的原因

产品是满足用户需求的有形载体和无形服务。酒香也怕巷子深,再好的产品离开产品运营也不会取得成功。具体来说,开展产品运营主要有以下几点原因。

(1)连接并持续保持用户和产品的关系。产品运营就是我们常说的拉新、留存、促活,就是把产品展现在应该展现的用户面前,展现的过程就属于连接用户和产品。

(2)不断满足用户的需求。用户需求是不断变化的,产品运营可以洞察用户需求以及需求的变化趋势。能发现产品不足,并将之升级的并不是产品开发者本身,而是通过产品运营,因为最靠近和接触用户的,是特别懂产品的用户。

(3)体现产品价值并实现商业价值。产品触及用户之后才能体现出价值,并实现其商业价值,而运营则能让产品迅速触及用户。产品价值的体现,并非将产品简单呈现即可。以淘宝运营为例,产品价值可以体现在价格优势、专业化展现,重要的是运营人员应根据产品属性合理选择产品价值的展现方式。

3. 产品运营的技巧

产品运营的本质就是连接产品和用户,运营的职责就是把产品的价值传递给用户,同时引导用户了解和使用产品。那么如何通过产品运营以获得更多目标用户呢?

(1)构建用户画像。在做产品的过程中需要引入persona,即用户画像。用户画像是指用户信息标签化,就是分析消费者社会属性、生活习惯、消费行为等主要信息的数据之后,完美地抽象出一个用户的商业全貌。任何产品都该有其目标用户的persona,它能够帮助企业快速找到精准用户群体以及用户需求等更为广泛的反馈信息,可专注于一些垂直的社区、论坛、社群,能够达到事半功倍的效果。

(2)定期更新产品。依据用户使用的调查数据分析出产品各个功能的优缺点,针对不完善的地方应及时改进升级,为用户提供最好的产品,只有这样才能留住用户,继而吸引更多的目标用户。产品的改版和升级是产品运营中最主要的部分,需要慎重对待,学习、创新甚至模仿速度都可能影响到运营的最终效果,想要产品运营效果最大化,必须要做到运营与产品紧密配合。

(3) 深入了解用户。初创企业要想获得更好的成长和发展,关键是要了解你的用户,要搞清用户目前最大的需求和最感兴趣的话题,以及企业所提供的解决方案能否真正帮助他们解决问题,这样才可以了解更多用户需求,并依据用户需求采取相应的推广措施,如以物质刺激鼓励你的客户,让他们帮助你寻找新的客户。

(4) 利用口碑效应传播。人与人之间最主要的就是沟通,只要能够与用户建立良好关系,那么用户会非常乐意为你的产品做宣传,继而帮助你吸引到更多的目标客户,形成口碑效应。

(5) 分析、挖掘运营数据。无论是传统企业,还是新兴的互联网产品,首先要通过数据分析弄清楚产品,然后依据产品的特性去寻找目标用户,做出详细的目标用户群体定位,继而采取针对性的宣传推广方式,赢得更多的用户。注意分析和挖掘运营数据要分清主次,并非每一个数据都是有用的,学着扔掉一些数据噪声。

(6) 采用有效的营销模式。以下是3种常用的营销方式。

① 媒体或社交网站。21世纪是信息爆炸的年代,人们依然需要和渴望信息。产品运营人员可通过一些知名的媒体或权重和浏览量比较大的社交网站发布一些产品宣传信息。

② 让用户自主生产信息。一些小视频分享工具可以激发用户向下传递信息和向外扩散信息,为企业产品做推广,吸引更多的目标客户。

③ 链接其他用户的通道。如LinkedIn(领英)是全球职场社交平台,这是一个分享用户专业信息的社交网络平台,必须连接更多人,才能体会其价值。

案例讨论

沈子凯的"纯真年代"艺术火柴

随着打火机的普及,火柴慢慢淡出人们的视线,而创业者沈子凯却在这个逐渐被人淡忘的老物件里找到了新商机,他创造的"纯真年代"艺术火柴红遍大江南北。偶然的机会朋友送给他的一盒火柴改变了他的事业轨迹。火柴是黑色的外盒,用UV工艺压着细碎的花纹,特别漂亮,很有艺术感。之后,他注册了"杭州吉卜力艺术创作社",注册了商标,专心开发艺术火柴。这些艺术火柴早已远离火柴最初的功用,不再只是一种廉价的点火工具,艺术火柴用的是高档材料,火柴头也比传统的要大,而且规格多样,极富个性。对于"70后""80后"这些群体而言,饱含童年回忆的火柴经过重新包装,甚至可以与实用功能完全剥离,而仅仅成为一种收藏品。"送财"(即"送柴"的谐音)的概念也让这种价格适中的产品适合定位于小礼品。目前艺术火柴市场每年的销售额5 000万元,按照平均50%的纯利润率,也有近2 500万元的纯利,是传统火柴业的几百倍。开发出艺术火柴市场是沈子凯走出的一条全新的创业路。

你的看法：

_____

_____

_____

课堂活动

探讨初创企业产品开发需求

目标：完成产品开发需求调研。

活动步骤：

步骤1：学生5人一组，分成若干组。

步骤2：学生模拟创业，开发新产品，并进行该产品的用户需求调研。

步骤3：每组选派一名代表进行分享。

知识测试

1. 初创企业产品开发要考虑哪些因素？
2. 如何进行产品运营？

二、市场营销策划

能力目标

1. 了解市场营销的内涵。
2. 掌握市场营销的核心理念。
3. 了解如何制订营销计划书。

案例导入

小花店的营销之道

　　小李喜欢种花养花，大学毕业后，在家乡所在城市开了一家花店，出售各种鲜花，其花店的店面陈设与别的花店没什么区别。花店开了几个月，经营业绩一般。小李在大学是读市场营销专业的，她研究了自己的花店和附近的几家花店后，发现自己的花店和别的花店销售的产品很相似，都只有各种各样的鲜花品种，没有自己的特色。要怎么样才能突出自己的特色呢?

　　小李花了几天时间进行市场调查,发现其他花店虽然花的品种很多,但是唯独没有郁金香花。于是她把自己的花店改为郁金香花专卖店,选定郁金香花的爱好者为目标市场进行营销。郁金香品种很多,全世界有8000多种,被大量生产的就有150多种。

　　于是小李集中资源,从各大花卉市场搜寻了30多种郁金香品种,吸引了不少郁金香花的爱好者。但需要郁金香花的顾客毕竟有限,于是,小李以郁金香为主题,开发了各种和郁金香有关的商品,比如印有郁金香花图案的桌布、椅垫、杯垫、餐盘、杯子以及小装饰品等,形成了郁金香产品系列,不仅吸引了对郁金香感兴趣的顾客,也使对郁金香花不了解的顾客发现了此花的魅力,从而使得她的郁金香花店远近闻名、生意兴隆。

　　在现实生活中,你有没有看到有哪些企业采用相似的营销策略?

> **心得体会:**
>
>
>
>
>
>

(一) 市场营销的含义

　　"市场营销"是从英文marketing一词翻译过来的,它包含两种含义:一种作动词理解,指企业的具体活动或行为,这时可称为市场营销或市场经营;另一种作名词理解,指研究企业的市场营销活动或行为的学科,可称为市场营销学、营销学或市场学。国外的专家学者对市场营销做过不同的解释和表述。

　　美国市场营销协会(AMA)于1960年对市场营销的定义为:"市场营销是指引导产品和劳务从生产者到达消费者或用户所进行的商务活动。"这一定义把市场营销看作沟通生产环节与消费环节的商业活动过程。

　　英国市场营销协会认为:"一个企业要生存、发展和赢利,就必须有意识地根据用户和消费者的需要来安排生产。"这一论述把市场营销与生产经营决策联系起来。

　　日本营销学者下了定义:"市场营销是在满足消费者利益的基础上,适应市场的需要而提供商品和服务的整个企业活动。"这一论述把市场营销的外延扩大了。

　　这些论述反映了不同时期人们对市场营销的认识。由此可以看出:市场营销的内容在不断地丰富充实,其外延在不断地扩大。根据现代市场营销的发展,市场营销是企业在变化的市场环境中,为满足消费者需要和实现企业目标,综合运用各种市场营销手段,把商品和服务整体地销售给消费者的一系列市场经营活动。

市场营销包含以下主要内容：

（1）市场营销是一种企业活动，是企业有目的、有意识的行为。

（2）满足和引导消费者的需求是市场营销活动的出发点和中心。企业必须以消费者为中心，面对不断变化的环境，做出正确的反应，以适应消费者不断变化的需求。

（3）分析环境、选择目标市场、确定和开发产品、产品定价、分销、促销和提供服务以及它们之间的协调配合，进行最佳组合，是市场营销活动的主要内容。

（4）交换是市场营销的核心。交换过程是一个主动、积极寻找机会，满足双方需求和欲望的社会过程和管理过程。通过有效的市场营销活动完成交换并与顾客达成交易，方能实现企业目标。

（二）市场营销的核心

1. 需要、欲望和需求

人类的需要和欲望是市场营销理念的出发点，而需求则是市场营销活动的起点和落脚点。需要是指人类与生俱来的基本要求，是没有得到某些基本满足的感受状态。例如，人类为了生存必然有对衣食住行的需要。这种需要存在于人类自身生理和社会之中，市场营销者可用不同的方式去满足它，但不能凭空创造。欲望是指想得到上述需要的具体满足的愿望，是个人被社会所影响的需要。市场营销者无法创造需要，但可以影响欲望。需求是指人们有能力购买并愿意购买某个具体产品的欲望。市场营销者可以通过各种手段来影响需求。

2. 产品

产品是指任何能用以满足人类某种需要和欲望的东西，泛指商品和劳务。产品的价值不在于拥有它，而在于它给消费者带来的对欲望的满足。人们购买轿车不是为了观赏，而是为了得到它所提供的交通服务。当人们心情烦闷时，可以去参加音乐会，可以去旅游，可以去吃美食。人们在选择购买产品的同时，实际上也在满足着某种愿望和利益。作为营销者，如果只研究和介绍产品本身，忽视对消费者利益的服务，就会因犯"市场营销近视症"而失去市场。

3. 效用、费用和满足

效用是指消费者对产品满足其需要的整体能力的评价。这种整体能力不仅包括满足消费者购买该产品对其属性的需要，还包括消费者心理层次上的满足感，也就是满足消费者某种心理的能力。费用是指消费者为取得产品或满足需求而付出的代价。满足是指消费者对产品满足其需要所达到良好的满意程度。

4. 交换、交易和关系

交换是指从他人处取得所需之物,而且以某种东西作为回报的行为,强调回报行为。交换能否真正产生,取决于买卖双方能否找到交换条件。交换发生要具备5个条件:

(1) 至少有交换的双方。

(2) 每一方都有对方需要的有价值的东西。

(3) 每一方都有沟通和运送货品的能力。

(4) 每一方都可以自由地接受或拒绝。

(5) 每一方都认为与对方交易是合适或称心的。

交易是指买卖双方价值的交换,强调价值转移。交换与交易的关系:交换是一个过程而不是一个事件,如果交换双方正在进行谈判,并趋于达成协议,就意味着其正在交换,一旦达成协议,则发生了交易;关系是指营销者与顾客、分销商、经销商、供应商建立、保持并加强合作关系,通过互利交换,使各方实现各自目的的营销方式。

5. 市场营销者

在交换双方中,如果一方比另一方更主动、更积极地寻求交换,则前者为市场营销者,后者则为潜在顾客,如果双方均积极,则都为市场营销者。

人们由于各种生理、安全、社交、尊重、自我价值实现等需要,再结合社会经济文化、个体特征和自身的购买能力,就会产生欲望和需求。此时,产品的出现正是为了满足人们的某种需求,如果某个产品对于某个消费者来说效用最大而费用最小,那么,消费者的总满足最大,通过市场就出现了交易和关系。消费者得到满足后,又会出现新的需要,以此循环。控制这个循环的就是市场营销管理。

案例讨论

美团上市

2018年9月20日,在港股上市的美团成就了王兴的创业巅峰。美团网是2010年3月4日成立的团购网站,有着"吃喝玩乐全都有"和"美团一次美一次"的服务宣传宗旨。2010年是市场公认的"团购元年",当年"百团大战"的盛况吸引了大批互联网企业蜂拥做网上生活服务。就在那时,很多团购类网站为了占有市场先机,纷纷采取价格战的方式,慢慢地自身的服务质量和审核力度跟不上,一方面很多黑心商户可以在各大团购网站大行其道,严重影响了消费体验;另一方面团购类网站本身也存在经营不善的情况。

而美团杀出重围,2014年市场份额占比超过60%。在市场竞争中,美团以全国排名在150名以前的城市作为自己的主要阵地,步步为营,稳健发展。并且美团的审核机制也让在美团平台上的商家质量更有保障。

美团构建出自己的核心优势,不断提升对商家和客户的融洽对接特长,才有了现在的发展。市场竞争,也是鞭策企业革新的力量。

你的看法:

_____

_____

_____

(三)营销计划的制订

营销计划是商业计划的重要组成部分。通常以年度为基准,着眼于与营销组合变量(产品、价格、分销及促销)有关的决策,并考虑如何实施所拟定的具体内容与步骤。无论创建的企业属于何种类型,具有多大的规模,每一个创业者都需要编制市场营销计划。这里把营销计划书分解成5个步骤,如图6-3所示。

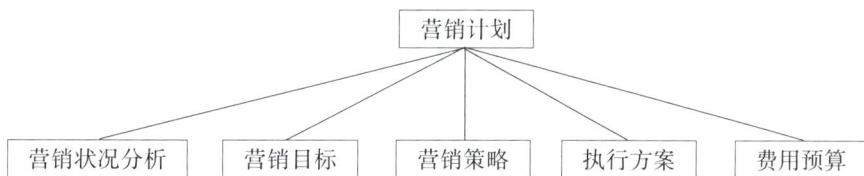

图6-3　营销计划书分解

1. 营销状况分析

首先可以对创业领域的相关市场、产品、竞争对手、目标用户等背景因素进行分析(见表6-2)。

表6-2　营销状况分析表

分析要素	对象描述
市场环境	宏观环境
	微观环境(所创业的具体区域)
用户分析	目标对象
	潜在对象(选填)
产品分析	该产品市场现状
	该产品未来前景
竞争对手分析	同质竞争对手(直接的、提供相同产品或服务的)
	异质竞争对手(间接的、提供类似产品或服务的)

2. 营销目标

营销目标是销售计划的重要内容,它指导着企业的营销策略与行动方案的方向与力度(见表6-3)。

表6-3 营销目标制订表

项目	目标	时间
销售额		
品牌知名度		
市场占有率		
市场扩张计划		
利润		

3. 营销策略

要分析自己的营销策略,可通过使用传统的"4P策略"进行分析,如表6-4所示。

表6-4 "4P策略"分析表

"4P策略"	策略描述
产品(Product)策略	产品定位
	产品延伸
价格(Price)策略	价格定位
	定价手段
渠道(Place)策略	平台选择
	分销网络
促销(Promotion)策略	促销方式
	推广形式

4. 执行方案

执行方案是基于目标对营销策略的具体化实施方案,它通过对时间、人员、资源、经费等要素的安排,给创业主体以规范,尽力保证在创业路上行动的一致性,同时也是对行动进行的反思与改进。推荐大家将甘特图与"5W2H分析法"相结合,制订执行方案。

(1) 甘特图

甘特图(Gantt Chart)又称为横道图、条状图(Bar Chart)。它通过条状图来显示项目、进度以及和其他时间相关的系统进展的内在关系随着时间进展的情况。甘特图以提出者亨利·劳伦斯·甘特先生的名字命名。甘特图以图示形式,通过活动列表和时间刻度表示特定项目的顺序与持续时间,直观表明计划何时进行,进展与要求的对比,便于管理者弄清项目的剩余任务,评估工作进度(见图6-4)。

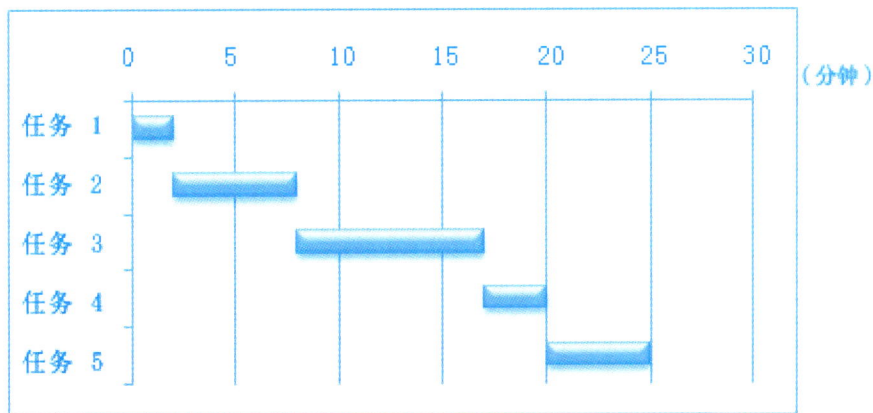

图6-4 甘特图示例

（2）"5W2H分析法"

甘特图指引我们把时间与任务计划好，"5W2H分析法"则让我们对每个具体的行动进行明确的思考，当我们对某个具体工作感到迷茫时，不妨按照图6-5所列，通过询问自己，也许便能从中找到答案（可将结果填于表6-5）。

图6-5 "5W2H分析法"

表6-5 "5W2H分析法"项目表

方案主题（这个行动达到怎样的结果）	
目的（为什么要做这个行动）	
渠道（在哪里实施，在什么平台实施，工作地点）	
执行时间（开始时间、结束时间、是否允许误差时间）	
执行者（责任人、实施者、其他参与者）	
怎么做（具体采取什么措施）	
预算	

5. 费用预算

营销所涉及的费用预算通常是一个公司里变动比较大的部分,因为这永远要根据市场的变化而变化。图6-6是一些常见的费用项目(具体创业活动还应根据实际情况调整费用预算项目)。

图6-6 营销费用预算项目

（1）销售员薪资

销售员薪资指一切支付销售任务所产生的人工成本,包括销售人员的基本工资、五险一金、商业保险、销售提成、各类福利补贴(通信费、网络费)及具体项目完成后的奖励奖金支出,等等。

（2）场地成本

场地成本包括销售场地租金、产品展位租金、打造营销事件所需的场地维护费用,等等。

（3）推广宣传

推广宣传费用包括广告制作费用、平台推广费用、促销费用、广告传单(卡片)印刷费,等等。

（4）业务招待费

业务招待费主要指为促进订单达成而宴请重要客户的费用,有时也包括为加深感情、强化合作关系所花费的宴请上下游供应商、销售渠道商等的其他费用。

（5）公关费

在商业活动中,公关费一般指处理公共关系所付出的费用。如第三方帮助达成交易后的佣金,为搞好社会关系所付出的礼品费用,处理紧急公众事件所花费的媒体费用,等等。

（6）交通差旅费

交通差旅费指具体销售活动中销售人员的交通费报销、酒店宾馆费用、打车租车费用及其他因为营销活动产生的必要花销。

案例讨论

小米的竞争策略

2009年，即将进入不惑之年的时候，雷军想要做一番事业，改变中国手机行业的事业。到2018年才8年时间，根据小米IPO（首次公开募股）资料，小米公司的估值已达到1000亿美元，2017年营收已超1000亿元，从市值上看，已经超过百度。能有这么快速的发展，除了大家熟知的性价比、电商预售模式等策略，雷军还坚持了一个更重要的竞争战略，虽然没有对外公布，在发展过程中却始终贯彻：避开强势竞争对手，抢占弱势对手的市场。这主要体现在以下几个战略选择上。

1. 避高端市场和传统渠道，抢占低端市场

2011年，小米手机刚上市时，市场上的手机品牌主要是三星、苹果、联想、华为、酷派、中兴等。苹果手机主打中高端市场，三星、华为、联想的产品高中低端都有，酷派和中兴主打低端市场。很明显，小米很难与苹果、三星等竞争，就锁定了第一段市场。当时联想、酷派、中兴等主要是传统线下渠道，小米没有酷派、联想等多年耕耘的线下渠道优势，就算产品性价比再高，也很难与这些老品牌竞争。但只是在网上销售的话，就会省去渠道商、零售商等中间环节，可以大幅度降低渠道费用，若同时采用较低的零售价，那么性价比就是明显的优势。这样做可以直接面对用户，预售模式还有一定的拿货缓冲期，小米会有充足的时间和空间去吸引用户，加强小米品牌的认知。最终结果大家已知，在低端市场，酷派、中兴、联想等基本出局，前期的市场份额主要被小米抢去，后来的vivo和OPPO也分了一部分。

2. 手机竞争激烈，转而抢占家电市场

当华为、vivo、OPPO等品牌逐渐强大，也加强了线上渠道和性价比时，小米的竞争优势有所减弱，2016年手机出货量出现大幅下滑。对于华为、vivo、OPPO等的强势发展，小米并没有在手机领域做太多的纠缠和竞争，主要是强化了推广宣传，尽量保持手机的市场份额。或许，那时候小米在手机上也做了很多努力，但没能体现在产品上，消费者并没有太明显的感受。当时，小米的重点投入，一是放在了打造小米生态链上，推出了小米电视、机顶盒、音响、空气净化器、净水机、充电器、扫地机器人、米家电饭煲等。在这些领域，竞争对手们并不像手机领域那么强大，两三年时间内，小米生态链的营收就做到了200亿元，虽然才占小米总营收的20%左右，但是发展速度已经很快了。二是进军东南亚、印度等，在这些市场抢占了中兴、酷派、联想等品牌一部分的海外市场份额。

你的看法：

_____

_____

_____

课堂活动

活学活用市场营销

活动主题：了解开展市场营销的步骤和思路。

活动目标：通过案例体验开展市场营销。

阅读材料

几年前的谭某还是一个从江西萍乡跑到珠海的打工妹，现在的她已经是一个每月有上万元收入的"小老板"。仅仅几年时间，谭某的生活已经悄然改变。这得益于她创办的"碧玉五趾袜专卖店"。她的小店坐落于珠海市前山明珠南路，面积不大，10平方米左右。店里的商品只有一种，就是市面上不常见的五趾袜。五趾袜是一种能将脚趾分开的袜子，它的优点是预防脚气。广东的天气温暖潮湿，脚气病人很多，这种袜子的市场销量十分可观，但由于袜子的利润不高，经营的商家少，所以竞争还不太激烈。谭某通过几年的努力，现在可以通过专卖店每月获得上万元的稳定收入。对于一个小本起家的创业者来说，这笔收入已相当可观。更值得一提的是，如今谭某专卖店的五趾袜已经进入细节经营阶段，季节区分清楚，质地、款式各不相同，深受消费者的青睐。

活动步骤：

步骤1：划分小组，采用随机的方式进行分组，每组4～6人为宜。

步骤2：小组讨论以下问题：

(1) 谭某为什么将经营的产品锁定在五趾袜上？

(2) 在经历了成功创业阶段后，谭某在细分市场上又做了哪些工作？

(3) 试着总结一下谭某创业成功的主要经验，这对初次创业有哪些启示？

知识测试

1. "4P策略"营销的内容是什么？

2. 营销预算的主要内容是什么？

三、客户资源拓展

能力目标

1. 树立"以顾客为中心"的理念。
2. 了解企业"以顾客为中心"的实施步骤。
3. 理解差异化经营及其策略。

案例导入

咖啡厅老板的困惑

老吴是一家咖啡厅的老板,以前在意大利拜师学艺,后来回国开了一家很火爆的咖啡厅,口号是"最正宗的意式咖啡",吸引了很多年轻人。但随着街角新开了一家咖啡厅,也打出正宗意式咖啡的名号,位置还更加方便,老吴的咖啡厅顾客越来越少。面对这种情况,老吴尝试推出口感更好的咖啡,还发起了"第二杯半价"等优惠竞争活动。但不管老吴出什么招,那家店都能快速复制并吸引更多的顾客。老吴百思不得其解,觉得自己才是正宗的意式咖啡,怎么就抢不过"山寨版"呢?

心得体会:

(一) 客户资源利用途径

客户资源是指企业集群可以更好锁定和开拓的目标客户,通过建立专业、细分、通畅的群内交易渠道,更好地获得客户需求,把握市场变化。很明显,企业集群的客户资源可以更好地增加其市场竞争优势。新创企业搞好客户资源建设是获得市场和提高竞争力的重要内容。客户资源也不仅仅局限于传统意义上的客户,对企业来说,客户资源往往是变动和相对的。有时竞争对手也可以做企业的客户;企业员工也可看作企业的客户;在同一条生产线上的上一环节必须对下一环节负责,否则生产就可能出现问题,因此,下一环节也是上一环节的"客户"。其实这是站在客户的角度思考企业的生存和发展,我们不妨称其为"客户思维"。那么如何从更广的视野去借客户的力量来为企业谋发展呢?

1. 尝试做自己的"客户"

可能很多企业会抱怨做客户满意度调查得来的结果存在很大的偏差,有些甚至不管用。实际上,调研并不能完全准确地反映问题,只能作为参考而不能当"治病药方"。企业要调查客户满意度最直接最有效的方法就是尝试认真做自己的客户,这样你就会亲自体验自己的产品好不好用,服务态度好不好,这远远比让客户告诉你来得真实。

2. 尝试做竞争对手的"客户"

在企业竞争中要做到百战不殆,仅仅知己显然是不够的,还要知彼,即看看你的竞争对手是怎么做事的。哪些做得比你好? 哪些让客户不满意? 思考其中原因,总结出竞争对手的优势和不足。其实这就是企业的情报战,是现代企业竞争的重要手段,但这是建立在某种市场准则、法律法规及企业道德的基础上而进行的。要实现对对手的情报收集,不妨尝试做竞争对手的"客户"。

事实上这种路径已经得到广泛应用:一种情况是实力相当的两家企业之间通过不断借鉴对方的做法来优化和改进自身,这方面典型的代表有麦当劳和肯德基、国美和苏宁以及联通和移动等;另一种情况是一家相对较弱的企业通过对比行业内的领袖级企业来提升自身的竞争力。但是以上两种做法并不是真正去做竞争对手的"客户",它们更多的是以从业者的身份去观察和模仿对方,这是旁观者和模仿者的表现,其所得到的体验远不如做竞争对手的"客户"亲自体验更为有效。

3. 学会与过去的老客户交流

客户往往是理性的,他们不会随便选择所需的产品和服务。一般情况下,他们选择产品和服务是综合考虑经济承受力、价格、产品功能、质量、服务水平、个人喜好等因素,觉得"物有所值"才会选择购买。当一个客户突然舍弃你的产品和服务而"移情别恋"你的竞争对手的时候,必然有其内在的原因。这时可能有人除了觉得可惜和无奈外就是把它们抛到脑后,其实,老客户是一种可再利用的资源。对企业来说,准确了解老客户为什么离去,他们对企业的产品和服务有什么意见和建议,在老客户眼中什么样的产品可以满足基本需要,这些都是很重要的信息资源。一方面有助于开发新的客户,避免同样的错误再发生;另一方面老客户的离开并不意味永远离开,因为市场是自由的市场,客户是有自主选择权的,只要能够让老客户觉得更有诱惑力,老客户是会重新回来的,这就是"回头客"。因此,企业特别是企业的营销部门应该重视与过去的老客户交流,从中获取有价值的市场信息。

4. 让客户帮你寻找问题的症结

客户作为使用者和体验者,对企业的产品和服务最有发言权,当企业在产品的外包装、性能、定价和售后服务等方面遇到问题,借助客户的力量往往可以达到事半功倍的效果。但是实践表明,很多客户即使愿意帮助企业,往往他们也不知如何表达产品和服务可能存在的问题和产生问题的根本原因。如何让客户把内心真正的想法讲出来,需要企业认真研究。比如:一些企业做消费者关于某某问题的深度座谈会,通过科学引导和互动,让消费者说出他们最真实的想法。

5. 从客户中聘用重要人员

在人才竞争激烈的时代,企业对人才特别是行业内的高端人才尤为重视。遗憾的是很多人只知从竞争对手挖走人才,但却不知从客户中聘用。事实上,企业内某些重要职位更需要真正了解产品和服务的人才,而这方面的人才往往可以从下游的客户中获取,这也是一个企业获取关键人才的重要途径。

(二)建立客户资源的方法

建立有效的客户资源需要经营客户,那么如何经营客户从而积累客户资源呢?

1. 主动询问客户的需求

无论是主动询问产品满意度,还是询问客户的其他服务要求,都可以从中找到话题,打破尴尬的局面,让客户对企业的跟踪服务感到满意。

2. 寻找共同话题

当销售员联系上客户以后,如果仅仅只是就服务内容进行交谈,那么谈话内容会非常僵硬,销售员可以就某些共同爱好或兴趣进行交流,找到共同话题,这样更容易吸引客户,增进彼此间的亲密感。

3. 适时登门拜访

在与客户长期联系的过程中,如果双方关系较为友好,销售员可以适时登门拜访,这样既可以表示对客户的尊重和重视,还能深入了解客户的信息。

4. 让礼物成为与客户沟通的桥梁

适时赠送客户一些小礼物,是沟通感情和维系关系的重要桥梁。如在客户公司周年庆典或是客户生日当天送上祝福。通过赠送一些小礼物来表达真诚的谢意和良好的祝愿,能进一步增进销售员与客户间的感情,建立更亲密的关系。

5. 做好售后服务

良好的售后服务是留住客户、形成良好口碑、塑造企业良好形象的重要前提。销售员负责的是销售工作，但是仍然要尽最大的努力帮助客户解决售后问题。如果自己解决不了的，就要立即联系相关的负责人尽快解决，切忌推卸责任。

6. 帮助客户解决一些小问题

有时客户会遇到一些产品以外的小问题，如果销售员在场，就要力所能及地提供帮助，而这常常会让客户感动，客户也会在必要的时候投桃报李，给予销售员支持和赞誉。

7. 关心客户经营，提供行业信息

从某种程度上来说，销售员的利益同客户的利益是一致的。客户的经营状况好，可能会增加产品的需求，促成再次合作，从而惠及销售员所供职的企业。可以说，服务客户就等于帮助自己，关心客户的经营状况就等于再次获得合作的机会。建立有效、庞大的客户资源需要经营。互惠互利永远是建立有效客户资源的不二法则。若想成为一个成功的销售员，需要懂得如何去经营客户关系，如何提高沟通技巧和销售技巧等。

（三）践行"以顾客为中心"的经营理念

1. "以顾客为中心"的经营理念

传统经营模式是以产品为竞争基础，企业关心更多的是企业内部运作效率和产品质量的提高，以此提高企业的竞争力。随着全球经济一体化和竞争的加剧，产品同质化的趋势越来越明显，产品的价格和质量的差别不再是企业获利的主要手段。企业认识到满足顾客个性化需求的重要性，甚至能超越顾客的需要和期望。

以顾客为中心、倾听顾客呼声和需求、对不断变化的顾客期望迅速做出反应的能力成为企业成功的关键。

现代管理学之父彼得·德鲁克说过："企业存在的唯一目的就是创造。"所有的企业都必须是建立在为顾客、为社会创造价值上，这才是企业的核心竞争力。其实企业创造的所有产品和服务，都是为顾客服务的，更是为顾客创造价值。顾客需求导向是贯穿于市场、研发、销售、制造、服务等企业运营全流程的，企业必须全业务流程以顾客需求为导向。"以顾客为中心"是一个企业要不断变革、动态管理和持续改进的过程，也是企业存在的根本理由。

"以顾客为中心"的经营理念具有以下特征：

（1）企业将关注的重点由产品转向顾客；

（2）企业将仅注重内部业务的管理转向到外部业务即顾客关系的管理；

（3）在处理顾客关系方面，企业从重视如何吸引新的顾客转向到全客户生命周期的关

系管理,其中很重要的一部分工作放在对现有关系的维护上;

(4)企业开始将顾客价值作为绩效衡量和评价的标准。

2. 挖掘顾客需求

根据马斯洛的需求层次理论,人类的需求层次由低到高依次为生理、安全、社交、自尊、自我实现,较低层次需求的满足是实现较高层次需求的基础。

任何社会经济时代的产生和发展,都是生产力发展和人类需求不断升级、创新及其相互作用的产物。

从当前社会总体上来看,需要更加个性化、人性化的消费来实现自我。顾客需求分为五个层次(见图6-7)。

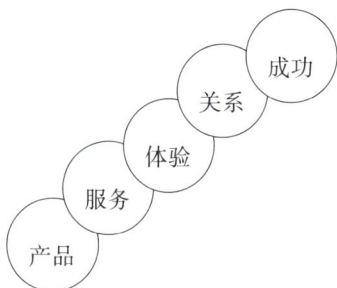

图 6-7 顾客需求层次

(1)产品需求。类似于人的基本需求是衣食住行一样,顾客的基本需求与产品有关,包括产品的功能、性能、质量以及产品的价格。通常顾客都希望以较低的价格获得高性能、高质量的产品,并且认为这是最基本的要求。

(2)服务需求。随着人们购买力的增强,顾客的需求也水涨船高。人们采购时,不再仅仅关注产品,还关注产品的售后服务,包括产品的送货上门、安装、调试、培训及维修、退货等服务保证。

(3)体验需求。人们已经逐渐从工业经济、服务经济时代步入了体验经济时代。越来越多的顾客不愿意仅仅被动地接受服务商的广告宣传,而是希望先对产品做一番"体验",即主动地参与产品的规划、设计、方案的确定,"体验"创意、设计、决策等过程。

(4)关系需求。是指获得了社会的信任、尊重、认同,有一种情感上的满足感;在需要或面临困难时,会得到朋友的帮助和关怀;可以与朋友共同分享和交换信息、知识、资源、思想、关系、快乐等。

(5)成功需求。获得成功是每一个顾客的目标,是顾客最高级的需求。顾客购买产品或服务,都是从属于这一需求的。服务商不能仅仅只看见顾客的产品、服务需求,更重要的是要能识别和把握顾客内在的、高层次的需求。

3. "以顾客为中心"的实现步骤

以顾客为中心的愿景不能只停留在口号上,要真正做到以客户为中心,必须有一套与之相配的组织体制保障。企业需要在企业战略、企业文化、组织结构等方面进行变革,以适应、满足顾客不断变化的需求和期望。以下是做到"以顾客为中心"的三个关键步骤与手段。

（1）改变企业全体员工的认知。要真正强化这种认知,仅仅依靠宣传式的培训、标语等是不够的,要引导企业全体员工随时随处体验"以顾客为中心"这个道理。

（2）以顾客需求为导向,为顾客交付高质量的产品和服务。没有顾客需求,就没有产品和服务;有顾客需求,不一定所有的企业都用优质的产品和服务去满足,否则就不会有假冒伪劣的商品。企业要有对顾客负责的经营理念,要为顾客交付高质量的产品、高水平的服务,这对所有类型企业和处在不同发展阶段的企业都适用。

（3）构建面向客户的各种机制,快速响应顾客需求。顾客的需求随时都可以向企业提出来,特别是现在互联网的时代,如何快速回复顾客和满足顾客的需求呢?以客户需求为出发点,搭建内部运作系统,构建办公与生产或仓储场所分布、业务流程、工作标准等方面,一一匹配和满足,进行整合和优化。当然,这也必须考虑到企业自身的资源能力与风险控制能力。

第一方面:通过业务流程的再造,重新建立以客户为中心的流程型组织。

第二方面:从人员的配置角度,把所有的人员按照流程和适应的岗位重新配置,形成各部门的有效配合。

第三方面:从绩效管理目标和形成这些配套体系来实现各部门的融合。

总之,一个企业从开始就在员工认知、产品、运作机制等方面很好地体现"以顾客为中心"时,就会逐步形成一个"以顾客为中心"的市场,进而形成"以顾客为中心"的企业文化。达到这个程度,就可以说企业有了一种自驱动的客户导向能力。

（四）企业的差异化经营

差异化经营指的是在同质化的产品市场中,企业为了应对激烈的市场竞争,在对目标市场进行充分调查的基础上,根据顾客消费需求的变化,在产品、价格、地点和促销等方面制订出不同于竞争对手的策略,以达到建立比较竞争优势、取得竞争主动权的目的。

1. 产品差异化

指某一企业生产的产品,在质量、性能上明显优于同类产品,从而形成独自的市场。对同行业的竞争对手来说,产品的核心价值是基本相同的,所不同的是在性能和质量上,在满足顾客基本需要的情况下,通过不断地创新,为顾客提供独特的产品是差异化战略追求的目标。

2. 服务差异化

企业应当针对不同顾客提供特殊性、个性化、情感性等特色服务。创造差别化服务对

消费者的偏好具有特殊意义,是赢得用户,扩大市场占有份额,在激烈的市场竞争中站稳脚跟的重要策略。

3. 形象差异化

形象差异化即企业通过实施品牌战略和形象战略而产生的差异。企业通过强烈的品牌意识、成功的形象战略,借助媒体的宣传,使企业在消费者心目中树立起优异的形象,从而培养顾客认可该品牌进而购买的习惯,把企业的品牌和形象根植于顾客的心目中。

4. 市场差异化

市场差异化是指通过产品的销售价格、分销渠道、售后服务等符合具体市场环境条件而形成差异。

（五）顾客满意度调查

顾客满意度调查是用来测量一家企业或一个行业在满足或超过顾客购买产品或服务的期望方面所达到的程度。测量顾客满意度的过程就是顾客满意度调查,它可以找出那些与顾客满意或不满意直接有关的关键因素,根据顾客对这些因素的看法而测量出统计数据,进而得到综合的顾客满意度指标。开展顾客满意度调查,真正体现"以顾客为中心"的经营理念,有助于企业确定顾客满意策略、节约成本和提高经济效益。

案例讨论

胖东来的启示

河南胖东来商贸集团成立于1995年,从最初只有40平方米、4名员工的烟酒小店,到如今拥有十几家店面、12000名员工、年营业额超过50亿元的区域性零售龙头企业,它已成为许昌人的骄傲,河南人的骄傲。

如今我们到任何一座城市,看到的几乎都是标准化配置的零售业态麦当劳、肯德基、星巴克、苏宁电器、家乐福超市,然而在许昌,胖东来几乎垄断了当地的零售商业,"买东西不到别处,就到胖东来。"这是许昌老百姓的口头禅!

胖东来舍得"高投入",给员工的薪水是当地同行业的两倍水平,让员工过上体面的生活;胖东来对员工的健康体贴入微,上班时间允许员工坐着休息以避免静脉曲张的职业病,每周二闭店让员工充分获得休息。

胖东来把顾客看成一家人,宁可自己吃亏,也要让每一位顾客都满意。胖东来规定自己没有的商品可以代顾客订购,顾客不满意的商品可以无条件退货,而且顾客可以在胖东来享受各种免费服务:免费修理电器,免费修鞋,免费熨烫等。

你的看法：

_____

_____

_____

课堂活动

寻找目标顾客

1. 游戏目的

了解积极主动在销售活动中的作用。

2. 游戏程序

发给学生类似下表的表格：

产品/服务	目标顾客特征	顾客购买签名
1. 舞厅	喜欢跳舞	
2. 免费搭车到隆昌路	住在靠近隆昌路	
3. 婚姻介绍	未婚	
4. 如何踢好足球	足球爱好者	
5. "吹口哨的技巧"	想用口哨吹歌	
6. 《中国市场月刊》	中国市场学会特约研究员	
7. 漫画高级技巧班	会画漫画	
8. "幽默技巧"	会说笑话	
9. 书法展览	字写得不错	
10. 2折价北京机票	老家是北京的	

推销者姓名：

3. 游戏规则

（1）将所有的人视作你的潜在顾客，了解到符合目标顾客特征，请其签名。

（2）同一名顾客只能推销一种产品，也就是说以上10种产品必须是不同的顾客签名。不得自己代替签名。

（3）"目标顾客特征"符合，顾客配合签名。

（4）谁的产品卖得最快则胜（必须证明的确符合特征）。

知识测试

1. 建设客户资源的方法有哪些？
2. 如何实现"以顾客为中心"的经营理念？

课外阅读推荐书目

《格局》,作者:何权峰,青岛出版社,2019年版。

推荐理由:人生这盘棋,首先要学的不是技巧,而是布局! 要想五年后站在你想要的"高位",当下的你该怎么办?

有句话说,思维决定出路,格局决定结局。"能做"是现在的能力,如果你永远只做能力范围之内的事,你永远无法突破;而"我想"首先突破自己的思维局限,目标高了,做事的格局就不同,成功的可能性也不同。

该书通过48个举重若轻的小故事,告诉你提高人生格局、认清人生方向的方法。为你打破习惯思维中"不可跨越"的自我局限,释放生命的"无限可能",让当下的你成就未来的你。

技能训练:企业的营销策略

主题:营销技巧大比拼

一、活动目标

认识到营销是一个过程,营销方式和技巧对于营销活动的重要性,能够在新创企业经营中理解和初步运用不同的营销技巧。

二、活动时间

30分钟。

三、活动步骤

步骤一:班级随机分组,每3~5人为一组,并推选出一名组长。

步骤二:请各小组以"营销技巧大比拼"为题,关注自己家乡的丰富特产,最终选取一种农产品,在小组交流讨论后,制定营销方案及营销技巧,各小组代表上台介绍如何用营销技巧来营销这一农产品。各小组组长和教师分别进行打分和评价,最终评价得分最高的小组为优胜组。

步骤三:教师总结和反思。

模块七　初创企业的管理

模块导读

　　创业并不是以新企业的成立为终点的暂时性活动,而是组织从0到1再到无穷大的持续发展过程。发展新企业意味着新企业先要度过生存期,再实现持续成长,创造新价值的过程。在政策的鼓励和就业形势的倒逼下,我国高校毕业生自主创业人数近几年不断增加。但是,综合中国社会科学院等机构的调研数据,中国大学生初次创业失败率超过九成,低于全社会的平均创业成功率。绝大部分学生企业夭折于初创期,都没熬过三年。

　　由此可见,新创企业管理的首要目标是在市场竞争中生存下来,保证能够"活着"。管理好处于初创期和成长期的新创企业,是任何新创企业发展进程中都必须面对的一个巨大挑战。新创企业经营阶段是企业生命周期中最危险、失败率最高的阶段。

　　新创企业经营失败率高的原因来自企业内部和外部两个方面。从企业内部来看,新创企业自身拥有的资源有限,企业营销技巧和经验不足,企业内控制度管理不完善,员工管理水平有限,抗风险能力脆弱;从企业外部来看,新创企业对顾客资源建设、供应商、金融机构、政府等利益相关者的影响力有限等。受内外因素的影响,新创企业的生存经营能力或多或少受到制约。

　　因此新创企业需要突破这一存活的关键阶段,开发好适销对路的产品、打开营销局面、积累客户资源,让消费者认识和接受企业的产品或服务,尽快使新产品或服务开始盈利并进入良性循环。不断完善和扩大新企业,需要努力提升企业经营管理水平,增强企业的竞争力和发展能力,创业者应该掌握企业管理的基本知识,并能够运用这些管理知识和方法来解决企业管理中的实际问题。

　　当然,形成良好财务管理制度或体系是企业未来内部控制管理完善的基础。新创企业财务管理应注重核心资产的管理、融资资金的管理、应收账款的管理和财务管理制度的构建等方面,同时在成本管理、财务分析、财务控制和财务税收等方面加强管理。新创企业初期财务管理对企业未来的发展及管理具有重要意义。因此,创业者必须掌握一些财务技巧。创业者不仅需要估计出最初三年的损益表和现金流量表,还必须采取相应的措施确保目标实现。现金流量表、损益表和资产负债表都是需要认真管理的重要财务报表。

　　本模块主要介绍初创企业最基本的管理原则、员工管理、财务管理等内容。通过本模块的学习,创业大学生了解创业企业管理的内涵,知道如何进行企业管理、人力资源管理财务管理和规避创业资金风险,使创业企业"长治久安"。

一、企业管理基础

能力目标

1. 掌握初创企业管理的基本要领和内容。
2. 能根据自身需要选择适合的管理方式。

案例导入

昙花一现的"土掉渣"烧饼

27岁的武汉女大学毕业生晏琳,在2005年初时,凭着"外婆做的烧饼大家都爱吃"的信念,第一个将土家族烧饼引入武汉。开张当日便出现卖断货的销售状况,不仅让晏琳自己大吃一惊,也震动了武汉三镇的小吃界。紧接着,"土掉渣"烧饼很快就风靡武汉,进而席卷中国许多城市,众多加盟店如雨后春笋般涌现。

然而,2006年3月中旬之后,"土掉渣"烧饼开始退热——商家没有钱赚了,因为消费者尝鲜的热情退去。部分网站出现以3 000元、100元、80元甚至38元的价格公开叫卖"土掉渣"烧饼配方、设备材料、供货商名录、店头设计标准等系列文件资料,进一步推动"土掉渣"烧饼走向衰败。

心得体会:

(一) 新创企业管理的基本要领

管理是通过计划、组织、控制、激励和领导等环节来协调人力、物力和财力资源,以期更好地达成组织目标的过程。管理是一门科学,也是一门艺术。每一位企业管理者,都应该充分认识到自己的责任和使命,通过科学有效的管理,发展和寻找更多商机,创造更多财富。任何企业都要从实际出发,通过合理的体制模式、组织形式、经营方式等,能把企业的潜能最大限度地发挥出来,从而让企业充满朝气与活力,提高企业的竞争能力,并在不断变化的市场中取得属于自己的生存空间。企业管理主要是指运用各种策略与方法,对企业中的人、资产、财物、产品、销售渠道等进行科学有效的管理,从而实现组织目标的活动。对于新创业来说,要做到组织精简化、管理规则化、目的驱动化、沟通开放化、数据云端化,做到有效管理、提高效益、力促成效。

1. 组织精简化

组织精简化即减少企业层级,让组织变得更为精简。不仅组织精简化,工作团队也要小型化。当企业组织精简化后,信息横向流动居多,如A部门和B部门之间直接进行内部合作、内部谈判,然后推进工作的执行。这样将更能激发员工的积极性,员工从"任务执行者"变成了"责任承担者",容易感受到工作的成就感,所以愿意接受更多挑战。横向流动的信息使得一线人员可以根据各自的利益诉求做出决策,资源配置变得更加合理。

2. 管理规则化

管理规则化即通过制定目标和规则来控制整个团队的整体方向,员工在各自的工作中遵循管理规则,管理者在发生突发事件时出面进行调解和解决问题,在日常运营当中管理者可通过放权给团队,形成员工自下而上的"去中心化"管理。

3. 目的驱动化

工作体系中,组织架构一般已做好了团队划分。但在实际工作中,团队的界限往往不那么明显。这时候就要以工作的目标来作为衡量的标准,在同一个目标方向上,利用现代化(比如邮件组、QQ群、微信群、企业社会化协作软件等)沟通工具,可以非常简单、快速地为每个任务建立一个虚拟的、临时的小组,组内的成员可以在群组内进行信息共享,从而打破原有的部门界限,实现跨部门协作。

4. 沟通开放化

沟通开放化即增强员工内部的交流、促进成员之间共同学习。现在,企业可以利用社会化协作软件让信息在企业内部也能够充分地流动起来,使员工之间建立更紧密的连接,这样一来可以让团队互相知晓各自的工作,二来可以有效营造学习型组织的氛围。

5. 数据云端化

数据云端化即把公司数据储存在云端。把公司数据存储在云端的好处不仅可以进行多终端的数据同步,并且数据的存储更加安全了,而且它让企业可以完整保存自己的运营历史,还能随时找到你想要的数据。在云存储时代之前,公司的数据其实是割裂开的,每个员工都储存着一部分公司的数据,这些数据由于没有存放在统一的平台上,因此也无法被搜索,这种情况造成了数据资源的巨大浪费。数据云端化还有很多额外的好处,比如说员工的离职对公司造成的数据损失将不再是问题;员工可以通过充分利用公司网络内的数据资源增强自身的业务能力;新员工入职可以快速地实现工作交接。

（二）新创企业管理基本内容

为了促进企业管理水平的提高,增强企业的竞争力和发展能力,创业者应该掌握企业管理的基本知识,并能够运用这些知识和方法来解决企业管理中的实际问题。

1. 产品管理

所谓的新产品,是指采用新技术原理、新设计构思研制、生产的全新产品,或在结构、材质、工艺等某一方面比原有产品有明显改进,从而显著提高了产品性能或扩大了使用功能的产品。新产品的开发要以满足市场需求为前提,以企业获利为目标。在这个过程中,企业应当遵循的原则是"根据市场需要,开发适销对路的产品;根据企业的资源、技术等能力确定开发方向;量力而行,选择切实可行的开发方式"。在产品的开发管理过程中,采用何种策略则要根据企业自身的实力、市场情况和竞争对手的情况而定。同时,企业决策者的个人因素也直接影响着开发策略的不同。

2. 营销管理

所谓的"营销管理"是指为了实现企业或组织目标,建立和保持与目标市场之间的互利交换关系,而对项目的分析、规划、实施和控制。从实质上来说,营销管理就是需求管理,即对需求的水平、时机和性质进行有效的调解。在市场行为中,以营利为目标,统筹考虑组织、架构、人员、培训、绩效、考评、薪资等众多要素,综合制订,优化实施。在市场行为中,营销管理涉及了许多方面,各个环节的需求都要考虑到。营销管理中,企业强调团队合作,强调供应链。一个好的营销政策,要充分考虑营销政策推行的各个方面,其中主要是企业、消费者、经销商、终端、销售队伍这五个方面。

3. 财务管理

财务管理是在一定的整体目标下,关于资产的购置(投资),资本的融通(筹资)和经营中现金流量(营运资金),以及利润分配的管理。财务管理是一项涉及面广、综合性和制约性都很强的系统工程,在现代企业管理中,财务管理是通过价值形态对资金活动进行决策、计划和控制的综合性管理,是企业管理的核心。财务管理贯穿于企业管理的各个环节之中,任何环节的失误都可能给企业带来财务风险,因此,企业的管理者应当注重此方面,将财务管理的风险防范工作始终落实到位。

4. 企业文化管理

企业文化从本质上来说就是企业的个性,就是企业这一经济组织的经营意识及组织文化内涵。优秀的企业文化,在精神上能够带动员工树立与企业一致的目标,使员工在个人奋斗的过程中保持与企业目标相同的步调,营造出一种积极的工作氛围、共享的价值观念和管理机制,产生鼓励积极创造的工作环境,此外,优秀的企业文化也会对企业的绩效产生强大的推动作用。

5. 人力资源管理

通常所说的人力资源管理,是指企业内部对人的管理。首先要制订企业的人力资源管理战略和人力资源计划。然后,在人力资源管理计划的指导下,进行工作分析,制订岗位职责、岗位描述和工作说明书;根据工作分析,招聘并配置员工;在配置员工的过程中,企业必须注意规划员工的职业生涯发展,并且把员工的职业生涯发展与组织的发展相匹配,形成互为动力的综合发展途径;在企业与员工相互匹配发展过程中,要不断地相互沟通,解决冲突,消除两者共同发展的障碍,保证过程的顺利进行;当企业的人力资源管理工作进行到一定的阶段,就必须对多层次员工的工作绩效进行评估考核,纠正他们工作中的失误,肯定他们工作中的成绩,并就员工下一阶段的工作达成上下级的共识,以便员工形成下一轮的工作计划;在绩效评估以后,对员工进行激励,包括薪酬方面的激励、福利方面的激励和精神方面的激励……对绩效评估中表现出来的优秀员工,尤其要加大激励的力度。对于绩效评估中表现出来的具有这种或那种缺陷但企业今后发展又需要的员工,企业要进行培训,帮助他们提高知识水平、增长技能,使他们在今后的企业经营活动中能适应企业发展的需要。最后,根据人力资源系统整体运作情况,企业要修正或者重新制订自身的人力资源发展战略和人力资源计划,为下一阶段的人力资源管理活动再次奠定基础。

案例讨论

顺丰管理员工的秘诀——心法四诀

如何管理好员工,如何充分发挥人员的作用,使员工为企业所用,已经成为企业人力资源管理中所不能忽视的重要课题之一。

到目前为止,顺丰控股股份有限公司(简称"顺丰")一共拥有29万名员工。这样一个拥有庞大员工体系的企业,该如何管理好员工,并且抓住机遇,实现跨越式发展呢?可以说,这是顺丰管理者首先要解决的一个重大难题。因为只要有人,就会有利益的分配,只要牵扯上利益,就容易产生矛盾。众所周知,快递业属于劳动密集型产业,对技术的要求也比较低。如果是同城快递的话,从客户下单到送达客户手中,大概要经过信息下载到终端、取件、建包、运送、分拣、入仓、派送七道程序;异地快递则需要经过九道程序。程序越多等于"战场"越多。因此,行业之间的竞争就越来越激烈了,谁能管理好员工,谁就能在行业中占据优势。

顺丰一直将"服务至上，员工为本"奉为自己的管理和经营理念。王卫曾经干过19年的快递，他知道一线的快递员工作是多么辛苦。因此，他将员工视为企业发展的重要基础，在将公司规模做大之后，他经常在会议上强调，一线的业务员是顺丰"最可爱的人"。

顺丰是快递行业内第一家实行计件工资的公司。公司规定，每个员工的基本工资为700～1200元，在此基础上，按照工作业绩来计算提成。有的员工每个月最高能拿到5万元。顺丰很少打广告进行宣传，它的知名度完全是靠口口相传积累起来的。

为了减轻员工的工作压力，提高员工的工作积极性，顺丰一直努力为员工营造轻松自由的工作环境，规划良好的职业生涯规划。

顺丰速运还为新入职的员工设计了一套标准化的培训体系，新员工不仅要参加军训，还要接受一系列有关服务技巧、服务标准和管理方面的培训。例如，有一个高中毕业生通过应聘进入顺丰，刚开始月薪只有800元，后来被"内部种子计划"选中，成长为顺丰内部的飞行员，年薪几十万元。

顺丰的运营模式虽然已经实现了与国际的接轨，王卫个人也完成了从个体户到企业家的完美转型。

那么，如何管理员工、寻找员工与公司利益的平衡点呢？王卫认为，顺丰的管理体系只是企业管理的"外功"，要练好"外功"，还必须有"心法"的协助，要不然就容易"走火入魔"，误入歧途。"有爱心，与员工有同理心；有舍心，与员工慷慨分享；有狠心，出于爱与舍，对员工严格要求；有恒心，长期坚持这样做下去"——王卫的心法四诀不仅包括对经营管理的领悟，还包括对人生和人性的理解。

王卫认为，要管理好员工，首先应该重视员工的价值，满足员工的不同需求，还要平等对待每一位员工。只要做好这几点，就算要你管40多万人，也没有大问题。

在顺丰，中层管理岗位都是公开招聘的。满足员工的需求，为员工创造良好的晋升渠道。首先通过对员工的业绩和管理层的评价等指标对员工进行筛选，然后了解员工对管理工作的规划和工作意愿，将最合适的员工放在最合适的管理岗位上。

过去20多年里，王卫曾经一直寻找能够适用于顺丰的框架，但后来还是放弃了。最终，王卫发现，只有离开了条条框框的约束，企业才能进入更广阔的发展空间。

你的看法：

_____

_____

_____

（三）初创企业管理的基本方法

1. PDCA 循环管理法

各种管理方法都有其独特个性,但对各种方法全过程进行探究后会发现它们往往有彼此相似的规律——按照计划、执行、检查、处理(即 P、D、C、A)的循环不断地重复进行。可以说,源于质量管理的 PDCA 循环是企业经营管理中的一种十分基本的方法。

(1) PDCA 循环的含义如下。

P(plan,计划),根据企业目标制订计划。

D(do,执行),按照计划定出措施,组织执行。

C(check,检查),对照目标检查效果,发现问题。

A(act,处理),总结经验,把成功的经验肯定下来,并纳入标准;把遗留的和新产生的问题转入下一循环,规定新的目标,继续求得解决。

(2) PDCA 循环的运行状态如下。

PDCA 循环犹如车轮一般,按 P、D、C、A 四个阶段不停转动。

整个企业的管理系统构成一个大的 PDCA 循环,而各个部门、各个环节的管理又都有各自的小的 PDCA 循环。这样,大环套小环,小环保大环,一环扣一环,一起转动。

PDCA 循环如同登梯一般,不停地转动,逐级升高,问题随之不断得到解决,经营管理水平也不断提高。

2. 目标管理法

目标管理是指以企业总目标为依据,从企业负责人开始,逐级主管与其下属协同定出本部门和每个人的目标,以及达到目标的计划和实施进度,据此填写目标卡,并将全过程记录下来;到期终做出评定,给以奖惩,而后重新制定目标,开始新的循环。显然,这是 PDCA 循环在计划管理方面的应用。

实行目标管理,可以在指定的时期内获得明显的效果。而且由于上下协调,层层落实,检查、控制、奖惩都比较易于执行。其缺点是容易忽视非定量目标、例外事件或新的机会等;外部环境多变时,容易打乱原定部署。

3. 满负荷工作法

满负荷工作法在具体实施时,先对企业的各项工作提出较为先进的目标,分成几个阶段逐步求其实现,而后层层落实,形成保证体系,并与个人报酬挂钩。其主要内容有:① 质量指标;② 经营指标;③ 设备运转;④ 物资使用;⑤ 资金周转;⑥ 能源利用;⑦ 费用降低;⑧ 人员工作量,按定员定额;⑨ 八小时工作制,提高工时利用率。

此法适用于管理基础较差的企业,但要结合具体情况推行。

4. 经济责任制管理法

经济责任制更适用于生产企业。经济责任制的基础工作是：合理设置企业机构，做好定额定员工作；健全计量、检测、统计和原始记录工作；建立全厂、车间、班组三级核算体系。目前，实行经济责任制的组织措施如下：建立领导小组，以总经理为首，有关各方面主管参加，审查经济责任制的总体方案，并对实施过程加以监督检查；指定主管部门，一般是企业管理办公室、总经理办公室等综合部门，由其提出总体方案；以计划、承包等方式将要求分摊到各部门，再层层落实到车间、班组和个人；建立联合办公制度，由主管部门及主要职能部门负责人参加，负责协调、平衡、汇总和查核各部门执行结果，确定奖惩；建立经济责任制信息网络，各环节都有人员负责收集、整理执行结果，并沟通信息。

（四）创业企业管理的基础性工作

企业要真正搞好经营管理，须有坚实的基础。基础管理工作有如下几个方面。

1. 建立规章制度

企业必须贯彻执行国家的法令、条例和政策等，还要根据实际需要制订必要的企业规章、守则。建立严格的制度，使考勤、交接班、工艺操作、质量检验、财务出纳等环节都有章可循。

2. 健全原始记录

（1）企业原始记录的重要性。企业一切活动的结果必须以一定的表格形式，用数字或文字加以记录。要随时更新企业内部的各项原始记录和技术、管理、经营资料，使其形成统一协调的企业信息系统，以适应现代企业经营管理的需要。这是健全企业经营管理工作的重要内容之一。信息务求准确，不能主观估计，更不能凭空捏造。

（2）企业原始记录的内容。企业原始记录一般包括生产、销售、劳动、原材料（燃料和工具）、设备动力、财务成本、技术等方面内容。不同阶段的企业可以根据实际情况做好记录，内容和侧重点不一定完全相同。各种技术文件与管理文件，如产品设计任务书、设计图纸、各类工艺卡片、工艺操作规程、图纸及工艺更改通知单、产品品质鉴定报告、各种计划大纲及定额资料等，都是企业生产活动必不可少的原始资料。此外，还要建立企业的市场信息系统。

3. 做好定额工作

在一定的生产技术和生产组织条件下，企业要规定人、财、物消耗应当达到的定额。企业经常采用的定额有：

生产：生产周期、生产批量、制品定额等。

劳动:单位产品(或零件)的工时定额、工序工时定额、设备看管定额、工时利用率等。

物资消耗:单位产品(或零件)原材料(燃料、动力、工具)消耗定额、材料利用率、物资储备定额、采购周期等。

设备:单位产品(或零件)台时定额、设备生产能力(容量)定额等。

成本费用:单位产品(或零件)成本定额、企业管理费定额、车间经费定额等。

财务资金:储备资金定额、生产资金定额、成品资金定额、资金利润率、百元产值占用流动资金、流动资金周转天数等。

其他:工具消耗定额、单位作业面积产量定额、单位产量耗电定额等。有了科学的定额体系,还要有科学的定额管理制度。良好的定额管理对组织劳动、推动经济责任制、贯彻按劳分配、提高劳动生产率、加强经济核算、降低产品成本等方面都有重大作用。

案例讨论

避开线上,"小米之家"抢占线下渠道

伴随着华为、美的、魅族等品牌推出类似的生态链,天猫、京东、苏宁易购等也逐渐加强了网络渠道和品牌的建设。线上竞争更加激烈,网络营销成本进一步高涨,小米的性价比、线上渠道、生态链等优势逐渐减弱,小米应该很明显感觉到了增长乏力。对此,小米继续避而转移,重点投资发展线下的"小米之家"。目前电器线下的主流渠道是国美、苏宁等。而"小米之家",像便利店版的苏宁或国美电器城,或者平价版的苹果体验店。随着"小米之家"店数的增加,最终主要抢占的市场份额肯定来自各类手机、家电零售店。相比华为和美的等,线下的各类家电零售店的竞争力明显弱很多。当"小米之家"达到一定数量规模后,小米可以说整合了其生态链周围的整个产业链,这个产业链中有"小米生态"链中的各类产品,有小米商城等线上渠道,也有线下的"小米之家"零售+体验渠道。有人说,小米未来可能会发展成一个互联网版的格力或美的,也有可能发展成一个所有产品都是小米品牌的苏宁易购。

你的看法:

_____

_____

_____

课堂活动

企业管理经典案例

1. 活动目标

领略企业家的管理风范。

2. 程序和规则

（1）以小组为单位，4～5人一组，选取一位企业家为研究对象。

（2）收集和分析该企业家的管理思想，并将其要点制作成演示文稿，在班级进行分享。

（3）学习一个企业管理的经典案例，完成3000字左右的研究报告。

知识测试

1. 如何培养高效的创业团队？

2. 新创企业管理有哪些特点？

二、人力资源管理

能力目标

1. 了解企业人力资源管理的内容。

2. 理解员工的招聘与选拔。

3. 掌握绩效管理和薪酬管理的内容。

案例导入

创业容易守业难

毕业于广州某院校的陈某、张某和李某共同创办了一家民营高科技股份公司。创业伊始，他们三人口头商定：陈某、张某、李某各占50%、30%、20%的股份，而当时，企业实际投入的启动资金则全部都是由陈某个人借款筹得的5000元钱。

创业初期，陈某任经理，负责全面工作；张某任技术主管，负责技术与生产事宜；李某任营销主管，负责产品销售事宜。企业开办之初，陈某利用自己所学的专业知识，在剖析市场中现有产品的基础上，很快研制出了自己企业的产品，并申报获得了五项国家专利。由于企业经营得当，到了第5年，企业的资产就达到了3000多万元，年销售额达到了5000多万元，员工人数增加到了近300人。

对于陈某来说，企业发展的喜悦并没有冲淡他对公司未来发展的困惑，他遇到了许多新问题。其中之一是创业元老的分歧。首先是张某不辞而别与他人合伙开办新企业，利用从公司移植的技术，生产与公司直接竞争的产品。其起因在于创业初期陈某与张某、李某口头达成的关于公司股份的分享比例。实际上由于陈某一心想做大规模，从未真正关注过这一比例及与之相关的股东决策、分红等权益的兑现问题。而张某、李某认为，陈某对公司的技术、生产、营销等大权在握,当初的口头协议不等于正式法律文件,心中总是担心这种股权最终会变成一张永远画在墙上的饼。

在张某离开前,陈某与张某达成了正式协议,以80万元现金作为补偿,算是割断了以前口头达成的所有股份。但张某由于企业经营不善,不到半年又回到公司工作。这让李某内心产生了些许不平,张某比自己多得到了公司80万元现金补偿,虽然今后自己也许能从公司得到远比张某高得多的回报,但这毕竟还是不确定的事情。

> **心得体会：**
>
>
>
>
>
>
>
>

随着经济社会的不断发展,人们逐渐认识到人力资源是经济活动中最活跃的因素,也是一切资源中最重要的资源,人力资源管理在企业发展中具有决定性的意义。有效地选拔、开发、使用、激励人力资源,不断提高现代企业人力资源管理的质量和水平,是实现企业可持续发展的关键。

(一) 企业人力资源管理基本功能

人力资源管理是指根据企业发展战略的要求,对人力资源的开发、配置、使用等环节进行的计划、组织、领导和控制的管理活动。

1. 获取

根据企业目标确定所需员工的条件,通过规划、招聘、考试、测评、选拔,获取企业所需的人力资源。显然,只有首先获取了所需的人力资源,才能对其进行管理。

2. 整合

通过企业文化、信息沟通、人际关系和谐、矛盾冲突的化解等有效整合,使企业内部的个体、群体的目标、行为、态度趋向企业的要求和理念,使之形成高度的合作与协调,发挥集体优势,提高企业的生产力和效益。

3. 保持

通过薪酬、考核、晋升等一系列管理活动,保持员工的积极性、主动性、创造性,维护劳动者的合法权益,保证员工拥有安全、健康、舒适的工作环境,以增进员工满意度。

4. 评价

对员工工作成果、劳动态度、技能水平以及其他方面做出全面考核、鉴定和评价,为企业管理者做出奖惩、晋升、去留等决策提供依据。

5. 发展

通过员工培训、职业生涯规划和开发、素质拓展活动等,促进员工知识、技巧和其他方面素质的提升,使其劳动能力得到增强和发挥,最大限度实现其个人价值和企业贡献率,实现员工个人和企业共同发展的目标。

(二) 人力资源管理的内容

人力资源管理的内容主要包括对员工的招募、甄选、录用、培训、岗位调配、绩效考评、奖惩、晋升、薪酬、福利、社会保险以及劳动关系的处理等。

1. 工作分析

对工作岗位的性质任务、职责权限、岗位关系、劳动条件和环境,以及员工承担本岗位任务应该具备的资格条件进行系统分析。工作分析是现代人力资源管理所有职能的基础和前提。

2. 人力资源规划

根据企业战略目标和现实情况,运用科学方法,预测企业的人力资源需求,实现人力资源供需平衡,制订人力资源配置方案,有效激励员工。通过人力资源规划,保证人力资源管理活动与企业的战略目标一致,使人力资源管理各具体环节协调一致。

3. 招聘和选拔

在人力资源规划和工作分析的基础上,通过科学的方法对应聘人员进行测评和选拔,最终填补职务空缺。

4. 培训与开发

通过培训提高员工个人、群体和整个企业的知识、能力、工作态度与工作绩效,激发员工的潜能,增强人力资源的贡献率。

5. 绩效管理

管理者和员工就完成工作目标进行协调并达成共识,并开展考核和反馈。绩效管理的根本目的是持续改善企业绩效和个人绩效,它是培养企业核心竞争力的重要手段,是现代企业管理体系不可缺少的重要环节,是企业取得成功的重要保证。

6. 薪酬管理

根据企业经营战略和发展规划,综合考虑内外因素影响,确定员工的薪酬水平、薪酬结构和薪酬形式,并进行调整和控制。通过薪酬管理激发员工工作热情和工作潜能,最终实现企业经营目标。

7. 职业生涯管理

根据员工个人的性格、气质、能力、兴趣、价值观等特点,结合企业需要,为员工制订具体的事业发展计划,并不断开发员工潜能。职业生涯管理可以把员工的职业发展和企业发展统一起来,最大限度地发挥人力资源的作用。

8. 劳动关系管理

通过规范化、制度化的管理,劳动关系双方的行为得到规范,权益得到保障。同时管理者要进行企业文化建设,营造良好的工作氛围,保障企业稳定运行,实现企业经营目标。

案例讨论

迈克尔·戴尔的创业:慧眼鉴人

戴尔公司首席执行官迈克尔·戴尔是全世界公认的大富翁。在华尔街,戴尔公司的股票一涨再涨。英特尔公司董事长葛鲁夫会主动约他共进晚餐,目的是向他讲解英特尔处理器的未来;大名鼎鼎的比尔·盖茨会坐专机前来拜访他,与他讨论内容从戴尔公司刚刚萌芽的服务器生意到公司网址等所有事情。

可是,很多年前,戴尔和他的戴尔公司默默无闻,1984年,戴尔既不懂技术,也没有雄厚的资本,更缺少阅历和经验,19岁的他只是一个学生物的大学生。后来,他辍学办公司,靠组装计算机、直销起家。如今,在个人计算机行业越来越不挣钱、世界大公司纷纷向后退却的情况下,戴尔却越战越勇。

在管理上,迈克尔·戴尔说:"我平时很随和,但如果看到员工总是犯同样错误时,我就会忍不住发火。我愿意重用并提拔那些愿意自己找事做,而不是等在那里让人告诉他该怎么去做事情的人。我喜欢那些热情、爱不断学习、对工作充满兴趣、善于自我挑战的人。我也非常重用那些不仅自己能得到发展,同时也能发展其他员工的人,这是我们公司的一个重要话题。"

在戴尔公司,每位员工都有公司的股票,这种规定不仅适用于美国本土的员工,还包括中国、澳大利亚、日本、英国等国员工。"除了在物质上善待员工,还要把员工潜能发挥出来。为此,你就要创造出允许员工成功的一个环境,并给他们提供不断成功的工具,让他们不断学习、成长、犯错误,并关心他们的兴奋点是什么。"

你的看法：

_____

_____

_____

（三）员工的招聘与选拔

在创业初期,企业的初创团队包揽了大部分的工作,随着企业的发展和初创团队成员职能的变化,招聘和选拔员工就必不可少。企业一般可以通过内部招聘和外部招聘来完成人力资源的供给。内部招聘是指从企业现有员工中提拔那些能够胜任某个职位的人员来充实职位空缺,主要有晋升、平级调动、工作轮换等形式。内部招聘可以更准确地判断员工能力,减少招聘成本,提高员工士气等。

但内部招聘容易造成"近亲繁殖",使企业的视野逐渐狭窄,出现思维定式、丧失活力,必须制订相应的管理制度和培养计划。另外,从内部招聘的人可能只是组织中最合适的人,却不一定是最适合该职位的人。

当企业内部人员不能满足岗位要求时,特别是当企业快速发展需要大量专业人才时,就需要进行外部招聘了。校园招聘和社会招聘都是常用的外部招聘方法,通过在学生求职季举办校园宣讲会、参加校园招聘会,在人才市场和网络上发布招聘信息等,可以将人力资源需求发布出去,吸引人才前来应聘。在招聘高端人才时,也可以委托猎头公司寻觅合适的专业人才。当企业接收到众多的求职信息后,还要做好人员的选拔工作,通过一定的方法对候选者的知识、能力、个性等方面进行测量和评价。

首先是简历筛选,人力资源管理部门可以通过简历和应聘申请表对求职者进行初步筛选,选拔出合适人员再进行笔试和面试。

其次是笔试,主要通过文字测验的形式,对应聘者的基本知识、专业知识、管理知识、专业技能、综合分析能力、文字表达能力等进行测量。

最后是面试,通过面谈,考察求职者的综合分析能力、言语表达能力、应变能力、计划组织协调能力、人际交往能力、情绪控制能力等,对求职者的求职动机和岗位匹配度做出判断。还可以通过心理测试、评价中心等技术手段对求职者的心理素质、个性特征、行为方式等进行测量,以进一步选拔合适的人员。

案例讨论

利用优势选对职业

小王到某创业公司工作已经1年多了,其管辖区域的业务做得不温不火,月销量一直在10万元左右徘徊。作为重点开发的乡镇市场,上级区域经理心里很着急,曾多次找小王谈话，又是批评又是培训，可销量还是在原地踏步。对于领导的批评，小王也虚心接受，每次都想按照领导的要求去做，但在客户和领导之间，小王处理得模棱两可，对客户更是极力妥协。客户看小王如此，不把他放在心上，更不用提按他说的去做了。久而久之，销量也自然不会好到哪里。

最后，部门经理提出将小王解聘。公司老板看到了部门经理解聘的请示，并没有立刻批准。他找小王聊了聊，发现小王做行政工作、写报表、做PPT有优势。于是，决定留下小王再试试。在新的岗位上小王努力工作，为销售部的同事写了很多宣传文案，赢得了客户的好评。

你的看法：

_____

_____

_____

（四）员工的培训和开发

企业的发展依赖员工良好的工作状态、过硬的工作能力和和谐的工作氛围，对员工进行分门别类、有针对性地培训开发是人力资源管理工作中的重要内容。综合来说，培训开发是指企业通过各种方式使员工具备完成现在或者将来工作所需要的知识、技能并改变他们的工作态度，以改善员工在现有或将来职位上的工作业绩，并最终实现企业整体绩效提升的一种计划性和连续性的活动。

按照不同标准，培训开发可以划分为不同类型。按照培训对象的不同，可以划分为新员工培训和在职员工培训；按照培训形式不同，可以划分为在职培训和脱产培训；按照培训性质不同，可以划分为传授性培训和改变性培训；按照培训内容不同，可以划分为知识性培训、技能性培训和工作态度培训。培训开发的方法多种多样，特别需要注意的是要根据培训内容和目的不同选择不同的培训方法。

企业员工的培训开发流程一般包括三个步骤，即需求分析、计划实施和效果评估。在规划和设计培训开发活动前，人力资源管理部门要对企业员工的知识、技能和发展目标等进行鉴别和分析，以得出企业在现阶段或未来发展时期最主要的人力资源需求，才能在计划和实施时做到有的放矢；在培训开发的计划实施阶段，要明确目标、内容、时间、地点、考评和结果应用等要素，还要加强培训期间的管理、考核，以期取得较好的培训效果；培训结束后，人力资源管理部门还要进行培训效果评估，收集企业和受训者从培训中获得的收获情况，目前主要的培训评估模式有柯克帕特里克四层次评估模型、考夫曼五层次评估模型、菲利普斯五级投资回报率模型等。

（五）绩效管理

绩效管理是指管理者和员工通过持续开放的沟通,就企业目标和目标实现方式达成共识的过程,也是促进员工做出有利于企业的行为,取得卓越绩效的管理实践。绩效管理强调组织目标和个人目标一致,强调组织和个人共同发展。因此,绩效管理的目的在于通过激发员工的热情和提高员工的能力与素质,以达到改善公司业绩的效果。要注意,绩效管理不是在员工出现差错的时候予以处罚,而是帮助他们在工作中改进提高,因此绩效管理不仅看重绩效的实现成果,更看重绩效的实现过程。

绩效管理作为人力资源管理的重要环节和核心内容,通过对员工的工作绩效进行评价,帮助员工认识在工作过程中出现的问题和不足,促进员工不断改进提高,同时在考评过程中发现员工个人的工作潜力,帮助员工开发潜能,促进员工全面发展。绩效管理的基本程序包括绩效计划、绩效沟通、绩效评价、绩效反馈以及绩效改进五个环节。

1. 绩效计划

绩效计划是整个绩效管理过程的起点,它是指在绩效周期开始时,由管理者和员工一起就员工在绩效考核期内的工作职责、工作任务及其有效完成的标准和员工个人发展目标达成共识的过程。为避免员工与上级管理者对绩效标准的认识出现偏差,制订绩效计划需要双方在有效沟通的基础上达成一致意见。

2. 绩效沟通

绩效沟通是绩效管理的重要环节,也是传统的绩效考评模式和现代绩效管理模式的本质区别之一。进行绩效沟通有三点需要注意:

其一,管理者应对员工的工作进展情况、潜在的障碍和问题、可能的解决措施等与员工进行全面的交流和沟通,保证员工顺利完成任务并达到应有的绩效水平。

其二,绩效沟通贯穿于整个绩效管理过程,而不是只在某个时间点或者环节上交换信息。

其三,绩效沟通要鼓励员工参与,以体现员工自我评价、自我管理的作用。

3. 绩效评价

绩效评价是绩效管理的核心环节,是对员工在一定时间段内的工作绩效进行的考核和评定,以确定员工是否达到预定的绩效标准的管理活动。常用的绩效评价方法根据评价依据的不同可以分为结果导向型、行为导向型和特征导向型的绩效评价类型。

4. 绩效反馈

绩效评价结束后,人力资源管理部门需要就评价结果与员工进行沟通,重点在于使员工明确绩效的不足、改进的方向以及个人的特质和优缺点等。绩效反馈是绩效管理的一个重要步骤,反馈的有效性对绩效管理效果具有重要影响。需要注意三个方面的因素。

一是反馈手段,主要的手段是绩效面谈,还可以设立申诉制度,允许员工在一定期限内对绩效考评结果提出意见,组织复核,纠正偏差,保证评价结果的公平性和公正性。

二是反馈机制,企业需要建立正规的绩效反馈制度,并保证反馈渠道的畅通。

三是需要在企业内部营造绩效反馈的环境和氛围,使之成为企业文化的一部分。

5. 绩效改进

绩效评价结果反馈给员工后,人力资源管理部门还需要进行绩效改进的指导和支持工作。绩效改进包括绩效诊断和绩效辅导两个环节。绩效诊断是管理者帮助员工识别造成绩效不足的原因或改进提高的机会,帮助员工寻求解决方法;绩效辅导则是帮助员工提高知识和技能,克服绩效障碍以提高绩效。

(六) 薪酬管理

薪酬管理是人力资源管理的重要内容,现代人力资源管理的主要任务包括求才、育才、用才、激才、留才等,而薪酬管理与完成上述任务均息息相关。薪酬是一个综合性的概念,我们一般所说的工资、奖金、津贴、福利等都是薪酬的组成部分,另外一些非货币化的附加报酬,如职业性奖励(职业安全、自我发展、和谐的工作环境、晋升机会等)、社会性奖励(地位、荣誉、成就感等)都属于薪酬体系。作为人力资源管理最关键的活动之一,创业者在开展人力资源管理活动时要注意5个方面的原则。

(1) 公平性原则,这是薪酬管理的基本原则。只有员工薪酬是公平的,才能具有激励作用。

(2) 激励性原则,这是管理者在设计薪酬时必须考虑的因素,只有建立起努力与回报呈正比的薪酬体系才能起到激励效果。

(3) 经济性原则,它强调企业在设计薪酬时要充分考虑自身发展状况,不能盲目通过高薪刺激来提高竞争力。

(4) 竞争性原则,在把握住经济性原则的同时,薪酬设计还要体现外部竞争力。

(5) 合法性原则,企业的薪酬制度、政策和薪酬管理过程必须符合政府的有关法律法规和政策规定。现代企业的薪酬管理要立足于企业的经营战略和人力资源战略,以劳动力市场为依据,在考虑员工所承担的职位本身和价值及其任职资格条件要求的基础上,再加上对团队和个人的绩效考核与评价,最后才能形成企业的薪酬管理系统。

这种薪酬管理系统必须达到外部竞争性、内部一致性、成本有效性以及合理认可员工的贡献、遵守相关法律法规等标准。

在现代企业中,常见的薪酬制度包括以下几种。

(1) 结构薪酬制。按照薪酬的各种职能,将员工的薪酬划分为若干部分分别予以计算,通常包括基础工资、岗位工资、技能工资、绩效工资、工龄工资等。

（2）职务等级薪酬制。根据员工所担任职务的工作特点和工作价值来决定薪酬,例如先按照岗位定出级别,再按照岗位级别给予相应的待遇。

（3）岗位技能薪酬制。按劳动技能、劳动责任、劳动强度和劳动条件将岗位划分为各种类别,在岗位评价的基础上分别给予相应的薪酬。

（4）计件薪酬制。按照生产的合格品数量(作业量)和预先制定的计件单价,来计算员工的报酬。

（5）提成薪酬制。按照企业的销售收入或利润的一定比例提取员工报酬总额,再根据员工的技术水平和实际工作量发放薪酬。

（6）年薪制。以企业相关经营业绩指标为依据,按照年度给高级员工发放短期激励报酬(基本年金、年终奖金、分红等)和长期激励报酬(股票、基金等)。

🧠 案例讨论

"骨之味"餐厅留人策略

"骨之味"餐厅在厦门首创了筒骨砂锅餐厅,自2006年6月开业以来,四年时间已在多地开设餐厅20余家。当"今天,你跳槽了吗"成为时下流行语的时候,"骨之味"连锁餐厅的员工流失率一直在50％以下。"我们采用员工入股分红的方式,让他们也能买得起房、车",罗文波说,"2010年6月至2011年6月餐厅员工离职率是38.65％。"在招聘和留住员工方面,罗文波也没少花心思,除了改善住宿条件,提高伙食标准,对员工进行培训,以及给予物质激励、精神激励外,"工作一年以上的优秀员工,可以参股,从而实现年底分红",罗文波说。

分析显示,当企业的制度建设起到一定作用时,领导者就要相对授权,从家长式的文化转向兄长式的文化,给予员工成长机会,增加员工收益,建立企业合伙人制度等人文理念,降低人才流动的频率。罗文波恰是这样的兄长式领导,他挣了钱,首先想着与伙伴分享。他会去各个店巡视,甚至和员工一起接待客人,在"骨之味"工作的员工除了有机会参股,还有机会自己开门店。罗文波的经营哲学是,宁愿自己赔钱,也不让伙伴赔钱。如今,"骨之味"餐厅采用钱滚钱模式,一个店一年利润可达150万元。

"我来这里工作两年了,之前春节,店里生意忙,我没有回家。公司给家人寄了礼品礼金。"对于杨欢来说,在这里工作,不仅有看得见的升迁机会,而且有自我价值的提升。马上就要到国庆节了,提起是否要回家与家人团聚,杨欢回答:"不知道,听公司安排吧。我爸爸妈妈知道我在这里,他们很放心。"后来,杨欢被评为优秀员工,这也意味着不久她也有资格入股公司,也有机会拿到分红。罗文波很清楚,像杨欢这样的员工,从老客户维护、服务熟练度、重新招聘三个角度衡量,留住他们要比新招员工每人每年节省2000～3000元。

新创企业虽然管理体制比较灵活,发展潜力也很大,但是在人才管理方面也会存在一定的问题。如果想使自己的人才管理体制达到预期的目的,就要扬长避短,改进自己的管理策略。灵活运用薪水、福利来吸引人才,制订一套有自己特色的灵活的薪酬福利制度,建立基本的福利保障制度,并根据工作性质和人才层次的不同采取不同的计量标准和评价方式。

你的看法:

_____

_____

_____

课堂活动

管理者如何与下属沟通

1. 目标

认识员工管理是企业人力资源管理中的重要作用和意义,能够理解和初步运用不同的员工管理方法于新创企业经营中。

2. 过程和规则

(1) 班级随机分组,每3~5人为一组,并推选出一名组长。

(2) 以"管理者如何与下属沟通"为题,各组成员先分别发表自己的观点。

(3) 将列出的个人观点与组内成员相互交流,讨论后形成统一的小组观点。

(4) 每组选一名代表上台分享。各小组组长和老师分别进行打分和评价,最终评价和得分最高的小组为优胜组。

知识测试

请谈一谈在现代企业中绩效管理的重要性。

三、财务管理与风险防范

能力目标

1. 了解成本、利润和风险管理的内容。

2. 掌握企业财务管理体系如何建立。

财务管理的重要性

某公司的财务人员是某部级事业单位有关人员介绍的,论业务水平,充其量是一个公司出纳员的水平,因此没有优化现金管理的概念。加上公司领导对此没有充分的认识,使得现金管理无从谈起。由于公司是一个纯粹的销售公司,而面对的客户主要以党政群机关为主,受客户财务预算计划的影响,公司应收账款周转缓慢,造成资金回收困难,严重影响到公司资金的合理有效运作。同时,财务部门不能及时进行成本核算,不能有效提出严格的赊销政策,更缺乏有力的催收措施,导致应收账款不能兑现或形成呆账,更谈不上有效的存货管理与控制。

心得体会:

（一）企业财务管理

企业财务管理是在一定的整体目标下,企业关于资产购置(投资)、资本融通(筹资)和经营中现金流量(营运资金),以及利润分配的管理。财务管理是企业管理的一个组成部分,它是根据财经法规制度,按照财务管理的原则,组织企业财务活动,处理财务关系的一项经济管理工作。简单地说,财务管理是组织企业财务活动,处理财务关系的一项经济管理工作。

1. 创业企业财务管理目标

财务管理目标又称理财目标,是指企业进行财务活动所要达到的根本目的,它决定着企业财务管理的基本方向。财务管理目标是一切财务活动的出发点和归宿,是评价企业理财活动是否合理的基本标准。财务管理目标也是企业经营目标在财务上的集中和概括,是企业一切理财活动的出发点和归宿。制订财务管理目标是现代企业财务管理成功的前提,只有有了明确合理的财务管理目标,财务管理工作才有明确的方向。因此,新创企业应根据自身的实际情况和市场经济体制对企业财务管理的要求,科学合理地选择、确定财务管理目标。

2. 创业企业财务管理常见的问题

新创企业管理者在财务管理活动中,容易有以下错误倾向:一是事前预算不力,事后分析不到位;二是信息化程度不高,缺乏财务创新;三是财务架构不健全,组织机构设置不合理;四是控体系不完善,缺乏风险管理意识;五是费用管理不规范,资产管理散乱;六是成本核算粗放,成本控制不严。在财务管理当中应着重避免上述问题的出现,在日常企业管理方面只有加强财务管理,才能增加企业的竞争能力,提高企业抵抗市场风险的能力,扩大企业盈利,所以财务管理的有序和规范是新创企业可持续发展的前提。

(二) 创业企业财务管理体系的建立

对于处于初创与成长期的企业来说,规范有效的财务管理制度是确保企业健康发展的重要工具。新创企业应结合实际,建立健全财务管理制度。新创企业的财务管理体系建设是一个逐步规范和完善的过程。要求在明晰产权的基础上,明确董事会、财务经理、一般财务人员各自在财务战略制订和实施中的职责,并形成内部牵制及责、权、利相结合的激励性制度安排。创业者作为企业法定代表人,是企业财务工作的第一责任人。因此,创业者要自觉学习财务管理的相关基础知识。只有懂规则、懂专业知识,才能有效进行财务管理和监督,避免因不懂规则而造成不必要损失。

1. 成本管理

成本管理是指企业生产经营过程中各项成本核算、成本分析、成本决策和成本控制等一系列科学管理行为的总称。成本管理充分动员和组织企业全体人员,在保证产品质量的前提下,对企业生产经营过程的各个环节进行科学合理的管理,力求以最少生产耗费取得最大生产成果。成本管理是企业管理的一个重要组成部分,它要求系统而全面、科学而合理,对于促进增产节支,加强经济核算,改进企业管理,提高企业整体管理水平具有重大意义。

2. 财务分析

财务分析是以会计核算和报表资料及其他相关资料为依据,采用一系列专门的分析技术和方法,对企业等经济组织过去和现在关于筹资活动、投资活动、经营活动、分配活动的盈利能力、营运能力、偿债能力和增长能力状况等进行分析与评价的经济管理活动。它为企业的投资者、债权人、经营者及其他关心企业的组织或个人了解企业过去、评价企业现状、预测企业未来做出正确决策提供准确的信息。

3. 财务控制

新创企业进行财务控制活动,主要是对企业的资金投入及收益过程和结果进行衡量与校正,目的是确保企业目标以及达到此目标所制订的财务计划得以实现。财务控制是企业内部管理的一个重要组成部分,也是内部控制的核心,是内部控制在资金和价值方面的体现。财务控制必须确保企业经营的效率性和效果性、资产的安全性、经济信息和财务报告的可靠性。新创企业实行良好的企业财务控制制度,有利于实现企业创业确定的经营方针和目标,是工作中实时监控的有效手段,也是企业评价标准;有利于保护企业各项资产的安全和完整,防止资产流失;有利于保证企业业务经营信息和财务会计资料的真实性和完整性。

4. 税务管理

新创企业应严格遵守国家税法,积极开展企业税务管理活动,即在不损害国家利益的前提下,充分利用税收法规所提供的包括减免税在内的一切优惠政策,达到少缴税或递延缴纳税款,从而降低税收成本,实现税收成本最小化的经营管理活动。

(三) 收付实现制和权责发生制

管理报表的方法有两种,即收付实现制和权责发生制,如表7-1所示。企业的会计实务必须遵循一定的会计原则,有效的会计原则能协助创业者进行财务管理。收付实现制和权责发生制就是其中的两种原则。这两种原则各有特点,其中收付实现制更适合新创企业;而权责发生制适用于大型企业,因为这些企业短期现金流量充足。从表7-1可以看出,权责发生制不能真实地反映现金的流入和流出:当现金还未收到时,收入可能已经发生了;当现金还未支付时,费用可能已经发生了。相比之下,收付实现制与现金流量更一致,更有利于现金管理。尽管如此,创业者仍应特别重视一些非费用的现金流出,因为这些流出可能使一个盈利的企业无法到期还债。例如,某年某企业发生了大笔设备费用或偿还了本金,这笔现金流出不能记为一次性的费用,而只能按期摊销。

表7-1　报表管理的两种方法

方法	收付实现制	权责发生制
销售	收入现金时入账	销售发生时入账
费用	付出现金时入账	费用发生时入账

(四) 现金流管理

由于现金流出可能超过现金流入,创业者必须随时了解企业的现金状况。可以按月编制预算现金流量表,然后将预算值和实际值比较。创业者可以将实际值列在预算值旁边,这种做法不但有助于创业者调节以后月份的预算,还能帮助发现问题的根源。在现金流管理中尤其要注意以下几个问题。

1. 实际销售收入较预算值少

当实际销售收入较预期值少时,可能是因为顾客未付款或信用卡购货比重增加,应对这两者进行分析。如果顾客未付款,创业者应该通过邮寄或电话的方法直接向顾客催款。如顾客拒绝付款,而创业者已将收入登记入账,企业的现金流量将受到影响。如果是因为信用卡购货的增加导致实际销售收入较少,创业者可向银行借入短期借款或延长向供应商付款的期限。

2. 一些项目的现金支出比预算值大

如果发现某些项目的现金支出超过预算,管理者就应注意加强成本控制。例如,销售成本为2万元,比预算值高出1万元。这可能有两个原因:第一,供应商提价,创业者就可能需要寻找另外的供应商或者相应提高本企业产品或服务的价格;第二,销量比预算值大,此时,进货量也会相应增加,从而导致销售成本增加,创业者应该根据损益表估计出正常的库存成本。但是,如果销量的增加引起信用卡销售的增加,企业可能会出现短期现金不足的情况。这时,创业者需要做好贷款的准备,而只要估算出信用卡销售额和库存成本,创业者就可以确定贷款计划了。

3. 较高的销售费用

如果多余的销售费用只是为了增加销售量(包括信用卡销售),问题还不严重。但如果销售量并未增加,创业者应该检查所有支出项目,并加强成本控制。通过对照估计现金流量表与实际现金流量表,创业者还可以估计出近期潜在现金需求,发现资产管理和成本控制中可能出现的问题。

(五)资产管理

在新创企业发展初期,创业者需要仔细管理资产项目,除了现金管理外,创业者还必须控制其他资产项目,如应收账款、库存、日用品,这是实现现金流量最大化和资金有效管理所必需的。由于信用卡数量的增加及使用范围的扩大,许多顾客愿意用信用卡购物。有的企业甚至想发行本企业专用的信用卡,以节省支付给专业信用卡公司的佣金。如果新创企业使用信用卡销售,就可以将应收账款的风险转移给信用卡公司。但是,风险转移的同时,创业者还必须支付给信用卡公司3%~4%的佣金。更为常用的方法是,公司对使用现金购物的顾客索取较低价格。由于可以赊账购买,使用信用卡的顾客必须支付较高的价格,这样就抵消了企业支付的部分佣金。库存控制也非常重要。库存是一项成本昂贵的资产,创业者必须认真确定库存数量,使它正好能满足产品的需要。如果库存不足,公司无法及时满足需求,会造成脱销;相反,库存太多会增加库存成本。初创企业用在库存上的资金通常比较高。

（六）成本、利润和风险管理

通常情况下,可以通过公司的各种报表和数字发现问题,然后研究解决办法。

1. 损益表

为了向股东、银行、其他投资者汇报财务状况,损益表概括了所有产品及服务的支出情况。管理者不仅需要借助现金流量分析、估计和控制成本,还需要计算出年内某一时段的净损益。这种临时损益表的最大作用是建立目标成本,便于将该时段的实际值与预算值进行比较分析。

损益表又称利润表,它是反映企业一定时期(月度或年度)经营成果的报表,是根据"收入—费用—利润"的会计平衡公式和收入与费用的配比原则编制的。通过损益表可以考核企业的获利能力以及利润增减变化的原因,预测企业利润的发展趋势,为投资者和企业管理者等提供财务信息。月度损益表说明了每个月底企业的财务状况,显示了当月的销售额和成本额。如果销售额超过成本额,则损益表中的余额就是正数,说明企业盈利;如果销售额少于成本额,则损益表中的余额就是负数,说明企业亏损。损益表对所有企业主来说都是一张记分卡。如果企业不盈利,企业主核查一下损益表就能知道亏损的原因,还能够在净损失尚未导致企业破产前采取措施解决出现的问题。损益表虽然能反映企业的整体盈利状况,但无法指出每种产品的销售成本、某个人员的业绩或某个产品的利润。

2. 资产负债率

许多新创企业向他人借入资金,以筹集开办费,资产负债率可以帮助创业者评价企业偿还长期和短期债务的能力。由于负债由利息和本金这些必须偿还的债务组成,这一比率也是衡量风险的指标。

其计算公式为:

资产负债率＝负债总额／资产总额

3. 销售利润率

销售利润率反映企业销售额转为利润的能力。也可以使用毛收益率这一指标来衡量盈利能力,在运用这两个比率时应考虑行业的标准,并动态地评价这些指标。

其计算公式为:

销售利润率＝利润／销售额

4. 投资收益率

这个比率用于衡量企业管理资产投资的能力。也可以用股东权益代替下面公式中的资产总额,计算出每股收益率,用以反映企业给股东带来收益的能力。

其计算公式为：

投资收益率＝净利润／资产总额

案例讨论

新创企业财务管理的不足

在我国很多新创企业存在如下问题：

（1）对现金管理不严，造成资金闲置或不足。有些中小企业认为现金越多越好，造成现金闲置，未参加生产周转；有些企业的资金使用缺少计划安排，过量购置不动产，经营急需资金时无法应付，陷入财务困境。

（2）应收账款周转缓慢，造成资金回收困难。原因是没有建立严格的赊销制度，缺乏有力的催收措施，应收账款不能兑现或形成呆账。

（3）存货控制薄弱，造成资金呆滞。很多中小企业月末存货占用资金往往超过其营业额的两倍，造成资金呆滞，周转失灵。

（4）重钱不重物，资产流失浪费严重。不少中小企业的管理者对原材料、半成品、固定资产等的管理不到位，出了问题无人追究，资产浪费严重。

你的看法：

_____

_____

_____

课堂活动

公司管理理念分析

2005年8月，中国一批国企高层主管到美国接受训练。在课上，他们拿到的是一份具有测试性质的案例：

公司A：八点上班，实行打卡制度，迟到或早退一分钟扣50元；统一着装，必须佩戴胸卡；每年有组织地搞一次旅游、两次聚会、三次联欢、四次体育比赛，每个员工每年要提4项合理化建议。

公司B：九点钟上班，但不考勤。每人一个办公室，每个办公室可以根据个人的爱好进行布置；走廊的白墙上，信手涂鸦不会有人制止；饮料和水果免费供应；上班时间可以去理发、游泳。

公司C：想什么时候来就什么时候来；没有专门的制服，穿着随意，把自家的宠物和孩子带到办公室也可以；上班时间去度假也不扣工资。

请根据你所学知识判断，哪一家公司的前景会更加乐观？

知识测试

在现金流管理中需要注意哪些问题?

课外阅读推荐书目

《人生效率手册》,作者:张萌,湖南文艺出版社,2019年版。

推荐理由:该书是时间效率管理专家、畅销书作家、"下班加油站"创始人、"极北咖啡青年创新加速器"创始人、"立德领导力(LEAD)"创始人张萌送给青年人的成长加速器。

作者在书中通过亲身实践,提出自我管理系统的四大组成部分:时间管理、效率管理、目标管理、精力管理,指导年轻人如何通过输入,即知识技能来源的四种模式——阅读、与人交流或以人为师、培训或会议、行走,最终实现正确输出写作、演讲及实践能力。在职场中,学会"套路",少走弯路,掌握正确的方法。每天效率提高一点点,构建职场硬本领,你就能收获更好的人生。

本书帮助年轻人重塑升级个人人生效率体系。每一天"量"的效率差别,日积月累之下,就成了人生"质"的差距。成功者一年胜十年,失败者十年如一年,你还在感慨自己与别人之间的差距越来越大吗? 马上打开这本书,跟着张萌练习做人生的逆袭者!

技能训练:企业的品牌创建

主题:成长企业如何进行品牌建设

一、活动目标

认识和理解品牌建设的重要性,能够初步根据不同类型的成长企业选择运用不同的品牌建设方案或途径。

二、活动时间

30分钟。

三、活动步骤

步骤一:班级随机分组,每3~5人为一组,并推选出一名组长。

步骤二:请各小组以"成长企业如何进行品牌建设"为题,假设自己是成长企业中的一员,交流讨论品牌建设策略。

步骤三:各小组代表上台发言,说明成长企业进行品牌建设的策略并阐明原因。

步骤四:各小组组长和教师分别进行打分和评价,最终评价得分最高的小组为优胜组。

步骤五:教师总结和反思。

模块八　知识产权管理

拓展资源

模块导读

习近平总书记在党的二十大报告中指出："完善产权保护、市场准入、公平竞争、社会信用等市场经济基础制度,优化营商环境。"其中就包含知识产权的保护。

知识产权包括专利、商标、著作权,前两者在我国由国家知识产权局管理,后者归国家版权局管理。知识产权涉及新思维方面的法律权利。一般知识产权是一种由国家在特定年限里授予个人的、能得到国家保护的权利,以制止未经授权许可的他人商业性地利用其"拥有"的新思维。

知识产权包括工业产权和版权(著作权)两部分。工业产权包括专利权、实用新型设计、工业品外观设计、商标权等,版权包括计算机软件著作权、作品著作权等。

我国有关知识产权的法律法规主要有:《中华人民共和国专利法》《中华人民共和国商标法》《中华人民共和国著作权法》以及相关的实施细则和配套条例。

本模块通过导入专利之争的案例,指出知识产权的重要性。通过学习知识产权的基本概念和基础知识,掌握专利、商标、著作权等的申请及授权条件等,有助于创业型企业、公司等灵活运用知识产权知识保护公司、企业的专业技术不受侵害,并在运营中用知识产权为自己赢得更多的效益;同时希望通过基础知识和案例的学习,大学生能够了解、掌握知识产权相关知识,为将来进入职场能运用知识产权知识保护单位的相关成果发挥作用。

一、商　标

能力目标

1. 了解商标的基本概念。
2. 掌握商标的构成和特征。

案例导入

"一字之差"的代价

椰树集团是海南省从事椰子等热带水果深加工的专业公司,跻身中国饮料工业十强企业,其所生产的"椰树"牌椰子汁是国内非常流行的一款饮品。2001年5月21日经国家工商行政管理局商标局核准,椰树集团取得了第1575561号"椰树"注册商标专用权。

2015年,椰树集团工作人员在市场调查时发现,一款名叫"椰脉"牌椰子汁的商标标识很容易使消费者误认为是"椰树"牌椰子汁。据了解,该产品是由海南新邦贸易有限公司委托广东中山市创康食品企业有限公司生产的一款饮品。椰树集团以"椰树"牌商标为驰名商标,新邦公司、创康公司侵犯其商标权及商标特有的包装等为由,起诉新邦公司、创康公司。除了要求新邦公司、创康公司停止使用"椰脉"牌椰子汁企业字号,公开赔礼道歉外,更是提出了207万元的索赔。

而新邦公司和创康公司则表明,商标中"脉"与"树"两个字不仅在结构上不一样,而且在包装上所占的面积都比较大,并不会误导消费者,因此,并不存在侵权行为。

心得体会:

（一）商标的基本概念

商标是商品的生产者、经营者在其生产、制造、加工、拣选或者经销的商品上或者服务的提供者在其提供的服务上采用的,用于区别商品或服务来源的,包括文字、图形、字母、数字、三维标志、颜色组合、声音等,以及上述要素的组合,具有显著特征的标志,是现代经济的产物。

经商标局核准的商标为"注册商标",受法律保护。商标通过确保商标注册人享有用以标明商品或服务,或者许可他人使用以获取报酬的专用权,而使商标注册人受到保护。

商标是用来区别一个经营者的品牌或服务和其他经营者的商品或服务的标记。我国《商标法》规定,经商标局核准注册的商标,包括商品商标、服务商标和集体商标、证明商标,商标注册人享有商标专用权,受法律保护,如果是驰名商标,将会获得跨类别的商标专用权法律保护。

注册商标具有排他性、独占性、唯一性等特点。注册商标由注册商标所有人所独占,受法律保护,任何企业或个人未经注册商标所有权人许可或授权,均不可自行使用,否则将承担侵权责任。

（二）商标的构成及主要特征

1. 商标的构成

作为构成商标的字母,是指拼音文字或注音符号的最小书写单位,包括拼音文字、外文字母如英文字母、拉丁字母等。原《商标法》把仅以字母构成的商标归在文字商标之列,而2001年修订的《商标法》把字母作为商标的构成要素之一,这样规定更符合实际,也便于商标主管部门对商标注册申请依法审查核准。

作为商标构成要素的数字,也是2001年新《商标法》的新规定。

作为构成商标的三维标志,又可称为立体标志,是具有长、宽、高三种度量的立体物标志。它与我们通常所见的表现在一个平面上的商标图案不同,而是以一个立体物质形态出现,这种形态可能出现在商品的外形上,也可以表现在商品的容器或其他地方。增加对立体商标的注册和保护规定是2001年修订的《商标法》所增添的新内容,这将使得中国的商标保护制度更加完善。

颜色组合单独作为商标要素也是2001年修订的《商标法》中新增加的内容。独特新颖的颜色组合,不仅可以给人以美感,而且具有显著性,能起到表示产品或者来源的作用,也能起到区别生产者、经营者或者服务者的作用。

2013年修改的《商标法》首次将声音作为申请要素加入了商标申请要素中。

上述几类商标要素可以单独作为商标注册,也可以将上述这些要素中两个或两个以上要素的、相同或不相同的任意组合,但必须符合《商标法》第八条、第九条的有关规定。作为构成商标的文字、图形、字母、数字、三维标志或其组合的颜色,在申请注册商标时若未明确提出指定颜色要求,均按黑白颜色注册,也按黑白颜色保护。明确提出指定颜色或颜色组合的,则按所指定的颜色或颜色组合注册,也按指定颜色或颜色组合保护。

2. 商标的主要特征

(1)商标是用于商品或服务上的标记,与商品或服务不能分离,并依附于商品或服务。

(2)商标是区别于他人商品或服务的标志,具有显著的区别功能,从而便于消费者识别。商标的构成是一种艺术创造。

(3)商标是由文字、图形、字母、数字、三维标志、颜色和声音组合,以及上述要素的组合的可视性标志。

(4)商标具有独占性。使用商标的目的就是区别于他人的商品或服务,便于消费者识别。所以,商标所有人对其商标具有专用权、受到法律的保护,未经商标权所有人的许可,任何人不得擅自使用与该注册商标相同或相类似的商标,否则,即构成侵犯商标所有人的商标专用权,将承担相应的法律责任。

(5)商标是一种无形资产,具有价值。商标代表着商标所有人生产或经营的质量信誉和企业信誉、形象,商标所有人通过商标的创意、设计、申请注册、广告宣传及使用,使商标具有了价值,也增加了商品的附加值。商标的价值可以通过评估确定。商标可以有偿转让,经商标所有人同意,许可他人使用。

(6)商标是商品信息的载体,是参与市场竞争的工具。生产经营者的竞争就是商品或服务质量与信誉的竞争,其表现形式就是商标知名度的竞争,商标的知名度越高,其商品或服务的竞争力就越大。

案例讨论

万燕公司的失败

安徽万燕公司曾因推出"中国第一台VCD机"而辉煌一时,在当时开创出了一个全新市场,并形成一整套成熟技术的万燕公司,本应拥有占据VCD全部市场而独霸天下的绝对优势。然而"申请不申请专利似乎意义不大,关键是要让产品占领市场"这一念之差,致使万燕把VCD生产销售的大好河山拱手送给了别人,以致形成了日后VCD市场诸侯纷争的形势。正是因为没有专利保护,万燕推出的第1批1000台VCD机几乎被国内外各家电厂商全部买去作为样机,成为被其解剖的对象和日后争夺VCD市场的"依靠"。万燕公司面对自己千辛万苦研制的新产品在为他人作嫁衣,无可奈何。没有专利保护,使得推出中国第一台VCD机的安徽万燕公司丢掉了市场,失去了商机。可见,知识产权的保护,对于一项新产品、新技术是至关重要的,申请专利在产品研发过程中就要进行考虑,如此才能在产品推向市场时有相应的法律保护。

你的看法:

_____

_____

_____

(三) 商标对企业发展的意义

商标作为一种重要的知识产权,已成为企业和国家发展的重要战略性资源,推动市场经济发展的强大动力,在一定程度上代表着一个企业、一个地区乃至一个国家的经济实力、发展水平和整体形象。特别是著名和驰名商标,既是企业的无形资产,也是社会的资源和财富。企业家必须把企业、商品、商标联系在一起向消费者进行推介,商标在现代企业管理中属于企业策划的范畴。商标在赢得消费者信任的同时,也会为企业带来利润。商标是知识产权的重要组成部分,是企业的无形资产。商标注册和运营是一门学问,从商标起名,到商标设计、商标注册、商标运营、商标保护等多个步骤,企业都必须高度重视。

1. 商标是一种信息资源,具有传递信息的功能

商标是产品的标志,它的出现首先表明产品的来源,给消费者传递新产品的信息,起着创造消费、刺激和引导需求的作用。任何商标都代表着它所依附的特定产品的内在质量和标准,在某种程度上表明了生产者或经营者对该产品所应承担的品质责任,从而保证消费者能在互相竞争的同类产品中凭借商标对产品进行选择和识别。因此,商标是一种信息资源,有创造价值的功能,企业通过对商标的广泛宣传而为消费者所熟知,开拓出市场,给企业带来收益。

2. 商标是企业形象和信誉的集中表现

企业通过商标的显著性、新颖性等具体特征向消费者展示其形象和信誉,加深消费者对其产品的印象,引起消费者的注意,刺激消费者购买的欲望,进而达到扩大产品销量的最终目的。同时,良好的品牌形象还可以增强消费者对商标的忠诚性,促使消费者反复购买。因此,商标的知名度越高,企业的形象和信誉越好。

3. 商标是企业的无形资产,是一项重要的知识产权

商标凝聚着生产企业的智慧和劳动,是一项重要的知识产权,也是一种无形的财产,时时都在产生着利润。由于商标具有续展的功能(商标的有效期为10年,期满可续展),具有价值增值的作用。因此,企业的经营者必须重视商标的这一特殊作用,尽量给产品起一个

好名称,在质量可靠的前提下广泛宣传产品的商标,增加产品商标的知名度,从而促进产品的销售,巩固其市场地位。随着品牌知名度的提高,商标具有的价值及其增值功能是不可估量的。因此,企业一定注意千万不要轻易放弃自己产品的品牌,否则,可能会给企业带来许多不必要的损失。

4. 商标是企业进行市场竞争的有力武器

商标是企业的产品进入市场的敲门砖,竞争是市场经济固有的经济规律。企业要在竞争中立于不败之地,提高和扩大市场占有率,必然要进行诸如价格、推销、商标、广告宣传、营销推广、公共关系等多种形式的竞争。现代企业往往较少进行价格竞争,而是更多地通过对商标的广告宣传,建立品牌知名度,使产品顺利打入市场。同时,依靠商标的知名度,企业又会不断开拓进取,不断提高产品质量,增加产品的附加值,巩固已有的市场份额,并不断提升市场占有率,在竞争中占有优势地位。

从我国的法律规定来看,对于商标等知识产权的有形价值,国家不仅承认而且越来越重视,国家相关部门和银行都以各种方式支持企业利用知识产权来获得融资,以便谋求更大的发展。可见,商标是企业极为重要的财产,如果善于运用是可以给企业带来可能比企业的有形财产更大的财富。

案例讨论

商标潜在的无形价值

商标是企业竞争的有力工具,在现今社会中发挥着越来越重要的作用,一个好的商标对企业的影响是重大的。

一个企业把一种产品推出去并得到广大消费者的认可是很不容易的,往往需要一年至数年时间,如果并不是企业自身的管理和生产上的问题,而仅仅是因为没有重视对商标的注册,被他人抢注,自己反而不能使用,这样导致一种产品退出市场,从经济角度来说,是非常不值得的,因为申请注册一个商标,即使包括代理费用,也不过1500元人民币,而一种产品从开始生产到打入市场,其所需的费用何止是注册费用的千百倍,所以,注册商标对于企业来说,其经济价值不可估量。

你的看法:

_____

_____

_____

加油站的颜色商标是否构成侵权

活动主题：颜色组合商标知识。

活动目标：通过案例测试，了解注册商标的知识。

活动步骤：

2016年4月14日，天津正通恒业商贸有限公司运营的加油站试运行，将红黄条颜色组合使用于加油站的顶棚、加油机及办公经营用房并开展经营活动。当事人还在其6台加油机上使用红黄色图形标志。而壳牌品牌国际股份公司注册的G964925号贝壳图形商标是黄红条颜色注册商标。

天津正通恒业商贸有限公司的行为是否对壳牌品牌国际股份公司构成侵权？为什么？

知识测试

1. 为什么说商标是企业的无形资产？
2. 为什么说商标是企业进行市场竞争的有力武器？

二、著作权

能力目标

1. 了解著作权的主体和客体内容。
2. 掌握著作权归属原则。

案例导入

广州日报诉"今日头条"侵权

移动客户端"今日头条"因涉嫌擅自发布《广州日报》的作品，被拥有《广州日报》信息网络传播权的广州市交互式信息网络有限公司提起著作权侵权的起诉。2014年6月4日，海淀法院公开审理此案。

心得体会：

（一）著作权保护（以2020年《著作权法》为例）

著作权也称版权，版权英文写作copyright，也就是复制权。

著作权是指作者对其创作的文学、艺术和科学技术等作品所享有的专有权利。著作权是公民、法人依法享有的一种民事权利，属于无形财产权。

中国公民、法人或者非法人组织的作品，不论是否发表，都享有著作权；外国人、无国籍人的作品首先在中国境内出版的，享有著作权；外国人、无国籍人的作品根据其作者所属国或者经常居住地国同中国签订的协议或者共同参加的国际条约享有著作权；未与中国签订协议或者共同参加国际条约的国家的作者以及无国籍人的作品首先在中国参加的国际条约的成员国出版的，或者在成员国和非成员国同时出版的，享有著作权。

1. 著作权的主体

著作权的主体包括：① 作者；② 其他依照本法享有著作权的自然人、法人或者非法人组织。

2. 著作权的客体

著作权的客体是作品，是指文学、艺术和科学领域内具有独创性并能以某种有形形式复制的智力成果。作品包括：① 文字作品；② 口述作品；③ 音乐、戏剧、曲艺、舞蹈、杂技艺术作品；④ 美术、建筑作品；⑤ 摄影作品；⑥ 视听作品；⑦ 工程设计图、产品设计图、地图、示意图等图形作品和模型作品；⑧ 计算机软件；⑨ 符合作品特征的其他智力成果。

作品要具有以下特征：一是作品必须是一种智力创作成果；二是作品应当具有独创性；三是作品必须具有可复制性。

3. 著作权的保护原则

我国《著作权法》采用自动保护原则。作品一经产生，不论整体还是局部，只要具备了作品的属性即产生著作权，既不要求登记，也不要求发表，也无须在复制物上加注著作权标记。虽然著作权属从作品完成之日就自动产生，无须经过登记程序，但在网络时代，信息复制和传播的速度非常之快，著作权人对复制和传播媒体的控制有难度。作品一旦经过多个渠道广泛流传,要证明原始作者的身份就有一定困难,因此,主动申请著作权登记是证明自己是著作权人身份的最好办法。

（二）著作权的归属原则

《著作权法》第十一条规定著作权属于作者,《著作权法》另有规定的除外。创作作品的自然人是作者。由法人或者非法人组织主持,代表法人或者非法人组织意志创作,并由法人或者非法人组织承担责任的作品,法人或者非法人组织视为作者。

1. 合作作品

两人以上合作创作的作品,著作权由合作作者共同享有。没有参加创作的人,不能成为合作作者。合作作品的著作权由合作作者通过协商一致行使;不能协商一致,又无正当理由的,任何一方不得阻止他方行使除转让、许可他人专有使用、出质以外的其他权利,但是所得收益应当合理分配给所有合作作者。合作作品可以分割使用的,作者对各自创作的部分可以单独享有著作权,但行使著作权时不得侵犯合作作品整体的著作权。

2. 汇编作品

汇编若干作品、作品的片段或者不构成作品的数据或者其他材料,对其内容的选择或者编排体现独创性的作品,为汇编作品,其著作权由汇编人享有,但行使著作权时,不得侵犯原作品的著作权。

3. 委托作品

受委托创作的作品,著作权的归属由委托人和受托人通过合同约定。合同未作明确约定或者没有订立合同的,著作权属于受托人。

4. 视听作品

视听作品中的电影作品、电视剧作品的著作权由制作者享有,但编剧、导演、摄影、作词、作曲等作者享有署名权,并有权按照与制作者签订的合同获得报酬。前款规定以外的视听作品的著作权归属由当事人约定;没有约定或者约定不明确的,由制作者享有,但作者享有署名权和获得报酬的权利。

视听作品中的剧本、音乐等可以单独使用的作品的作者有权单独行使其著作权。

5. 职务作品

自然人为完成法人或者非法人组织工作任务所创作的作品是职务作品,除本条(《著作权法》第十八条)第二款的规定以外,著作权由作者享有,但法人或者非法人组织有权在其业务范围内优先使用。作品完成两年内,未经单位同意,作者不得许可第三人以与单位使用的相同方式使用该作品。

案例讨论

蜂巢网的知识产权纠纷

"蜂巢网"是在校大学生小明的创业成果,但他未经允许转载中国知网的论文摘要,然后用高价卖出赚钱。中国学术期刊电子杂志社将他告上了法院,法院审理后认为他将中国学术期刊的论文下载后编入自己的数据库供人免费使用,应该承担民事责任。

小明的创业精神值得肯定,但是他缺乏知识产权保护意识,给自己造成了近十万元的经济损失。造成这一后果的原因,一方面是大学生自主创业过程中忽视知识产权保护方面的教育,另一方面是学生主观上没有足够重视知识产权保护。

你的看法:

_____

_____

_____

（三）著作权登记的意义

1. 为税收减免提供重要依据

财政部、国家税务总局《关于贯彻落实〈中共中央、国务院关于加强技术创新,发展高科技,实现产业化的决定〉有关税收问题的通知》规定:对经过国家版权局注册登记,在销售时一并转让著作权、所有权的计算机软件征收营业税,不征收增值税。

2. 为法律重点保护提供依据

《国务院关于印发鼓励软件产业和集成电路产业发展若干政策的通知》第三十二条规定:"国务院著作权行政管理部门要规范和加强软件著作权登记制度,鼓励软件著作权登记,并依据国家法律对已经登记的软件予以重点保护。"如软件版权受到侵权时,如果有软件著作权登记证书,则司法机关可不必经过审查,直接作为有力证据使用,此外,该证书也是国家著作权管理机关惩处侵犯软件版权行为的执法依据。

3. 为申请科技成果提供依据

科学技术部《关于印发〈科技成果登记办法〉的通知》第八条规定:"办理科技成果登记应当提交《科技成果登记表》及下列材料:相关的评价证明(鉴定证书或者鉴定报告、科技计划项目验收报告、行业准入证明、新产品证书等)和研制报告;或者知识产权证明(专利证书、植物品种权证书、软件登记证书等)和用户证明。"这里的软件登记证书指的是软件著作权的登记证书和软件产品登记证书,其他部委也有类似规定。

4. 为破产企业提供有形收益

在法律上著作权被视为"无形资产",企业的无形资产不随企业的破产而消失,在企业破产后,无形资产(著作权)的生命力和价值仍然存在,该无形资产(著作权)可以在转让和拍卖中获得有形资金。

案例讨论

数年漫长路温商陈伍胜赢得"中美知识产权第一案"

进军美国市场,遭遇官司

GFCI,是一种接地故障漏电保护装置。因为可以安全断电,避免各种突发事故,被美国政府强制每家每户安装。这一条令,使美国市场上的GFCI每年都能产生30亿美元的利润。而生产GFCI所需的全部6种专利技术,由4家著名的美国企业——莱伏顿、库柏、帕西·西姆和哈卜公司垄断长达20多年。

2003年,还是上海正泰电器公司老总的陈伍胜去美国出差,发现了GFCI背后蕴藏的商机。回国不久,他得知老家乐清的东正电器公司在研发该产品,便果断地将其收至旗下,并更名为通领科技。随后,陈伍胜请来的专家研制出第七种生产GFCI的技术,并申请了专利。

2004年,陈伍胜组织出口达1500万美元,仅6个月时间,就抢占了全美10%的市场份额,成为温州低压电器自产自营出口之最。原因很简单,莱伏顿的GFCI一个卖8美元,而质量更好的通领科技产品,只需要不到3美元。

通领科技产品进入美国50个州主流市场,马上引起了竞争对手的恐慌,特别是占据60%市场份额的美国电器巨头、世界500强企业——莱伏顿公司。

2004年4月至7月,莱伏顿公司以侵犯其"558"专利权为由,分别在美国新墨西哥州、佛罗里达州和加州等地法院,先后起诉了4家通领科技集团的重要客户。

历时6年的"马拉松"诉讼

莱伏顿在美国几个州将通领科技的美国代理商告上法庭,理由是"侵犯了莱夫顿的2项专利"。而在这些州打完所有官司,可能要花上千万美元。

睿智的陈伍胜采取了3个应对之策。第一,掏出500万美元,聘请美国最好的知识产权律师;第二,向美国新墨西哥州的法院提出申请,将4个州的案件集中在一起审理;第三,要求案件没有宣判之前,莱伏顿不能再起诉通领科技的美国代理商,以保证他们正常的生产、销售活动。

2007年7月10日,新墨西哥州联邦法院判决通领科技胜诉。

然而,仅仅36天后,莱伏顿公司的盟友帕西希姆公司以"侵犯3项专利"为名,将通领科技告到了美国国际贸易委员会,要求对来自中国的GFCI产品进行专利侵权的"337"调查。

　　美国国际贸易委员会地位显赫,6名委员均由美国总统任命,其裁决被推翻的先例还不到3%。2009年3月30日,美国国际贸易委员会裁定陈伍胜败诉,并向美国海关下达了有限禁止令,禁止通领公司等中国企业生产的涉案产品进入美国。

　　接二连三的诉讼激怒了陈伍胜,"美国这两家公司轮番上阵,就是想把我们拖入马拉松式的诉讼中,并最终把我们赶出美国。"陈伍胜说。

　　面对市场份额萎缩和前景的暗淡,通领公司不服,2009年9月向美国联邦巡回法院起诉了美国国际贸易委员会,面对生死存亡,陈伍胜希望就此一搏。

　　经过345天的煎熬,2010年8月27日,美国联邦巡回法院做出判决,宣布陈伍胜胜诉。

你的看法:

_____

_____

_____

课堂活动

企业如何做好知识产权保护

活动目标:打击侵犯知识产权犯罪,保护企业的合法利益。

活动背景:原公司某产品线总裁陈某,伙同研发管理部部长、研发工程师等人,离职后利用从公司窃取的研发文档和源代码,研发生产了一款计步器和健康手环,销售金额达1000多万元。

如何证明陈某等人侵犯了商业秘密?为了能够更好地保护企业的知识产权,同学们认为企业应该怎么做?

(提示:警方通过对多个版本进行鉴定,最后证实了源代码具有同一性。)

活动步骤:

步骤1:5~10个人为一组进行分组。

步骤2:每组就上面的背景材料进行讨论并给出解决方案,最后向大家汇报。

步骤3:教师就每组的解决方案进行点评。

知识测试

1. 著作权保护的主体与客体是什么?

2. 著作权登记的重要意义是什么?

三、专利权

1. 了解专利的基本概念。
2. 掌握专利申请的流程。

案例导入

专利侵权诉讼

原告:华为技术有限公司(以下简称华为公司)

被告:捷普电子(广州)有限公司、所乐太阳能科技(上海)有限公司、广州所乐机械技术咨询有限公司。

华为公司诉称三被告制造、销售、许诺销售、使用的十余个型号光伏逆变器设备侵害其ZL201210038327.9"金手指、端子和通信设备主板"发明专利权,要求三被告停止侵权行为并连带赔偿经济损失1000万元及合理开支50万元。

广州知识产权法院经审理后认为,被诉侵权技术方案落入涉案专利权保护范围,三被告通过技术指导、代工、开拓销售渠道等分工合作关系,形成共同侵权,应承担停止侵权、赔偿损失等侵权责任。全额支持了华为公司提出的诉讼请求额。

本案一审宣判后,三被告提起上诉,目前本案正在二审中。

心得体会:

（一）专利基本概念

专利是专利权的简称,它是国家按专利法的规定授予申请人在一定时间内对其公开的发明创造成果所享有的独占、使用和处分的权利。

专利权,是指发明创造人或其权利受让人对特定的发明创造在一定期限内依法享有的独占实施权。经国家专利局核准的技术为"专利技术",受法律保护。专利权是一种财产权,是运用法律保护手段"跑马圈地"、独占现有市场、抢占潜在市场的有力武器。

（二）专利的特征

1. 独占性

独占性,也叫排他性、专有性,是专利权最重要的法律特征之一。独占性是指任何单位和个人未经专利权人许可,不得以生产、经营为目的制造、使用、许诺销售、销售及进口其专利产品,或者使用其专利方法以及使用、许诺销售、销售及进口依照该专利方法获得的产品。独占性还指同样的发明创造在一国范围内,只被授予一项专利权。

2. 地域性

这是指一个国家或地区依其专利法而授予的专利权,仅在其法律管辖的范围内有效,对其他国家没有任何约束力,外国对其专利权不承担保护的义务。如果一项发明创造只在我国取得专利权,那么专利权人只在我国享有独占权或专有权。如果有人在其他国家和地区生产、使用、许诺销售、销售、进口该专利产品,则不属于侵权行为。除加入国际条约及双边协定另有规定的之外,任何国家都不承认其他国家或者国际性知识产权机构所授予的专利权。所以,对于确有技术含量的产品、方法,企业应在有市场前景的国家和地区同时申请专利。

3. 时间性

这是指专利权人对其发明创造所拥有的专有权只在规定的时间内有效,期限届满后,专利权人对其发明创造就不再享有制造、使用、销售等独占权。这时原来受法律保护的发明创造就成为社会的公共财富,任何人都有权使用。对专利权的期限,各国专利法都有明确的规定,对发明专利权的保护期限至申请之日起计算,一般10~20年不等;对实用新型和外观设计专利的期限,大部分国家规定为5~10年。《专利法》第四十二条规定,"发明专利权的期限为20年,实用新型和外观设计专利的期限为10年,均自申请之日起计算"。基于专利权的这一特征,在专利许可、专利技术贸易方面应特别关注专利的有效性问题。

（三）专利的类型及保护期限

1. 发明专利

对产品、方法或者其改进所提出的新的技术方案。如电灯从无到有;电灯原本用钨丝发光,改进后采用其他材质发光。

2. 实用新型专利

对产品的形状、构造或者二者结合所提出的实用的新的技术方案。如在电灯结构上稍微改进,延长发光时间。

3. 外观设计专利

对产品的形状、图案或者二者的结合体以及色彩与形状、图案的结合所做出的富有美感并适合工业应用的新设计。如将电灯从圆形改为方形;或在表面画上图案。

(四) 专利的申请流程

1. 确定申请类型

(1) 对发明产品形状、构造、生产工艺、配方保护20年。

(2) 对实用新型产品形状、构造或两者的结合保护10年。

(3) 对外观设计产品形状、图案或色彩与它们的结合保护10年。

2. 填写和撰写专利申请文件

专利申请文件的填写和撰写有特定的要求,申请人可以自行填写或撰写,也可以委托专利代理机构代为办理。尽管委托专利代理是非强制性的,但是考虑到精心撰写专利申请文件的重要性以及审批程序的法律严谨性,对经验不多的申请人来说,建议委托专利代理。不同类型的专利要求撰写的文件内容要求不同。

(1) 申请发明专利的,申请文件应当包括:发明专利请求书,权利要求书,说明书(必要时有附图),说明书摘要(必要时有摘要附图)等各一式两份。

(2) 申请实用新型专利的,申请文件应当包括:实用新型请求书,权利要求书,说明书,说明书附图,说明书摘要,摘要附图等各一式两份。

(3) 申请外观设计专利的,申请文件应当包括:外观设计请求书,外观设计图片或照片等各一式两份。要求保护色彩的,应当提交彩色和黑白的图片或照片各一份。注意一件申请中,提交图片的,两份均应是图片;提交照片的,两份均应是照片,不得将图片、照片混用。如果对图片或照片需要说明的,应当提交外观设计简要说明一式两份。

申请文件的各部分应按以下顺序排列:专利请求书、说明书摘要、摘要附图、权利要求书、说明书、说明书附图、其他文件。外观设计应按专利请求书、图片或照片、简要说明、其他文件排列。专利申请书都有固定的格式,在国家知识产权局的官网上,可以找到申请专利相关的表格,直接下载填写。也可以去中国专利电子申请网注册一个账号,就可以在线申请专利了,不用考虑格式的问题,以后专利局下发的通知书都可以在线看到和下载,还能在线缴纳专利的各种费用,非常方便和快捷。

3. 递交专利文件

专利申请的提交形式有电子形式或书面形式两种。

申请人以电子文件形式申请专利的,应当事先办理电子申请用户注册手续,通过专利局专利电子申请系统向专利局提交申请文件及其他文件。

申请人以书面形式申请专利的,可以将申请文件及其他文件当面交到专利局的受理窗口或寄交至国家知识产权局专利局受理处,也可以当面交到设在地方的专利局代办处的受理窗口或寄交至国家知识产权局专利局各地方代办处。

目前专利局在北京、沈阳、济南、长沙、成都、南京、上海、广州、西安、武汉、郑州、天津、石家庄、哈尔滨、长春、昆明、贵阳、杭州、重庆、深圳、福州、南宁、乌鲁木齐、南昌、银川、合肥、苏州、海口、兰州、太原、青岛、西宁、呼和浩特等城市设立代办处。国防知识产权局专门受理国防专利申请。

4. 受理专利申请

专利局受理处或各专利局代办处收到专利申请后,对符合受理条件的申请,将确定申请日,给予申请号,发出受理通知书。

🐟 案例讨论

聚光科技

聚光科技是由两名在校大学生创办的,公司产品广泛应用于环保、冶金、石化、化工、能源、食品、农业、交通、水利、建筑、制药、酿造、航空及科学研究等众多领域。目前公司已申请专利309项(其中发明154项),获授权专利182项(其中发明专利62项),获得软件著作权85项,一项核心科技还荣获了由国家知识产权局颁发的中国专利金奖。聚光科技创办者充分认识到知识产权是公司的无形资产,并且努力利用知识产权带来的成果去开拓市场,产品出口到美、日、英、俄等20多个国家和地区。

你的看法:

_____

_____

_____

5. 缴纳申请费

申请费以及其他费用都可以直接向专利局收费处或专利局代办处面交,或者通过银行或邮局汇付。目前,银行采用电子划拨方式,邮局采用电子汇兑方式。缴费人通过邮局或银行缴付专利费用时,应当在汇单上写明正确的申请号或者专利号,缴纳费用的名称使用简称。汇款人应当要求银行或邮局工作人员在汇款附言栏中录入上述缴费信息,通过邮局

汇款的,还应当要求邮局工作人员录入完整通信地址及邮政编码,这些信息在以后的程序中是有重要作用的。费用不得寄到专利局受理处。

面交专利申请文件的,可以在取得受理通知书及缴纳申请费通知书以后缴纳申请费。通过邮寄方式提交申请的,应当在收到受理通知书及缴纳申请费通知书以后再缴纳申请费,因为缴纳申请费需要写明相应的申请号,但是缴纳申请费的日期最迟不得超过自申请日起两个月。

6. 审批专利

依据《专利法》,发明专利申请的审批程序包括受理、初审、公布、实质审查以及授权五个阶段。实用新型或者外观设计专利申请在审批中不进行公布和实质审查,只有受理、初审和授权三个阶段。

7. 主动修改和补正专利申请文件

对专利申请文件的主动修改和补正也是申请人可以视需要选择的一项手续。实用新型和外观设计专利申请,只允许在申请日起两个月内提出主动修改;发明专利申请只允许在提出实审请求时和收到专利局发出的发明专利申请进入实质审查阶段通知书之日起三个月内对专利申请文件进行主动修改。

8. 答复专利局的各种通知书

(1) 遵守答复期限,逾期答复和不答复后果是一样的。针对审查意见通知书指出的问题,分类逐条答复。答复可以表示同意审查员的意见,按照审查意见办理补正或者对申请进行修改;不同意审查员意见的,应陈述意见及理由。

(2) 属于格式或者手续方面的缺陷,一般可以通过补正消除缺陷;明显实质性缺陷一般难以通过补正或者修改消除,多数情况下只能就是否存在或属于明显实质性缺陷进行申辩和陈述意见。

(3) 对发明或者实用新型专利申请的补正或者修改均不得超出原说明书和权利要求书记载的范围,对外观设计专利申请的修改不得超出原图片或者照片表示的范围。修改文件应当按照规定格式提交替换页。

(4) 答复应当按照规定的格式提交文件。如提交补正书或意见陈述书。一般补正形式问题或手续方面的问题使用补正书,修改申请的实质内容使用意见陈述书,申请人不同意审查员意见进行申辩时使用意见陈述书。

9. 专利申请被视为撤回及其恢复

逾期未办理规定手续的,申请将被视为撤回,专利局将发出视为撤回通知书。申请人如有正当理由,可以在收到视为撤回通知书之日起两个月内,向专利局请求恢复权利,并说明理由。请求恢复权利的,应当提交“恢复权利请求书”,说明耽误期限的正当理由,缴纳恢

复费,同时补办未完成的各种应当办理的手续。补办手续及补缴费用一般应当在两个月内完成。

10. 办理专利权登记手续

实用新型和外观设计专利申请经初步审查,发明专利申请经实质审查,未发现驳回理由的,专利局将发出授权通知书和办理登记手续通知书。申请人接到授权通知书和办理登记手续通知书以后,应当按照通知的要求在两个月之内办理登记手续并缴纳规定的费用。在期限内办理了登记手续并缴纳了规定费用的,专利局将授予专利权,颁发专利证书,在专利登记簿上记录,并在专利公报上公告,专利权自公告之日起生效。未在规定的期限内按规定办理登记手续的,视为放弃取得专利权的权利。

11. 办理登记手续应缴纳的费用

办理登记手续时,不必再提交任何文件,申请人只需按规定缴纳专利登记费(包括公告印刷费用)和授权当年的年费、印花税,发明专利申请授权时,间距申请日超过两年的,还应当缴纳申请维持费。授权当年按照办理登记手续通知书中指明的年度缴纳相应费用。

12. 维持专利权

专利申请被授予专利权后,专利权人应于每一年度期满前一个月预缴下一年度的年费。期满未缴纳或未缴足,专利局将发出缴费通知书,通知专利权人自应当缴纳年费期满之日起六个月内补缴,同时缴纳滞纳金。滞纳金的金额按照每超过规定的缴费时间一个月,加收当年全额年费的5%计算;期满未缴纳的或者缴纳数额不足的,专利权自应缴纳年费期满之日起终止。

13. 终止专利权

专利权的终止根据其终止的原因可分为:

(1)期限届满终止:发明专利权自申请日起算维持满20年,实用新型或外观设计专利权自申请日起算维持满10年,依法终止;

(2)未缴费终止:专利局发出缴费通知书,通知申请人缴纳年费及滞纳金后,申请人仍未缴纳或缴足年费及滞纳金的,专利权自上一年度期满之日起终止。

(3)专利权人主动请求放弃其专利权。

14. 专利权的无效

专利申请自授权之日起,任何单位或个人认为该专利权的授予不符合专利法有关规定的,可以请求宣告该专利权无效。请求宣告专利权无效或者部分无效的,应当按规定缴纳费用,提交无效宣告请求书一式两份,写明请求宣告无效的专利名称、专利号并写明依据的事实和理由,附上必要的证据。对专利的无效请求所做出的决定任何一方如有不服的,可

以在收到通知之日起三个月内向人民法院起诉。专利局在决定发生法律效力以后予以登记和公告。宣告无效的专利权视为自始即不存在。

（五）专利授权的条件

授予专利权的条件包括两方面:形式条件和实质条件。

所谓形式条件,是指专利局对专利申请进行初步审查、实质审查以及授予专利权所必要的文件格式和应履行的必需手续。也就是说,专利申请需采用书面形式进行,并需提交具有一定格式和内容要求的申请文件。

实质条件可确定申请专利保护的发明创造有无专利性,这是确定专利申请能否授予专利权的关键。授予外观设计的实质条件为同申请日以前在国内外出版物上公开发表过或者国内公开使用过的外观设计不相同或者不相似。

被授予专利权的发明或实用新型,应当具有新颖性、创造性和实用性。新颖性是指申请专利的发明或者实用新型不属于现有技术、申请专利的外观设计,与现有的外观设计不相同或者不相似。创造性是指申请专利的发明或实用新型比较同类型的现有技术,具有进步性、先进性。实用性是指一项发明或者实用新型必须是可被应用与实际目的并能产生积极效果。

1. 发明和实用新型授予的条件

（1）发明或实用新型不属于现有技术。

（2）没有任何单位或个人就同样的发明或实用新型在申请日以前向国务院专利行政管理部门提出过申请,并记载在申请日以后公布的专利申请文件或者公告的专利文件中。

2. 外观设计授予的条件

（1）不属于现有设计。

（2）没有任何单位或者个人就同样的外观设计在申请人以前向国务院专利行政管理部门提出过申请,并且记载在申请人以后公告的专利文件中。

（3）与现有设计或者现有设计特征的组合相比应当具有明显的区别。

（4）不得与他人在申请人以前已经取得的合法权益相冲突。

案例讨论

走上国家知识产权局第一人

通领公司与莱伏顿的诉讼,最终获得了美国法院下达的胜诉判决书,打破了在涉外知识产权纠纷中,中国企业从没有完胜的局面。美国媒体评价"其重大的政治意义,远远超出了商业价值"。业内专家也直言,该案例将成为中国企业海外依法维权案例的成功

典范,对中国企业跨国经营及应对涉外知识产权诉讼具有重要启示。

官司一审胜诉后,2011年7月11日,陈伍胜登上国家知识产权局讲台做知识产权演讲,详细讲述了通领科技集团对美知识产权诉讼的经验。这是国家知识产权局首次邀请企业家在局内做知识产权演讲。原国家知识产权局局长田力普表示,陈伍胜的创新精神值得国内企业学习。

在2011年7月19日的新闻发布会上,陈伍胜呼吁借鉴发达国家知识产权社会保险体系的商业化运作模式,构建我国知识产权社会保险体系,建立以行业为主体的知识产权诉讼风险基金,抗衡海外企业滥用知识产权的恶意诉讼,提高企业整体抗风险能力,"市场经济是强者的经济。只有赢了,才会受到西方人的尊重,才能为国家赢得荣誉,为民族工业争光"。

"一路走来,处处都是艰辛。就是因为这一路的苦,我才不愿意让拼搏的成果付之东流。我会坚持走这条路,哪怕付出再多的代价。"陈伍胜说道。

你的看法:

_____

_____

_____

课堂活动

申请小专利

活动主题:学会申请专利的方法。

活动目标:掌握专利申请的步骤,了解专利撰写的文件内容,提升专利撰写基本能力。

活动准备:每人一张A4纸。

活动步骤:

步骤1:请结合自己生活中的一项小创新,总结自己创新的闪光点,对其分析后按照专利类型进行分类。确定拟申请的专利类型后,尝试撰写申报需要的材料。

步骤2:请学生分享自己撰写这个专利的原因及其创新点。

步骤3:教师进行点评总结。

知识测试

1. 专利的特征是什么?

2. 专利授权的条件是什么?

课外阅读推荐书目

《方法总比问题多》，作者：吴甘霖，机械工业出版社，2013年版。

推荐理由：作者是著名方法学家、国际职业培训师，他一步步教你怎样克服对问题的恐惧，在遇到问题时怎样运用一些思维技巧，比如找准"标靶"、类比思考、巧妙转移问题等，不仅从心理上藐视问题，以方法克敌制胜，而且能最终将问题和挑战转变为机遇。这些不但对员工，而且对任何遭遇挑战、寻找人生发展突破的人，都有很好的指导作用。

达尔文曾说过，一切知识中，关于方法的知识最重要，而这本书就是谈方法的。当我们再次面对问题、难题时，不会再茫然、彷徨，而是有思路，有解决方案。

只为成功找方法，不为失败找借口！没有找不到的方法，只有找不到方法的人！

技能训练：了解知识产权

主题："知识产权管理"快问快答

一、活动目标

提升对知识产权相关内容的了解及创新意识。

二、活动时间

20分钟。

三、活动步骤

1. 提前准备关于商标、著作权、专利权的相关问题。

2. 全体学生在课余时间进行准备。

3. 选出一名主持同学，将学生分成4～6组，主持人进行提问，每组的所有成员均可抢答。回答结束后，主持人对相关知识点进行补充。

4. 评选出回答问题数量最多的小组，分享心得体会。

模块九　制订创业计划书

模块导读

　　大多数创业者都希望自己成为被投资人选中的"幸运儿"。一份"吸睛"的创业计划书必不可少。创业计划书容易陷入哪些误区?"宁愿在纸上犯错误,也不要在实践中犯错误。"很多人看不起创业计划书,但实际上它可以帮助创业者理清思路、查找错误,让整个团队步伐一致,也可以让投资人进一步了解理念,取得投资人的信任。

　　创业计划书通常由五个部分组成,包括市场调研、数据证据、文档优化、换位思考、团队合作。创业计划书制作的核心是数据和证据,"怎么能让人相信你? 一定要用数据和证据说话。"数据的来源是什么? 是否具有权威性? 这些都需要外部证明,也就是证据。有些数据来自政府工作报告、行业分析报告或者年检等,这些都是有利的出处,而获得这些数据和证据的途径就是翔实的市场调查。

　　实际情况是大学生创业最缺乏的就是市场调研,"往往没有深入地去了解项目真正的目标客户是谁,需求量有多大,是否愿意为产品买单","市场调研其实是分析的基础,在创业计划书中行业与市场分析越详细越好"。市场调查可以通过直接和间接两种途径展开。直接调查需要亲赴一线,对目标客户群体进行问卷调查或深度访谈,了解他们的真正需求;间接调查就是把别人的数据为己所用,既可以通过网站、报告等公开信息获得数据,也可从他人创业项目的创业计划书中来获得。

　　创业计划书必须规划合理、拥有严谨的逻辑,"如果创业计划书很简单或者应付,其实就是在拒绝你的潜在投资人"。从公司简介到发展方向、内容、团队,再到融资的规模、用在何处,这种创业计划书的顺序往往是投资人比较喜欢的。创业者在设计商业逻辑和模式时,也一定要考虑清楚项目的逻辑,而不是表象。"怎么去探寻细分市场,调查清楚用户的核心诉求,怎么从表象一直驱动用户去追随核心,在创业计划书中也都需要体现。"

　　本模块通过创业计划的认识、创业计划的撰写与展示、创业项目路演及答辩技巧的学习,能帮助我们提高创业意识,为今后创业打下坚实的基础。

一、创业计划的认识

1. 解创业计划制订的作用和内容。
2. 撰写简单的创业计划书。

案例导入

创业计划书可有可无吗？

毕业于某高校的黎明，倾心于室内环境污染治理研究，并取得重要突破。考虑到该突破性研究的广阔前景，黎明辞职创业。苦于资金缺乏，无奈中他想到了风险投资，黎明多次与一些风险机构或个人洽谈，但一直没有实质性的进展。后来，一位做管理咨询的朋友对他说："你连一份像样的计划书都没有，人家凭什么相信你？"黎明恍然大悟。经过向专家请教、查阅资料、精心分析并论证产品和需求的可行性之后，拿出了一份计划书初稿。后来几经指点，反复修改，终于形成了完整而具体的项目计划书。借此，黎明很快得到一家风投公司的青睐，注资当年实现利润500万元。

心得体会：

（一）创业计划的内涵

创业计划是指由创业者准备的一份书面计划，用以描述创办一个企业时所有相关的外部及内部要素，包括对商业前景的展望，人员、资金、物质等各种资源的整合，以及经营思想、战略确定等，是为创业项目制订的一份完整、具体、深入的行动指南，又叫创业的商业计划。

制订创业计划,就是制订一份创业计划书。创业计划书一般统称为商业计划书(Business Plan,简称BP)。商业计划书是一份全方位的项目计划,主要内容是分析和描述创办一个新的风险企业所需的各种因素,通过撰写计划,对企业自身进行自我评估,对创业前景有一个更加清晰的认识,其主要意图是吸引投资人,以便他们能对企业或者项目做出评估判断,从而使企业获得融资。

1. 企业描述

(1)企业概述。企业概述是指企业成立时间及形式、创业团队简介、企业发展概述。

(2)企业目标。企业目标是指企业奋斗的方向和所要实现的理想。

(3)产品或服务介绍。产品或服务介绍是指产业环境的发展,产品或服务的开发过程以及产品或服务的特性、优势等方面的阐述。

(4)进度安排。进度安排是指公司的进度,主要包括收入、市场份额、产品开发介绍、主要合作伙伴、融资计划等。

2. 营销计划

(1)市场分析。主要描述过去、现在和未来的市场需求,分析市场潜力,预测市场价格的发展趋势,列举市场上主要竞争者的优势和劣势,明确竞争策略。

(2)运营计划。提供有关产品生产和服务开发方面的信息,具体包括厂房的选址和营造、原材料需求、设备购置、生产方法、制造流程、产品包装、成本预算、生产计划等方面的内容。

(3)销售计划。主要说明未来的销售策略(销售方法、促销手段、定价策略)、销售计划、销售渠道、宣传方式与成本预算。

3. 组织与管理计划

组织与管理计划是指企业的组织机构以及可能的变动,营销团队与管理团队的基本资料、专长和工作理念,企业薪资结构,人才需求计划和培训计划等,即企业的组织结构及其关键人物背景资料的说明。

4. 财务计划

财务计划主要包括企业过去财务状况、融资计划、融资后的财务预算与评估以及未来5年的损益平衡分析。其中,过去财务状况主要是指资产负债表和利润表,融资计划主要是融资用途、时机与金额。

创业计划书的好坏,往往决定了投资交易的成败。对初创的风险企业来说,创业计划书的作用尤为重要。

案例讨论

如何投资教育行业项目

自2018年以来,整个教育行业跌宕起伏:教育政策监管升级,民促法意见稿、送审稿、禁补令、中高考改革、学前教育意见、个税减免等政策层出,人口出生率下降,线上教育异常"火爆"。2021年更是机遇与挑战并存的一年,随着新进入者不断入局,竞争越发激烈,投资人对于项目的要求也会更加严格。教育行业创业者需要做的是"磨刀""储粮""备战",在课程结构优化和商业模式梳理上下功夫。

1. 如何清楚表达"我是谁"? 企业的市场定位,即向投资人解释"我是谁",我要做的事情,我想解决的问题。

2. 如何让投资人快速了解"市场潜力"? 企业的起点本身就是很重要的,一定要在"大池塘里捞鱼",因为只有大池塘才能养成大鱼。如何表述市场前景就显得很重要,让投资人了解这个池塘的大小。

3. 让投资人迅速了解"我是如何做的"。创业计划书的核心就是"商业模式",整个商业模式其实解释的就是一家教育企业"价值创造的过程"。

4. 如何让投资人快速了解企业的"横向竞争力"? 教育行业底层的逻辑其实就是"用户的时间×用户时间的分配比",7~18岁的用户,因为义务教育的因素,时间非常有限,这时不同品类的教育产品有可能有强替代关系,一个用户能够用来辅导的品类是有限的。

5. 业务/财务数据。从财务维度上,投资人比较关注成本结构,尤其是获客成本、教师的成本比例以及确认收入的账期。

6. 具有经验和行业优势的创始团队。

7. 融资规划和融资历史。

你的看法:

_____

_____

(二) 创业计划书的作用

创业计划书的作用非常重要,对创业者个人而言,它可以对个人的创业思想进行科学合理的分析与安排,让创业者知道自己的设想是否可以实现,能从这个创业项目中获得多少回报,市场需求究竟有多大,自己会有什么损失或风险。

创业计划书具有两个最基本的功能:一是为创业者、创业管理团队和企业雇员提供一份清晰的、关于新创企业发展目标和发展战略的说明书;二是为潜在顾客、商业银行和投资

者提供一份推销新创企业的报告。创业计划书已经由单纯的面向投资者转变为企业向外部推销宣传自己的工具,以及企业加强管理的依据,其作用具体表现在以下几个方面。

（1）使创业者整体把握创业思路、明确经营理念

创业计划书是创业者为自己开拓事业而量身定制的一面镜子,在撰写过程中,创业者必须理性分析和全面审视自己的创业计划与思路,明确经营理念,以避免因企业破产或失败而可能导致的巨大损失。另外,在研究和编写创业计划书的过程中,经常会发现现实情况与所期望的不一样,此时创业者需根据实际情况采用不同的策略使创业活动更加可行。只有对创业前景拥有一个清晰的认识,才能更好地开展创业活动。

（2）帮助创业者有效管理新创企业

在创业过程中,各种生产要素是分散的,信息是凌乱的。在撰写计划书时,要理清思路,找到企业运行各个程序的连接点,实现资源的有效整合和利用,形成完整流畅的商业运作计划。创业计划书既能提供企业的全部现状及其发展方向,又能提供良好的效益评价体系及管理监控标准,使创业者在管理企业的过程中对企业发展中的每一步都能做出客观的评价,并及时根据具体的经营情况调整经营目标,完善管理方法,最终达到创造和形成商业利润的目的。

（3）宣传本企业,聚集人才

创业计划书是新创企业的象征和代表,它使创业者与企业外部的组织及人员得以良好沟通,是企业进行对外宣传的重要工具。一份优秀的计划书,能让投资者看到新创企业的发展潜力,也能吸引志同道合的人一起加入创业的团队中。

（4）实现创业计划的融资需求

创业计划书是创业者寻求资金来源的名片,一份准备充分的创业计划书能够帮助新创企业获得银行的信任,从而有助于新创企业得到优厚的信贷条件。各类投资者和债权人通过创业计划书能够了解新创企业的产品（或服务）、管理策略、市场规划、营利预测等,增进对新创企业产品或服务的类型、市场性质,以及创业者及其管理团队素质的认同,从而决定是否有必要进行合作。因此,创业计划书可以有效帮助新创企业与各类投资者及银行建立起良好的关系,创业者须在新创企业项目启动的初期使用创业计划书来激起投资者的兴趣。

从国内外风险投资发展的经验来讲,一份好的创业计划书对于成功吸引风险投资是极为关键的,由于创业企业大多数都是新成立或设立不久的企业,缺乏有足够说服力的历史数据,所以更多的是通过创业计划书向风险投资者描绘未来的企业前景。而风险投资家面对大量的潜在可行的创意时,也只能通过对创业者的创业计划书和创业者的推介来做出自己的选择。因此,创业计划书是新创企业和风险投资家发生利益关系的第一载体,一份优秀的创业计划书往往被称为新企业吸引风险投资的"敲门砖"。所以,一份很好的创业计划在撰写过程中还必须把握好下列特征。

一是涉及未来,具有预见性。

不论个人或组织,我们都必须在对未来充分估计的基础上行动。因此,运用科学的方法对未来进行预测,应是计划的一个基本组成部分。正确的预测将有助于创业者免于掉入灾难的陷阱。

二是涉及行动,具有可行性。

创业就是行动,没有具体的行动,创业就是一句空话,所以创业计划又称创业行动计划。它既指出了所要达到的目标,又指出了所要遵循的路线、通过的阶段和使用的手段。因此,失去了可行性,就会失去指导行动的功能。

三是涉及许多复杂的环境因素及其变化,具有灵活性。

创业者受自身知识结构、所获信息数量的限制,完全准确地看清未来是不可能的,因此对于不确定的未来,创业计划书应是相当灵活的,能顺应人们认识的深化而调整。计划的灵活性越大,由偶发事件发生所造成损失的风险就越小。另外,针对创业的不同阶段,对计划的要求是不同的。一般来说,在创业的初期,要求计划更具有指导性;在创业的成长期,要求计划更为具体详细;在创业的成熟期,要求有长期的、具体的战略发展计划。

(三) 创业计划书的基本结构

创业计划书的基本结构包括创业者的创业目的、对创业企业和环境的描述、创业团队、创业项目的风险和回报分析等内容。从结构上大致分为以下三个部分:

一是形式部分,包括封面、扉页和目录等,这是创业计划书的外包装。其中,封面通常包括所创建公司的名称、地址、邮箱及通信地址、编制企业日期等。

二是主体部分,这是创业计划书的主要部分,包括计划摘要、项目介绍、市场分析等内容。

三是补充部分,主要是对主体部分的补充,在创业计划书中称作附录或附件。由于篇幅限制,有些内容不宜在主体部分过多描述,或者需要提供参考资料的内容,一并放在附录部分,供投资者阅读时参考。

创业计划书是创业者叩响投资者大门的"敲门砖",是创业者计划创立的业务的书面摘要,一份优秀的创业计划书往往会使创业者达到事半功倍的效果。一般来说,一份完整的创业计划书应该包括以下12个方面的内容:

(1)封面。封面的设计要有艺术性,一个好的封面会使阅读者产生好感,形成良好的第一印象。

(2) 目录。投资人在阅读创业计划书时,不一定会从头到尾全部通读,而会按需检索相关内容。因此建立一个附带页码的目录,能够帮助投资人快速找到感兴趣的信息。

(3) 计划摘要。摘要是整个商业计划书的"凤头",是对整个计划书的高度概括。从某

种程度上说,投资人是否中意该项目,主要取决于摘要部分。摘要涵盖了创业计划书的要点,要求一目了然,以便能使投资人在最短的时间内清楚项目、评审计划并做出判断。摘要概述要尽量简明、生动,特别是要说明本企业的不同之处以及企业能获得成功的市场因素。

(4)公司介绍。这一部分需对公司基本情况做初步介绍。要介绍公司的主营产业、产品和服务公司的竞争优势以及成立地点时间、所处阶段等基本情况,让投资者在短时间内对公司有一个整体的初步了解。

(5)产品(服务)。产品(服务)是公司的商业模式。要用通俗易懂的语言让风险投资者明白和理解公司怎么赚钱,解决了客户的什么问题,填补了什么市场空白。这一部分需对公司主要产品或服务做出详细的阐述,最好能附上产品(服务)的原形照片或者其他证明材料。

(6)行业与市场分析。"行业"和"市场"是两个不同的概念,需要做好区分。"行业"是指生产或提供相似产品/服务的企业群体,是指公司所生存的整个大环境;"市场"是行业中的一部分,是企业所追逐和吸引消费者注意的那部分目标市场。行业分析与市场分析是创业公司对其所生存的外部环境的具体研究。行业分析主要介绍企业所归属的产业、行业领域的基本情况,以及企业在整个产业或行业中的地位;市场分析主要介绍产品或服务的市场情况,包括目标市场基本情况、未来市场的发展趋势、市场规模、目标客户的购买力等。

(7)营销计划。营销计划需要阐述公司产品或服务如何从生产现场到达最终用户的营销策略,包括产品策略、价格策略、渠道策略和促销策略等多个方面。企业营销计划的全部内容都应该明确以客户需求为导向,确保营销活动都是基于营销的总体任务和对目标市场的深入了解。

(8)运营计划。运营计划应当介绍企业如何生产产品和提供服务,可以包含以下内容:企业选址、工艺流程、设备引进、生产周期、生产计划、物料需求、劳动力需求、库房管理、质量管理、售后服务等。如果是创意服务类,由于运营的复杂性较低,这一部分可侧重于介绍企业的人力资源、位置优势、信息优势、售后等。

(9)管理团队。管理团队部分详细阐述初创企业的管理团队和企业组织结构。高素质的管理团队和良好的组织结构是管理好企业的重要保证。对主要管理人员需介绍他们所具备的能力、经历、背景以及在公司的职务和责任。对公司的组织结构需提供公司的组织结构图,并介绍各部门的功能和职责范围、各部门负责人及主要成员、公司的报酬体系、公司的股权分配情况等。

(10)财务规划。财务规划是指初创企业对相关资金使用、经营收支及财务成果等信息梳理整合的书面文件。这一部分首先需做出企业的基本财务假定,即对销售量、销售成本和毛利润做出预期或假设;还需要制作和分析三大财务报表,现金流量表、资产负债表和利润表;除此之外,还需分析盈亏平衡点、资金的来源和使用情况。

(11)风险控制与资本退出。风险控制与资本退出部分应详细分析初创企业可能会面

对的风险种类和程度,企业将采取何种措施和方案去降低或防范风险。创业者需在这一部分中告诉风险投资者,他们的投资将会以何种方式退出,预期能获得多少回报。

(12)附录。为了保证创业计划书正文内容重点突出且不影响阅读的连贯性,需要把一些非必要内容和相关支撑材料放在附录中,为创业计划书的正文内容提供客观翔实的补充材料。

案例讨论

发挥团队优势,共同完成商业计划书

某高校大三学生L有一个极好的创业想法,在得知国家目前对大学生创业的鼓励政策之后,他准备通过参加在高校里颇具权威性和影响力的"互联网十"创业大赛来迈出他创业的第一步。L同学认真梳理了他读大学以来认识的同学,根据项目发展需要分别与他的小伙伴沟通自己的创业想法和参赛意向,很快便组建了一支学科背景齐全、身怀本领、年级跨度合理的参赛队伍。在准备参赛所必需的商业计划书的时候,L同学及他的团队都是一头雾水,根本不知道商业计划书该怎么写,他们多次开会商讨,又从以往参加创业大赛并获奖的学长学姐那里找来了一份商业计划书学习参考,根据几次会议讨论,团队分工协作,结合各自的专业特长和兴趣点分别撰写相应的章节。

Z同学是商学院市场营销专业的学生,他对于产品的营销策划有着浓厚的兴趣,未来的从业志向也与此高度相关,所以Z同学主动请缨负责市场营销的部分。他将自己课上所学习的经典营销案例和理论相结合,并调研了同类产品在市场上的销售情况,结合产品特点设计了详尽的营销计划,并为他们的产品制定了一套VI系统和宣传标语,又将这部分内容作为课程展示在专业课上向老师和同学汇报,得到了任课老师的高度评价。

你的看法:

_____

_____

_____

课堂活动

寻找创业想法

目标:找到自己的创业想法。

活动步骤:

步骤1:采用随机的方式进行分组,每组4~6人为宜。

步骤2:小组讨论各自的创业想法。小组成员之间互相给出建议。

步骤3:进一步思考和完善自己的创业想法。

步骤4：老师点评总结。

知识测试

1. 什么是创业计划？
2. 为什么要写创业计划？
3. 一份完整的创业计划主要包括哪些组成部分？

二、创业计划的撰写与展示

能力目标

1. 了解创业计划书撰写的原则。
2. 掌握创业计划书展示的技巧。

案例导入

一分钟电梯演讲

通常银行家和基金管理人都很忙，而创业者的创业计划一般都需要融资，这时最好的办法也许就是在他的办公室楼下等他。也许他的办公室就在这座CBD的30层，你恰好在大楼的门口等到了你想拜见的投资人，那么留给你的时间也只有电梯上楼的1分钟，这或许是你向他面对面展示你的创业计划的最好机会。

要求在一分钟之内简明扼要地展示创业计划的核心内容。

（1）第一句话说清楚想要做的事；

（2）第二句话说明市场潜力有多大；

（3）第三句话说明需要融资的数量和资金用途。

心得体会：

（一）创业计划书的撰写原则

一份好的创业计划书必须呈现竞争优势与投资者利益，同时也要具体可行，并提出尽可能多的客观数据来加以佐证。

1. 市场导向

利润来自市场的需求，没有对市场进行深入的调查和分析，所撰写的创业计划书只是泛泛而谈。创业计划书应该以市场为导向进行撰写，并充分体现对市场现状的掌控和对未来发展趋势的预测能力。

2. 直切主题

创业计划书应该避免那些与主题无关的内容，要开门见山。投资者没有时间也不愿意花过多的时间来阅读一些对他来说毫无意义的东西。这种直切主题的写法比较容易引起投资者的注意和兴趣，有利于提高融资成功的概率。

3. 清晰明了

创业计划书应该把自己的观点清晰明了地亮出来。如果读完整份计划书都没有发现创业者明确的观点，别人是不可能产生兴趣的。

4. 实事求是

不要用大量的形容词来吹嘘，计划书中的所有内容必须实事求是，即使是财务计划，也不应该是凭空想象出来的，必须事先进行大量的调查和科学分析。列出的数据和事实一定要前后一致，互相之间没有冲突。

5. 通俗易懂

创业计划书中应该尽量避免技术性很强的专业术语，投资者更关心的是计划能为他们带来多大效益，过多的专业术语会影响阅读的兴趣，让他们觉得太深奥。即使不得已要使用专业术语，也应该在附录中加以解释和说明。

6. 优势突出

优秀的创业计划书一定要有一个明确的目标，能够呈现出项目的具体优势。优势不必面面俱到，一定要抓住核心。

（1）突出产品或服务的核心价值，在阐述中让投资者相信产品或服务的发展空间。

（2）写明目标市场规模，让投资人看到预期销售前景。

（3）分析竞争对手，阐明自己所处竞争态势中的位置，让投资人相信该企业是同行中的有力竞争者并能成为某领域中的领先者。

（4）介绍企业运营模式和盈利途径，让读者尤其是投资方对风险的担心降到最低。

（5）描述整个创业团队和管理团队的职责与目标，让投资人从你的创业团队中看到企业的未来。

除了以上几点外，还需要在计划书中呈现可能遇到的风险或威胁，不能只是强调优势和机遇而忽略风险。

7. 循序渐进

创业计划书不是一个简单的计划书，它是指导企业运行的管理工具。在创业初期，计划书主要功能是吸引投资者和顾客，但并不仅限于此，还需要在计划书中确定企业的目标和具体措施，以指导企业未来的工作。创业计划书的内容繁多，写作时应该注意逻辑性，遵循循序渐进的原则，不能片面追求一气呵成，更不能杂乱无章。

8. 篇幅适当

一份创业计划书，不能因为创业者熟悉哪些方面就详细叙述哪些方面，也不能因为哪些方面容易驾驭就将其作为整篇的重点。计划书的对象可以是投资者，可以是银行，也可以是企业本身，不同的目的也会使计划书的侧重点有所不同。因此，创业计划书一定要把握适度原则。在一般情况下，要着重强调企业的优势和持续盈利的原因，如市场分析、制订计划、竞争分析、营销方案、成本预算、风险分析与应对策略。

案例讨论

"空中食宿"（Airbnb）的创业计划书

Airbnb成立于2008年8月，是一个旅游度假房屋租赁社区，用户可通过网络或手机App发布、搜索度假房屋租赁信息并完成在线预订程序，是共享经济的最佳代表之一。如今，Airbnb的市值已超过300亿美元，超过了希尔顿、凯悦、万豪等知名酒店集团。2011年之前Airbnb在天使轮融资时使用了一份只有14页PPT的创业计划书，成功融资50万美元。这份PPT虽然篇幅不长，却清晰地解释了商业模型和能够解决的问题。

第1页，简单描述产品，不需要花哨的修饰；第2页，当前市场和用户的痛点；第3页，Airbnb的解决办法；第4页，相关网站数据，验证市场可行；第5页，全球市场规模和Airbnb的份额预测；第6页，Airbnb已上线的产品；第7页，Airbnb的盈利模式；第8页，如何进行营销和推广；第9页，竞争对手分析；第10页，Airbnb的核心竞争力，和别人不一样的地方；第11页，核心团队成员分工明确，职能互补；第12页，已经引起媒体的关注，不是吹牛；第13页，用户说好才是真的好；第14页，清晰的融资条件和目标。

你的看法：

_____

_____

_____

（二）创业计划书的撰写方法

1. 创业计划书撰写的10大要素

（1）事业描述。必须描述所要进入的是什么行业，卖产品还是提供服务，谁是主要客户，进入产业生命周期是处于萌芽、成长、成熟还是衰退阶段，进入事业的状况是新创的还是加入或承接既有的，是用独资的方式还是合伙或公司，为何能获利、如何成长，产品或服务是否有季节性等。

（2）产品或服务。产品和服务是什么？有什么特色产品？能带给客户什么利益？跟竞争者有什么差异？如果产品或服务是创新的、独特的，怎样满足客户需求？怎样持续获得客户？

（3）市场。界定的目标市场是什么，如：客户是几岁到几岁的年龄层？是在既有的市场去服务既有的客户，还是在既有市场去开发新客户？或者是在新市场去服务既有客户？抑或是在新市场去开发新客户？不同市场、不同客户，都有不同的营销方式。要知道真正的客户在哪里，产品对客户有什么样的利益，用哪种营销方式，通路是直销还是要找经销商，怎样去定位、上市、促销。这些都跟市场规模多大、想要的市场占有率和每年成长的潜力有关。

（4）地点。一般来说，依靠互联网的公司对地点的选择可能影响不那么大。但如果要开实体店，店面地点选择就很重要。一个不好的地点，有时甚至会导致项目难以为继；而好的地点往往会使利润增多。

（5）竞争。市场瞬息万变，要想生存和发展，必须时时做好竞争分析，厘清竞争者的优劣关系。一般来说，打算创业或要进入一个新市场时，必须先做竞争分析。另外，当自己经营的市场出现一个新的竞争者时，要做竞争分析，警惕来者不善。竞争分析可从这几方面思考：谁是最接近的五大竞争者？他们的业务如何？他们与自己业务相似的程度？从他们那里可以学到什么？如何做得比他们更好？

（6）管理。创业之初要清楚自己的弱势，明确团队人员各自的特点，做好经营管理。特别是界定好团队成员间的责任分工、权力范畴，以及要努力对外寻求是否还有其他资源可分配或者可争取。有专家断言，中小企业98%的失败是来自管理的缺失。缺乏管理经验，重技术轻内控，人员分工不均衡，危机处理不当，甚至决策随意、受人欺诈等，其核心都是管理方面缺乏现代企业运营的基本规则和流程共识。

（7）人事。要考虑人事需求是什么，还需要引进哪些专业技术人才，到哪里可以找到，引入人才是全职还是兼职，薪水是月薪或年薪，福利有哪些，有没有培训、晋升机会，如何对员工进行绩效考评等。

（8）财务需求与运用。筹资／融资款项要如何运用？是用来营运周转还是添购设备、备料进货或是技术开发？供货商、规格、品牌、价格、数量、运费、税金等如何预算？未来三年的损益表、资产负债表和现金流量表是否有预估？

（9）风险。经营企业一定会有风险。竞争对手可能带来风险，更多则是自身面对的风险。如选址时的交通和正式运营时发生变化，因此客流量急剧下降是风险；再如全球金融危机或者重大疫情，会给大多行业带来风险；以及突发安全事故、面临资金链断裂等。风险几乎是无法完全避免的，重要的是要先做好预案，想清楚风险来临时该采取哪些应对措施，以及自身承受风险的底线评估等。

（10）成长与发展。事物总是在动态成长的。创业计划书还应包括下一步怎样发展，如三年后的目标、五年后的目标，要着眼当前的创业计划是可以长期甚至永续经营的，做到深耕化，面向全球，多元化思考。

2. 创业计划书撰写的特点

虽然创业方案不需要很复杂，但它一定是创业者经过大量的调研、周密的思考后精心制订的，在技术上和经济上都是可行的。一份成功的创业计划书必须体现项目5个方面的特点。

（1）技术上的先进性和新颖性。从风险资本的定义中可以得知，风险资本一定是和高科技紧密联系在一起的。风险投资看好的投资产品应该是在技术上领先同类产品，或是在某些方面具有独创性。否则，市场上充斥着的相同类型产品将会成为该新产品的有力竞争，从而使初创企业面临巨大的经营风险。

（2）广阔的市场前景。好的创意并不一定意味着产品具有相当的市场前景，其原因是多方面的。产品进入市场的时机不成熟、宏观经济环境的影响、消费者的购买心理等诸多因素常常会使新颖的产品不具有市场。因此，分析产品的市场前景在创业计划中显得非常重要。

（3）良好的预期利润。在进行风险投资的过程中，投资者最为关注的问题就是投资回报率的高低。投资者当然期望所投入的资本获得的利润越高越好。需要指出的是，筹资企业能产生的预期利润率一定要高于投资方的资金预期报酬率，这是获取风险资本的一个前提条件。

（4）短时间内获利的可能性。资金投资回收期过长意味着潜在投资风险的增加。风险资本越是能在短时间内实现创利，越能坚定风险投资方的信心。风险资本投资者往往认为，在有限的时间里，不能向一个短期不能创利的企业投资。

（5）合理的经费预算。在创业方案中,经费多少是投资、融资双方无法回避的重要问题。在经费预算上双方往往存在较大的分歧。投资方为降低投资风险,同时为获得更高的投资回报率,希望投入的资本越少越好。筹资方为开拓市场、提高自身的竞争能力和抗风险能力,常常希望筹得的风险资本越多越好。在创业风险资本筹资过程中,经费额度完全掌握在投资方的手中。要想最大限度地获得风险资本,就必须证明经费预算中每一分钱都是最合理的。

3. 创业计划书的撰写步骤

一份好的创业计划书,不仅能够吸引很多投资者,也能够帮助自己的项目更加有方向的创立,那么一份好的创业计划书该怎么撰写呢? 都有哪些步骤及方法呢?

（1）熟悉创业项目或产品。在准备撰写创业计划书之前,必须提前了解你的创业项目和产品,只有对这些业务有所了解,你才能够写出一份合格的创业计划书。

（2）了解竞争对手市场。毕竟自己是初创项目,必须要对竞争对手的市场做一个全面的了解,这样也是为自己的创业计划书增添一些战略性的思考。

（3）了解现在及未来市场。在项目确定之后,必须对市场有一番调研和了解,并且最好是能够预估未来的市场前景,这样才能够写出一份吸引人的创业计划书。

（4）制订创业战略规划。一份有计划的创业计划书,必然也应该让人们能够看到企业对于未来的规划,对于项目的憧憬和战略指导,这样才是一份合格的计划书。

（5）明确项目的营销计划。一个新的项目必然需要营销做支撑,这个时候营销计划的撰写也非常重要,如果能够在创业计划书中有所体现,将会更加完美。

（6）对于初次创业的人来说,一份好的创业计划书,可以让自己少走很多的弯路,所以前期的准备工作要做足,后期才能够蓄势待发,未来项目才能够长久做下去。

4. 创业计划书撰写的误区

撰写创业计划书是一门艺术。它应该是一个创业项目取得比赛成功的最佳机会,因此,应当认真对待这项任务。创业计划书的撰写误区主要有以下几点。

（1）创业计划书写作拘泥于大纲模板

创业计划书写作有一些固有的章节,但不能拘泥于这些章节。如果认为按照这种章节套路来写就没有问题,那么你的创业项目计划书将很难打动大赛评委。原因很简单,任何项目都具有其独特性,我们在给创业项目写计划书的时候必须根据实际情况增加内容,增加这些内容的目的就是用数据以外的东西去打动大赛评委,具体怎样写应该视项目情况而定。

（2）创业计划书章节混乱,逻辑不通

为了避免这种情况,最好是写完后将所有章节的标题列出来,通过阅读看看逻辑是否通顺。

（3）创业计划书的核心展现形式单一

随着社会和科技的发展,单一的创业项目计划书展现形式已经满足不了需求了。比如有的大赛评委喜欢用手机看创业项目计划书、有的喜欢看纸质材料、有的喜欢电子文档等。所以我们的创业项目计划书一定要具备多种展现形式,比如PPT、Word、视频、H5(H5主要用于手机移动端观看)等。这样大赛评委在各种情况下,都可以很方便地阅读我们的创业项目计划书了。

总的来说,创业计划书需要赋予一定感情色彩,不能只是冷冰冰的数据分析。同时,逻辑通顺、展现形式多样才能最大限度地让大赛评委有机会和有兴趣读完我们的创业项目计划书,增加我们获得成功的概率。

（三）创业计划书的展示技巧

撰写创业计划是创业团队需要完成的重要准备工作,同时,如何将自己的创业计划成功地推广出去并引起风险投资人的投资兴趣,也是创业者的必修课之一。投资人在选择投资项目时,除了会评估项目本身的投资潜力,更加关注创业者的综合能力和个人魅力。因此,创业计划的展示是创业者展示项目潜力和自身能力的重要机会,是创业者给投资人的第一印象。

1. 创业计划书内容展示技巧

（1）保持激情。激情来自强大的内驱力和执着的信念,创业者在展示创业计划时需要有真诚的态度和充沛的情感,并通过感染力将发自内心的激情传递给投资人。

（2）语言精练。在介绍自己的创业计划时需做到语言精练准确、语速平稳适中、吐字清楚连贯、语调抑扬顿挫,尽量避免使用"我估计""差不多""可能是"等不确定的陈述语言,这样会给风险投资人留下不严谨的印象。

（3）善用图表。展示创业计划时需要形象化表达。在能够使用图表来表示时,一定要充分利用图表,例如市场分析、竞争分析、财务预测等。

（4）展示样机或模型。如果你的产品可以制作成样机或者模型,在展示时是最直观的。如果没有产品样机,也可以将产品模型或服务模式用直观的形式表示出来,这样有助于投资人更容易了解你的产品或服务。

（5）选更适合的路演人。选谁上台路演是个问题。最好的路演人选是团队的创始人,对于项目的把控能力强,熟悉整体项目的战略发展布局,在问答环节更游刃有余。路演中如果不是创始人来现场路演,弱点很明显,对创业项目的现阶段发展认识不够全面,对项目未来走势不明确,很容易在投资评审环节回答不够完善。

（6）重视彩排。路演方案需要反复修改打磨，做好充分的准备，而不是寄希望于现场即兴发挥。创业路演建议采用TED演讲方式：

一场创业路演＝一场面对台下数十位专业投资评审＋现场800名以上观众＋万次点击量网络视频直播的创业演讲

2. PPT制作及展示技巧

据不完全统计，大多数风险投资人阅读一份创业计划书的时间不会超过5分钟。不仅如此，在各级各类的创业大赛中均要求参赛者在规定时间内完成创业项目的展示。因此创业者在展示创业计划时需要尽可能将详细的计划内容浓缩到一定篇幅的PPT中，借助PPT图文排版精美、表现形式丰富的优势，把创业计划中最具吸引力的重点要点展示出来。PPT的篇幅一般控制在20页以内为宜，繁杂而冗长的内容反而会适得其反，让人无法把握重点。

展示所用PPT的作用是为讲演者提供讲演的思路，起到提示的作用，因此在制作PPT时需注意每张内容的要点只需用关键词（句）展现出来，无须堆积大量的文字段落。讲演者需要做到的是在PPT的辅助下把创业计划更好地展现给观众，帮助观众迅速把握创业计划中的要点，而绝不能对着PPT一字一句地照读甚至是打开PPT让观众自己看。PPT上需要展示的重点内容包括以下几个部分。

标题页（1页）。创业计划书的标题是整个路演PPT的第一页，为了能给观众留下先入为主的第一印象，标题页需有自己的亮点，如可将拟创公司的宗旨或目标浓缩成一句话，作为副标题展现，也可以为公司设计一个亮眼的LOGO等。

产品（服务）介绍（1～2页）。用简洁且通俗易懂的语言讲清楚企业是做什么的。建议配上示意图或实物图，也可以配服务流程图，让观众对公司所提供的产品或服务一目了然。

市场痛点分析（2～3页）。用2～3页PPT讲清楚潜在消费者有待解决的痛点或者痒点问题，公司的产品或服务正是在目前合适的行业背景下为潜在顾客解决了一个甚至多个痛点问题，或者是为他们提供了具有更高性价比的服务体验。

市场规模分析（1～2页）。通过引用数据、借助图表的形式直观地分析产品的市场规模，展示所属行业和细分市场的规模和潜力都是巨大的。

竞争力分析（1～2页）。向投资人展示你的核心优势，包括专利技术、供应链、营销渠道等，让他们相信这个项目只有你和你的团队能做，或者是你能够做得比其他人更好。

商业模式介绍（3～4页）。讲清楚公司的商业模式，尤其是营利模式，告诉投资人企业是如何赚钱的，包括现有投入、生产运营、营销策略、盈利途径等，这部分是投资人关心的重点。

团队介绍（1～2页）。投资"项目"实际上是在投资"人"，项目团队的介绍是必不可少的。需讲清楚核心团队的构成与分工，每位核心成员的背景与专长，需突出个人能力与岗位职责的匹配度，必要时可增加组织结构图或者股权分配比例等内容。

财务预测与融资计划(2~3页)。用图表形式直观分析近几年的财务状况并对未来三年进行财务预测,讲清楚自己的融资计划,需要多少资金,准备稀释多少股份,融资所得资金怎么使用等。

案例讨论

周鸿祎:教你打造十页完美的创业计划书

创业计划书是创业者计划创立业务的书面文件,是创业者叩响投资者大门的"敲门砖"。它是一份全方位的商业计划,其主要用途是递交给投资商,以便于他们能对企业或项目做出评判,从而使企业获得融资。它是用以描述与拟创办企业相关的内外部环境条件和要素特点,为业务的发展提供指示图和衡量业务进展情况的标准。通常创业计划是结合了市场营销、财务、生产、人力资源等职能计划的综合性文件。

第一页,用几句话清楚说明你发现目前市场中存在一个什么空白点,或者存在一个什么问题,以及这个问题有多严重,几句话就够了。例如,现在网游市场里盗号严重,你有一个产品能解决这个问题,只需要一句话说清楚就可以。

第二页,说明你有什么样的解决方案或者什么样的产品能够解决这个问题;你的方案或者产品是什么,有怎样的功能。

第三页,说明你的产品将面对的用户群是哪些。一定要有一个用户群的划分。

第四页,说明你的竞争力。为什么这件事情你能做,而别人不能做?打个比方,是你有更多的免费带宽,还是存储可以不要钱?你有什么特别的核心竞争力?有什么与众不同的地方?所以,关键不在于所做事情的大小,而在于你能比别人干得好。

第五页,论证一下这个市场有多大,你认为这个市场的未来会是什么样的。

第六页,说明你将如何挣钱。如果真的不知道怎么挣钱,你可以不说,但在中国有1亿的用户,拥有用户就有潜在价值。

第七页,用简单的几句话告诉投资人,这个市场里有没有其他人在做,具体情况是怎样。不要说"我这个想法前无古人后无来者"这样的话。有其他人在做同样的事不可怕,重要的是你能不能对这个产业及行业有一个基本了解和客观认识。要说实话、干实事,可以进行一些简单的优劣分析。

第八页,突出自己的亮点。只要有一点比别人突出就行。刚上市的产品肯定有很多问题,但是要重点说明你的优点在哪里。

第九页,进行财务分析,可以简单一些。不要只说未来三年可以挣多少钱,别人很难会相信。不妨说说未来一年或者六个月需要多少钱,用这些钱干什么。

第十页,介绍一下自己的团队、团队成员的优秀之处,以及自己做过什么。

一个包含以上内容的计划书,就是一份非常好的创业计划书。

你的看法：

_____

_____

_____

课堂活动

创业计划书撰写技巧

目标：帮助学生区分创业计划书的优缺点，去粗取精。

材料准备：准备一份创业计划书。

活动步骤：

步骤1：采用随机的方式进行分组，每组4~6人为宜。

步骤2：老师准备一份创业计划书，它可以是优秀的创业计划书，也可以是一般的创业计划书。

步骤3：以小组为单位根据撰写原则和展示技巧对该创业计划书进行点评。

知识测试

1. 撰写创业计划需要遵循哪些原则？

2. 创业计划书的展示技巧有哪些？

三、创业项目路演与答辩技巧

能力目标

1. 了解路演的概念，掌握路演的准备工作，学会撰写相关的项目内容。

2. 能制作路演需要的PPT，能提取项目的核心竞争力。

案例导入

永久出行："中华老字号"的"国际先驱"路

项目概况：由上海中路集团发起投资并控股，面向全球的一站式智慧出行平台，集合了公共电踏车、智能驿站、智能停车位等出行产品，通过创新性的"永久微公交"系统和"永久

智联"软硬件整体解决方案,为智慧、绿色出行提供更便捷、更有序、更经济的产品和服务。

假如你去路演,你如何准备?

心得体会:

(一) 创业项目路演准备

1. 人员选择

参加路演的人员因赛事不同而有所不同,有的是全体队员上台,有的是团队核心成员上台,但项目负责人是一定要上台的。项目负责人是做路演的最佳人选,作为项目的创始人,其对项目的熟悉度一定优于团队其他成员。当然,有的负责人不善言辞,或者平时比较繁忙,没有充足时间准备,也可能会让其他成员陈述,但这位成员必须对项目整体非常熟悉。在答辩的时候以项目负责人回答为主,若项目其他成员对自己所负责的内容比较熟悉,也可以帮助负责人补充或提醒。

2. 路演流程

项目路演流程主要包括项目展示环节和答辩环节。路演者可能是参加竞赛,也可能是去见投资人,针对不同目标路演的时间长度会有所不同。拿创业赛来说,一般展示环节为5分钟左右(含项目视频1分钟时间),答辩时间大约为3分钟。项目展示是创业团队对创业项目进行PPT陈述和视频展示。要求在规定时间内完成展示,不得超时。接下来的环节就是答辩,由评委根据项目展示的内容进行提问,创业团队成员回答问题,同样也有时间限制。

3. 路演道具

路演之前准备好道具,并且能很好地把控。首先是你的产品。有的小组有产品的样品需要现场演示,这个样品一定要事先调试好,确保展示时万无一失。其次是主办方准备的一些道具,如翻页笔、话筒,事先也要学会使用。有的选手一上台紧张得话筒都忘记开,导致台下听不清声音,或者翻页笔不会使用,结果浪费了时间。上台路演一定要穿正装。男生穿衬衫、领带、西服、西裤和黑色皮鞋,女生穿衬衫、西裤(或西装套裙)、中跟或高跟黑皮鞋。上台前要检查好,确保万无一失。

4. 演说风格准备

（1）热情自信。演说是有机语言和体态语言的结合体,演说者应将语言、声音、眼光、动作姿态有机结合,浑然一体,吐词准确、语调动听、表情丰富、动作适度、仪态大方、感情充沛、精神饱满,做到每一句话都很有力,从而展现其自信和从容。

（2）快速吸引。在第一分钟就用最精练的语言告诉投资人这个项目是做什么的,然后说出项目的最大亮点,如绝对的创新点,还是团队够强等,以迅速吸引评委或投资人的眼球。

（3）突出重点。懂得将重点放在商业模式、数据(用户数据、营收数据、专利数据等)、竞争者和应对的策略、团队介绍、融资方案和融资用途等上面。

（4）引起共鸣。用最简练的语言把要做的事、怎么做以及做成什么样讲清楚,拥有一套容易被理解和认同的、切实可行的营销、销售模式。简单直接的模式最有效率和效果。

5. 问辩的准备

在参加路演之前除了要将演讲内容结合PPT背熟之外,还要准备现场答辩。要事先进行预答辩,即请你的队友或导师,提前对路演者进行模拟提问,共同设想评委或投资人会问哪些问题。问题会有以下几类:目标顾客、竞争优势、技术壁垒,以及你怎么看待这个市场等。

6. 路演排练

在路演之前写好演讲稿,并结合PPT反复练习,做到一点都不卡顿,如果某个地方总会卡顿,一定要想办法换掉引起卡顿的词或者是引起卡顿的话。

（二）创业项目路演的技巧

1. 现场展示

（1）开篇

项目的来源,就是直接开篇说明项目的名称以及用一句话描述项目到底是做什么的,其他的可以简单概述一下或者直接略过。

（2）行业市场

不需要用太多的时间去讲述市场的情况,只要通过数据告诉评委或投资人,数据是可靠的,数据的来源是让人信服的,的确有比较大的市场空间,点到为止就够了。

（3）行业痛点

清楚地告诉评委或投资人项目是要解决哪些痛点问题,以及遇到这些问题的人群,细分客户是谁。痛点即为费时、费力、食品安全、产品追溯难、挑选礼物难等。简单罗列总结即可,用关键词,不需要详细展开。

（4）产品服务

产品服务可以很简单地用一句话概述,整个项目路演的重点都在产品服务,要讲清楚产品服务是怎么帮助目标客户群体来解决他们的痛点问题的。说明产品类型、性能特点、产品优势或者创新点在哪里,注意不要在讲技术上花太多时间,评委或投资人不一定能听得懂技术,他更关心你的技术能给目标顾客带来什么样的利益。

（5）竞品分析

尽量用数据来体现项目竞争优势。比如可以帮助客户节约多少成本,在产品的性能上比原有的产品优化了多少。

（6）执行情况

执行情况可以从以下几个方面来阐述。

一是产品及销售情况。介绍目前项目已有的产品,如果产品已经迭代,需列出第一代产品、第二代产品……用一些业务数据说明销售情况,比如收入、订单、合同等,还可以通过用户的好评来解释项目的服务为他们创造了什么样的价值。

二是项目发展情况。阐述产品在哪里进行试点,哪些企业有合作意向等情况。

三是知识产权情况,包括专利、软件著作权等方面。简明扼要而非大篇幅地阐述执行情况,只需用数据说明可以执行,并且已经开始执行,未来会发展得更好。

（7）商业模式

商业模式主要阐述收入模式有哪些,用什么样的策略吸引和转化消费者。收入模式不仅仅是产品,可能还会有一整套、打包式的服务。可以用单独的一页来讲述营销方式,如通过哪些营销方式,销售了多少产品。另外,根据不同的产品类型或者产品技术的应用场景,定价策略是不一样的。

（8）核心团队

核心团队所有成员的照片和简介要用一页PPT展示,但是在介绍的时候不需要把所有人的情况全部介绍出来,根据项目核心,介绍两个人左右比较合适。如果项目最核心的是技术,那就要强调技术负责人,介绍他能够支撑这个项目技术开发的经验和能力。如果项目核心是运营市场推广,那就要介绍市场负责人的丰富履历和能力。要注意团队分工除了专业搭配合理,最好还有导师团队顾问。

（9）财务预测

财务预测一般只要预测3年即可。财务预测要有理有据,建议用表格的形式展示。重点介绍今年预计的目标是多少,已经完成多少。

（10）融资计划

融资金额不是越大越好。一般情况下,10％到15％相对比较合理。要根据项目估值,预测融资金额。比如项目估值是1000万,那么可能就需要融资100万。要注意阐述资金用途和预期效果。不同的项目,资金运用的侧重点不同。如果项目的核心是技术,那资金运

用的重点就是技术研发;如果项目的核心是市场开拓,那资金运用的重点就是市场开拓。如果还有时间,可以告诉评委融资后在未来一年内预计达到什么目标,包括用户量、销售量、营业额、收入等方面,让评委相信团队有做过充足的计划或准备。

(11) 未来规划

未来规划可从产品开发、市场开拓、市场营销、团队建设、经营业绩等方面阐述。如在现有的营销方式基础上,将会开拓或者采取哪些营销方式? 跟什么样的人合作? 是否会开发其他市场? 未来的经营目标是怎样的?

(12) 结尾

路演最后需进行首尾相互呼应,用一句话阐述价值主张、项目愿景等。

2. 精神面貌

(1) 富有感染力。上台介绍项目时,路演者第一句话一定是"我是××项目的××"。第二句一定要用一句话把项目概念说清楚。要讲一个有吸引力的、能让评委或投资人兴奋的故事,这个故事可以是未来你的项目能够实现的某个场景,也可以是目前用户的痛点。

(2) 激情。演讲时一定要很有激情,不要让听众感到昏昏欲睡,觉得很平淡没有意思。

(3) 自信。始终保持微笑与自信,千万不要从头到尾都只盯着屏幕讲,可以看一看评委,再回到屏幕。

3. 答辩技巧

(1) 行业市场

如果评委或投资人问市场分析数据来源于哪里? 路演者回答:"来源于某个不知名的网站或不知名的机构。"他很可能会说:"你这个数据可能还是需要重新梳理,不够权威。"

因此,分析行业市场时,一定要引用权威机构的市场分析数据,而且要找跟项目密切相关的数据。一旦被问到"你们的目标客户群体"这样的问题,你们需要告诉评委确切的目标群体。如有的人会说我们的目标群体是白领或大学生。那是什么样的白领呢? 这就需要准确描述。如25~35岁且收入在7 000元以上的女性白领。还可具体描述该群体的共同爱好,比如,喜欢旅游、喜欢网上购物等。不然的话,评委会觉得你们的目标客户群体定位不清晰。

(2) 市场痛点

若列举的市场痛点有些评委不认同,这时候该如何回答? 一般可说明通过市场的问卷调查以及一些权威的数据总结,比如发放了多少份问卷,反映了哪些问题或者根据网络或权威机构的统计调查结果,发现了市场的哪些痛点。

(3) 竞品分析

在很多比赛项目答辩中路演者会被问到,市场上有哪些竞争对手,自己项目的竞争优势是什么,客户凭什么要选择你们的产品等问题。这取决于你们的产品或服务能够给客户

带来的价值,其实也是你们核心优势的体现,比如说你可以让客户节约时间成本,别的公司要一天才能完成,你们半天就可以完成;或者说更便捷,缩小使用的空间;或者可提供私人定制化的服务;等等。

应分点且客观地呈现团队的核心竞争力。如你们有成本优势,你们可以说别人的成本是多少,你们的成本比别人少多少;你们有技术优势,你们的技术特点是什么,还有团队优势,团队有哪些全国顶级专家;等等。

（4）产品服务

你们的产品服务有哪些？主要的收入来自哪些产品？要对产品和服务进行分类,说明哪些产品会赚钱,利润主要来自哪些产品。如引流款或者爆款是针对普通大众的,可以低价取胜;针对高端用户的产品定价可以高一些。

生产实物对在校生来说是不容易的,可以通过找一家生产厂商合作来帮我们生产这样的产品,因此,找的这个厂商有什么资质,处在一个什么样的地位很重要。如果合作的是一家特别可靠的厂商,可以增加可信度。

你们的产品是否有通过认证或者检测。现在一些学生项目是自发的手工艺制作食品,是否有拿到资质。诸如此类的问题,该怎么处理呢？如果没有资质,不妨说说产品可以通过实验室来检测,接下来打算送到某个权威的机构去检测。如何保障产品的质量？如果是你们自己生产的产品,可说明已经拿到食品许可证等;如果不是你们自己生产的产品,你们要强调有食品可靠的生产商,他们具有好的资质。

（5）商业模式

你们采用什么样的营销模式？有的学生会说:"我们要去某平台打广告。"那么评委或投资人就会问效果如何？转化率如何？预计销售如何？也有的团队会说去参加展销会,评委或投资人也会追问效果如何？预计有多少签订厂商,即多少家合作商跟你签订合同,等等。

你们的收入来源主要有哪些？收入来源可以是卖产品,也可以是卖服务。可以一开始做服务,后面慢慢研发产品,让消费者来购买。如果卖产品,普通款是什么价格,私人订制是什么价格,可以根据不同的消费者设计不同的套餐类型。

你们产品服务定价如何？评委关心的问题是你们跟市场上的同类产品对比的优势,市面上同类产品只要99元,你们的定价却要199元,未来你是否会有市场空间。那就必须解释你们为什么这么定价？你们的重要合作伙伴有哪些？包括渠道商、经销商等,可以分点来回答。

你们的这种商业模式如何复制出去呢？如果项目是可复制的,那么未来的市场就可以做得更大一些,如果不可复制,那要强调商业模式不可复制的优越性。

（6）执行情况

你们现在有多少用户量？主要是哪些人在使用你们的产品服务？复购率如何？可以

告诉评委,这款产品已经有多少人买了,复购率是多少。如果问你们的产品服务和销售情况如何? 卖了多少? 利润多少? 比如你说一个月卖了一千套产品,假设这一千套产品的利润是2万块钱,评委就会去算,平均下来一天要卖多少? 如果数据不合理,说明你的数据造假,一旦有造假的嫌疑,整个项目的可信度就会大大地降低。

如果产品是技术类,还有可能会被问到未来面临的风险有哪些,有哪些防范措施。对于技术的风险,可通过专家的介入或引进更多的技术人才等来解决。

（7）核心团队

你们的团队股权架构如何? 从企业发展的角度来讲,股权架构一般是团队创始人占70%,团队成员占20%,融资占10%。具体股权架构比例要根据项目实际情况设定。如果团队专业方面与项目不匹配,则会受到质疑。这时候要从实践经验、兴趣、资源方面等方面去解释。如果解释不清楚,就会质疑这个项目未来落地性问题。如果团队的架构不够合理,可能会存在非常大的管理风险。前期的一些老员工可能会离开,对创业影响较大。对于人员的流失问题,可通过股权激励等方式留住人才。

（8）财务融资

你们凭什么在今年或者明年能够获得这么多的利润? 那必须得用数据来支撑,比如说今年你们已经做到这样的程度,你们未来将通过什么方式吸引多少客户,卖多少的产品,占有多少市场等,这样能够有非常清晰的利润来源计算,让评委信服。如果你们的项目要融资的话,要融多少? 占多少股份? 主要用来干什么? 你们要根据项目估值,预测融资金额,阐述资金用途和预期效果。如果你们的项目最主要的是做市场推广和运营,那么你们就可以说融资主要用来做市场推广、产品迭代等。

4. 时间控制

不同的赛事项目时间要求会有不一样。假设一个比赛要求路演5分钟,答辩3分钟,那么写稿子的时候就要计算字数,一般5分钟之内,中等语速标准下,是800～1200字,不能超过1200字。有的还有1分钟视频时间,扣除这1分钟,字数还要减少。

在介绍各个模块时,时间安排也是有差异的,比如项目概述、团队简介的时间安排应较少,合起来不超过30秒,市场分析、竞品分析的时间大约各是30秒,产品或服务、商业模式大约各60秒,运营情况和未来规划合起来大约90秒。

🐟 **案例讨论**

项目演示PPT制作禁忌

1. 封面没有用项目的名字而是用公司名字。尽量不要用公司的名字来定义项目。

2. 在演示PPT中出现其他赛事的字样。这是一件非常不严肃的事,会让评委觉得自己很不受重视。

3. 制作粗糙。没有经过专门设计，排版随意，甚至出现错字。项目演示文稿最忌讳整篇 Word 文字粘贴到 PPT 上，那样会让人不愿意看，而且重点不突出，给人一种敷衍评委的不良印象。

4. 动画太多。项目演示时间只有短短几分钟，动画太多会占用很多时间，较长的等待时间会给演讲者很大的压力，本来很熟悉的稿子可能就因为停顿让演讲者手忙脚乱，所以动画只能适当，不宜过多。

5. 关于行业和市场的分析与项目相关性不强。前面分析过的问题在后面产品中没有解决方案。

6. 图片没有文字说明。项目演示 PPT 只有图片陈列，没有相关文字说明，不利于评委充分了解内容。

7. 有硬伤。如数据错误，产权归属不清，有歧视和违反法律法规的内容。

8. 没有首尾呼应。末尾没有和开头呼应，草草用谢谢结束。给人以虎头蛇尾之感。

你的看法：

_____

_____

_____

5. 把握重点

以下内容既是评委或投资人关注的内容，也是项目要把握的重点。

（1）项目名称要有特点，既要反映项目内涵，同时也要让人留下深刻印象；项目价值、意义、市场潜力说明到位，有力度、有翔实数据会更有说服力。

（2）项目与学校特色、专业特色结合会有加分可能，让你的学校与专业为项目背书；项目如果是科研成果转化项目会有加分可能，因为目前国家大力鼓励高校科研成果通过大学生创新创业进行转化；项目指导老师的良好资质、背景会有帮助，如院士、重点实验室负责人、科研成果拥有人等。

（3）项目产品服务有明显市场优势会有加分可能；项目产品服务与竞争对手相比有明显优势；项目已经实现收入，并有较好成长，预期会有优势；项目团队的介绍要体现出与创业项目强相关；项目如已经有投资人，要做清晰说明；项目路演 PPT 的结尾要有感染力，争取能够给评委留下深刻印象。

6. 路演中常见的问题

路演答辩常见的问题及应对措施如下：

（1）回答问题不够清晰、准确。需在比赛前有针对性地练习，否则临时发挥很容易紧张，导致出现回答问题不清晰、不准确和答非所问的情况。

（2）回答问题没有抓住重点。要把问题事先分点罗列，找出重点。

（3）不善于应用案例和数据。要对项目非常熟悉，案例和数据能够如数家珍。

（4）团队作战配合度不够。如果主讲人对问题回答不上来或有遗漏，团队成员一定要补充，否则会出现冷场。

（5）遭遇质疑急于辩解。如果遇到评委质疑，切记千万不要打断评委，不与评委争论，等评委问完再分点解析。一定要注意赛场风度。

（6）仪表仪态不够自信。准备充分就能克服紧张、语速快甚至忘记用语礼貌等现象。

（三）项目路演的关键要素

创业者提供的产品和服务千差万别，因此创业计划书不可能一成不变，但出色的计划书必然有相似的核心内容，以便投资者和其他创业者快速获得有效信息。一般来说，主要有以下6个关键要素，可用"6C"概括。

1. 概念（concept）

创业者要说明自己创业的主体是什么，明确企业所提供的产品或服务的特性，以及未来的发展前景。

2. 顾客（customers）

明确企业产品或服务所适合的客户群体类型，了解客户的需求、购买力，并对潜在的客户群体特征做出判断，预测市场销售情况。

3. 竞争者（competitors）

需要明确所选择的创业项目有哪些竞争者，如该项目是否有人从事？若有人从事，要充分了解其情况，只有知己知彼，方能百战不殆。

4. 能力（capabilities）

创业者本人的能力从根本上决定了企业的发展态势，因此在创业初期，创业者必须进行深入的、客观的自我分析，以便构建互补型的团队并弥补个人能力的欠缺。同时，设定能力成长目标，通过自身的进步带动企业的良性发展。

5. 资本（capital）

资本既可以是现金也可以是资产，或者可以换成现金的实物。资本在哪里、有多少，自有的部分有多少，可以借贷的有多少，要很清楚。当拥有充足的启动资金时，要知道如何使用这些资源，让企业赢在起跑线上。

6. 永续经营（continuation）

当事业在起步阶段良性发展时，要为进一步的持续发展做出规划。同时，也要学会处理和面对风险，避免将过多的精力耗散在非关键风险上面。

🐷 案例讨论

上市公司路演案例：富士康工业互联网股份有限公司（路演要点）

2018年5月23日上午，富士康工业互联网股份有限公司（以下简称富士康工业互联网）在上证路演中心举行富士康首次公开发行A股网上投资者交流会。

1. 目前公司的主要业务有哪些？

富士康工业互联网陈永正：公司是全球领先的通信网络设备、云服务设备、精密工具及工业机器人专业设计制造服务商，为客户提供以工业互联网平台为核心的新形态电子设备产品智能制造服务。

在上述主营业务的基础上，公司致力于为企业提供以自动化、网络化、平台化、大数据为基础的科技服务综合解决方案，引领传统制造向智能制造的转型。

2. 公司的主要产品是什么？

富士康工业互联网陈永正：公司主要产品涵盖通信网络设备、云服务设备、精密工具和工业机器人。相关产品主要应用于智能手机、宽带和无线网络、多媒体服务运营商的基础建设、电信运营商的基础建设、互联网增值服务商所需终端产品、企业网络及数据中心的基础建设以及精密核心零组件的自动化智能制造等。

3. 公司近3年来研发投入占营收占比情况如何？

中金公司刘之阳：报告期内，发行人持续加大在研发方面的投入，2015年度、2016年度及2017年度，公司研发费用占营业收入的比例分别为1.75%、2.01%和2.24%，占营业收入比重不断增长。

4. 5G及物联网互联互通解决方案项目预计带来多大的经济效益？

中金公司余燕：本项目计划在前三年投入技术开发，在项目建成后，能够为公司吸收更多尖端技术人才，增强发行人研发创新实力，有利于形成持续创新机制。5G技术在产品中的广泛应用，有利于发行人优化产品结构，强化在5G技术方向的布局，进一步构建具有竞争优势的产业生态链。

5. 如何选择投资方向？

富士康工业互联网陈永正：应该充分考虑投资者资质以及和公司长期战略合作关系等因素后再综合确定。主要包括：

（1）具有良好市场声誉和市场影响力，代表广泛公众利益的投资者。

（2）大型国有企业或其下属企业、大型保险公司或其下属企业、国家级投资基金等

具有较强资金实力的投资者。

（3）与公司具备战略合作关系或长期合作愿景，且有意愿长期持股的投资者。

6. 人力配置部分，4万工程师只占15%？请问富士康工业互联网总共有几个员工？

富士康工业互联网陈永正：截至2017年年底，公司共有员工约27万人。公司建立了较为完善的技术创新机制，不断提升工业互联网智能制造和科技服务的水平。公司将持续提高研发费用的投入力度，聘请优秀的技术人才，打造国际化的研发团队，为公司技术的创新及发展创造有利条件。

7. 公司在商业模式方面有什么特别的优势？

富士康工业互联网陈永正：全球网络通信制造服务分为两种模式。一种是以EMS、ODM等为主的电子工程背景模式；另一种是以模具、零组件为主的机械工程背景模式。公司综合两种模式的优势，建立了"电子化、零组件、模块机光电垂直整合服务商业模式"。

公司拥有优异的研发设计、精密模具、新产品开发、小量试产、大量量产、全球运筹及工程服务等能力，通过在此基础上强化全球布局，垂直整合设计制造与经营模式，公司形成了全球3C电子行业最短的供应链。

在该商业模式的运作下，公司能够实现快速量产和更为高效的供应链管理。此外，我们工业互联网BEACON平台可以为各行业的企业赋能，提供转型升级的服务。

8. 公司是否存在资金被占用或为控股股东、实际控制人及其控制企业提供担保的情况？

富士康工业互联网财务总监、董秘郭俊宏：本公司建立了严格的资金管理制度，截至本招股说明书签署日，除经股东大会批准的关联交易导致的资金往来外，本公司不存在资金被鸿海精密、控股股东中坚公司及其控制的其他企业占用的情形。

9. 目前公司业务是否足够独立？

中金公司余燕：富士康工业互联网经过本次重组，公司业务独立于（中坚、鸿海等）控股股东及其控制的其他企业。

发行人具备独立的产、供、销业务体系和直接面向市场独立开展业务的能力；在交付相关产品后，发行人独立获得业务收入和利润，不存在依赖控股股东及其他任何关联方的情形。

10. 募集资金的运用对公司财务状况、经营成果的影响？

中金公司余燕：① 对公司净资产和资本结构的影响。本次募集资金到位后，公司的资产总额、净资产将显著增加，流动比率和速动比率将大幅提高，资产负债水平将进一步下降。公司资本结构的优化以及融资能力和抗风险能力的提高，将为公司进行市场扩张和战略部署提供有力保障。② 对公司净资产收益率和盈利能力的影响。由于募集资金投资项目存在建设期，募投项目达产前，短期内公司的净资产收益率将因净资产增加而

被摊薄。但从长期来看,本次募集资金投资项目符合行业的发展趋势和公司自身的发展规划,随着各个项目的逐步建成投产,公司的产品结构将得到升级和优化,产能将进一步提升,公司的技术和品牌优势也将得到充分发挥。因此,有利于提升公司的持续盈利能力和市场竞争能力,也将进一步提高公司的净资产收益率。

11. 公司目前有什么正在研发的项目?

富士康工业互联网陈永正:截至招股说明书签署日,公司正在研发的项目主要包括应用于智能手机机构件的一系列开发项目、应用于电信网络设备的技术及应用程序,5G技术研发、物联网及工业互联网解决方案、面向应用场景的多种应用服务、业务功能组件、大数据处理和分析、数据采集、应用到工业机器人的治具自动化串杆技术、云计算服务及存储设备的解决方案等。

12. 为什么公司2016年的总资产实现较大幅度增长?

富士康工业互联网郭俊宏:2016年末公司总资产较2015年末增长260.49亿元,增幅为23.75%,主要由流动资产增加所致,流动资产增加主要是因为:

(1) 2016年第四季度客户订单同比上升导致当期期末应收账款余额同比上升;

(2) 本次重组中分拆业务主体在历史期间的货币资金结算保留在分拆业务主体所属原法人主体内,视同所属原法人主体代其代收代付资金,由此而产生的代收代付净额于期末确认为分拆产生的应收款项,该类应收款项在2016年末大幅增加。

13. 2017年公司通信网络设备的销售收入增幅较大,是什么原因?

富士康工业互联网郭俊宏:2017年度,公司的通信网络设备的销售收入较2016年度增加668.55亿元,增幅为45.28%,主要原因为通信网络设备高精密机构件的主要客户新产品市场反响较好,且公司负责为该新产品生产、加工更多种类的核心组件,促进通信网络设备高精密机构件产品的销量和平均单价的上升。

你的看法:

_____

_____

_____

课堂活动

商业计划路演演习

1. 活动目标

培养商业计划路演实操能力。

2. 规则与程序

(1) 思考自身的创业项目书应该如何路演,8分钟内需要组织和讲述的内容有哪些? 各创业小组团队撰写一份创业计划书,可套用以下格式模板。

① 项目概述。描绘宏伟蓝图,用一句话清晰概括项目。

② 市场痛点。用户需求(或痛点)。

③ 解决方案。如何解决用户痛点。

④ 用户分析。明确用户(做用户画像)。

⑤ 核心团队。展示团队能力和优势。

⑥ 市场空间。市场蛋糕有多大(数据模式)。

⑦ 推广方式。通过精准营销实现目标。

⑧ 商业模式。整合资源实现价值变现。

⑨ 竞争优势。对标企业、核心优势、展现市场机会和发展潜力、突出核心资源和壁垒门槛。

⑩ 财务预测。预算未来营收情况。

⑪ 融资规划。融资多少/出让股份比/如何花钱。

(2) 团队进行项目的路演比赛,每个团队路演时间为8分钟,路演完成后投资人进行提问。

(3) 每个团队可挑选一名成员模拟风投者,对其他项目进行资金的选投。

知识测试

1. 路演前应该进行哪些准备?

2. 如何进行路演现场展示?

课外阅读推荐书目

《一生成就看职商》,作者:吴甘霖,机械工业出版社,2006年1月出版。

推荐理由:一本打造一流工作者职业之魂的著作,不仅从18个最重要的方面探究了职场中最需要掌握的职业素养,而且从四个重要的方面帮助我们尽快提高职商。作者通过自身在职场成功与失败的感悟,以及对众多职场成功者经验的总结,为所有想在职场发展的人提供了腾飞的翅膀。

1. 重现职商的三个理由

(1) 每个人职场发展的根本。

(2) 衡量一流员工的职业标准。

(3) 超越知识与技术的核心竞争力。

2. 不能错过此书的三个理由

（1）中国全面职业素质教育创新读本。

（2）当代职场成功学的代表作。

（3）资深职场培训师打造的职场智慧力作。

3. 该书最适合这几种人学习

（1）希望像曾国藩一样纵横捭阖的职场人士。

（2）希望像李嘉诚一样成功发展的创业者。

（3）希望拥有一支高素质团队的企业家。

技能训练：撰写创业计划书

主题：合作完成创业计划书

一、活动目标

让学生掌握撰写创业计划书的流程，提高实践能力。

二、活动时间

60分钟。

三、活动步骤

1. 将学生分成不同小组，每组选择一个创业想法或项目。

2. 小组内部讨论并分配任务，每个成员负责撰写计划书的不同部分。

3. 学生在教师的指导下开始撰写各自部分的计划书内容。

模块十　创新创业赛事指南

拓展资源

模块导读

以赛促教,探索人才培养新途径。全面提高人才自主培养质量,强化高校课程思政建设,深入推进新工科、新医科、新农科、新文科建设,深化创新创业教育改革,引领各类学校人才培养范式深刻变革,形成新的人才培养质量观和质量标准,切实提高学生的创新精神、创新意识和创新能力。

以赛促学,培养创新创业生力军。着力造就拔尖创新人才,激励广大青年扎根中国大地了解国情民情,在创新创业中增长智慧才干,怀抱梦想又脚踏实地,敢想敢为又善作善成,做有理想、敢担当、能吃苦、肯奋斗的新时代好青年。

以赛促创,搭建产教融合新平台。把教育融入经济社会发展,推动成果转化和产学研用融合,促进教育链、人才链与产业链、创新链有机衔接,以创新引领创业、以创业带动就业,推动形成高校毕业生更高质量创业就业的新局面。

本模块主要介绍了中国国际大学生创新创业大赛、"创青春"全国大学生创业大赛等大学阶段能够参加的创新创业类比赛。对大学生而言,这是展示创新思维、实践创业构想、提升综合素质的平台。参加创新创业类比赛不仅能够激发大学生的创新精神和创业意识,还能增强解决实际问题的能力。对于大学生的成长和发展来说,参与此类比赛也是一段宝贵的学习和成长经历,有助于学生开阔眼界、拓展人脉,促进个人的全面发展。

一、中国国际大学生创新大赛（以2024年为例）

为贯彻落实党的二十大精神，深入贯彻落实习近平总书记关于教育的重要论述和给"青年红色筑梦之旅"大学生重要回信精神，"三位一体"统筹推进教育、科技、人才工作，把创新教育贯穿教育活动全过程，加强拔尖创新人才自主培养，培育新质生产力发展新动能，为教育强国建设支撑引领中国式现代化作出更大贡献，教育部定于2024年4月至10月举办中国国际大学生创新大赛（2024）。

（一）总体目标

更中国、更国际、更教育、更全面、更创新、更协同，落实立德树人根本任务，传承和弘扬红色基因，聚焦"五育"融合创新创业教育实践，开启创新创业教育改革新征程，激发青年学生创新创造热情，打造共建共享、融通中外的国际创新盛会，让青春在全面建设社会主义现代化国家的火热实践中绽放绚丽之花。

——更中国。更深层次、更广范围体现红色基因传承，充分展现新发展阶段高水平创新教育的丰硕成果，集中展示新发展理念引领下创新人才培养的中国方案，提升新时代中国高等教育的感召力。

——更国际。深化创新教育国际交流合作，汇聚全球知名高校、企业和创业者，服务以国内大循环为主体、国内国际双循环相互促进的新发展格局，搭建全球性创新创业竞赛平台，提升新时代中国高等教育的影响力。

——更教育。推动思想政治教育、专业教育与创新教育深度融合，弘扬劳动精神，加强学生创新实践能力培养，造就敢想敢为又善作善成的新时代好青年，提升新时代中国高等教育的塑造力。

——更全面。推进职普融通、产教融合、科教融汇，鼓励各学段学生积极参赛，形成创新创业教育在高等教育、职业教育、基础教育、留学生教育等各类各学段的全覆盖，打通人才培养各环节，提升新时代中国高等教育的引领力。

——更创新。积极开辟发展新领域新赛道，不断塑造发展新动能新优势，丰富竞赛内容和形式，激发全社会创新创造动能，促进高校创新成果转化应用，进一步服务国家重大战略需求和经济社会高质量发展，提升新时代中国高等教育的创造力。

——更协同。充分发挥大赛平台纽带作用，促进优质资源互联互通，推动形成开放大

学、开放产业、开放问题的良好氛围,助推大赛项目落地转化,营造支持青年大学生创新创业、共同合作、互相包容、互相支持的良好生态。

(二) 大赛内容

1. 主体赛事。包括高教主赛道、"青年红色筑梦之旅"赛道、职教赛道、产业命题赛道和萌芽赛道。

2. "青年红色筑梦之旅"活动。

3. 同期活动。即大赛优秀项目资源对接会、大学生创新成果展、世界大学生创新论坛、世界大学生创新指数框架体系发布会等系列活动。

(三) 组织机构

1. 大赛由教育部、中央统战部、中央网信办、国家发展改革委、工业和信息化部、人力资源和社会保障部、农业农村部、中国科学院、中国工程院、国家知识产权局、国家乡村振兴局、共青团中央和上海市人民政府联合主办,上海交通大学和闵行区人民政府共同承办。

2. 大赛设立组织委员会(以下简称大赛组委会),由教育部和上海市人民政府主要负责同志担任主任、教育部和上海市分管负责同志担任副主任、教育部高等教育司主要负责同志担任秘书长、有关部门(单位)负责同志作为成员,负责大赛的组织实施。

3. 大赛设立专家委员会,负责项目评审等工作。

4. 大赛设立纪律与监督委员会,负责对赛事组织、参赛项目评审、协办单位相关工作等进行监督,对违反大赛纪律的行为予以处理。

5. 各省级教育行政部门可成立相应的赛事机构,负责本地比赛的组织实施、项目评审和推荐等工作。

(四) 参赛要求

1. 参赛项目能够紧密结合经济社会各领域现实需求,充分体现高校在新工科、新医科、新农科、新文科建设等方面取得的成果,培育新产品、新服务、新业态、新模式,促进制造业、农业、卫生、能源、环保、战略性新兴产业等产业转型升级,促进人工智能、数字技术与教育、医疗、交通、金融、消费生活、文化传播等深度融合。

2. 参赛项目应弘扬正能量,践行社会主义核心价值观,真实、健康、合法。不得含有任何违反《中华人民共和国宪法》及其他法律法规的内容。所涉及的发明创造、专利技术、资源等必须拥有清晰合法的知识产权或物权。参赛项目如有涉密内容,参赛前须进行脱敏处理。如有抄袭盗用他人成果、提供虚假材料等违反相关法律法规或违背大赛精神的行为,

一经发现即刻丧失参赛资格、所获奖项等相关权利,并自负一切法律责任。

3. 参赛项目只能选择一个符合要求的赛道报名参赛,根据参赛团队负责人的学籍或学历确定参赛团队所代表的参赛学校,且代表的参赛学校具有唯一性。参赛团队须在报名系统中将项目所涉及的材料按时如实填写提交。已获本大赛往年总决赛各赛道金奖和银奖的项目,不可报名参加今年大赛。

4. 参赛人员(不含产业命题赛道参赛项目成员中的教师)年龄不超过35岁(1989年3月1日及以后出生)。

5. 各省级教育行政部门及各有关学校要严格开展参赛项目审查工作,确保参赛项目的合规性和真实性。审查主要包括参赛资格以及项目所涉及的科技成果、知识产权、财务状况、运营、荣誉奖项等方面。其中,入围省赛的项目由各学校汇总后加盖公章报省级教育行政部门;入围总决赛的项目由各省级教育行政部门汇总后加盖公章报教育部高等教育司。

（五）比赛赛制

1. 大赛主要采用校级初赛、省级复赛、总决赛三级赛制(不含萌芽赛道以及国际参赛项目)。校级初赛由各院校负责组织,省级复赛由各地负责组织,总决赛由各地按照大赛组委会确定的配额择优遴选推荐项目。大赛组委会将综合考虑各地报名团队数(含邀请国际参赛项目数)、参赛院校数、往年获奖项目情况和创新教育工作情况等因素分配总决赛名额。

2. 大赛共产生4250个项目入围总决赛(港澳台地区参赛名额单列),其中,高教主赛道2300个(国内项目1800个、国际项目500个)、"青年红色筑梦之旅"赛道650个、职教赛道650个、产业命题赛道450个、萌芽赛道200个。

3. 高教主赛道每所高校入选总决赛项目不超过5个,"青年红色筑梦之旅"赛道每所院校入选总决赛项目不超过3个,职教赛道每所院校入选总决赛项目不超过3个,产业命题赛道每道命题每所院校入选项目不超过3个,萌芽赛道每所学校入选总决赛项目不超过2个。

（六）赛程安排

1. 参赛报名(2024年5—8月)。参赛团队通过登录全国大学生创业服务网(网址:https://cy.ncss.cn)进行报名,在"资料下载"板块可下载学生操作手册指导报名参赛。通过微信公众号(名称为"全国大学生创业服务网"或"中国国际大学生创新大赛")进行赛事咨询。评审规则请登录全国大学生创业服务网查看。

报名系统开放时间为2024年5月15日,报名截止时间由各地根据复赛安排自行决定,但不得晚于8月1日。国际参赛项目通过全球青年创新领袖共同体促进会官网进行报名(网址:www.pilcchina.org),具体安排另行通知。

2. 初赛复赛(2024年6—8月)。各地各学校登录https://cy.ncss.cn/gl/login进行大赛

管理和信息查看。省级管理用户使用大赛组委会统一分配的账号进行登录,校级账号由各省级管理用户进行管理。初赛复赛的比赛环节、评审方式等由各校、各地自行决定。各地应在8月31日前完成省级复赛,并完成入围总决赛的项目遴选工作(推荐项目应有名次排序,供总决赛参考)。国际参赛项目的遴选推荐工作另行安排。

3. 总决赛(2024年10月)。大赛设金奖、银奖、铜奖;另设省市组织奖、高校集体奖及若干单项奖。入围总决赛的项目将通过评审,择优进入总决赛现场比赛,决出各类奖项。大赛组委会通过全国大学生创业服务网、国家大学生就业服务平台(网址:https://www.ncss.cn)为参赛团队提供项目展示、创业指导、人才招聘、资源对接等服务,各项目团队可登录上述网站查看相关信息,各地各校可充分利用网站资源,为参赛团队做好服务。

二、"创青春"全国大学生创业大赛

"创青春"全国大学生创业大赛是"挑战杯"中国大学生创业计划竞赛的改革提升。2013年11月8日,习近平总书记向2013年全球创业周中国站活动组委会专门致贺信,特别强调了青年学生在创新创业中的重要作用,并指出全社会都应当重视和支持青年创新创业。党的十八届三中全会对"健全促进就业创业体制机制"做出了专门部署,指出了明确方向。为贯彻落实习近平总书记系列重要讲话和党中央有关指示精神,适应大学生创业发展的形势需要,共青团中央、教育部、人力资源和社会保障部、中国科协、全国学联决定,在原有"挑战杯"中国大学生创业计划竞赛的基础上,自2014年起共同组织开展"创青春"全国大学生创业大赛,每两年举办一次。

(一)大赛组织机构

"创青春"全国大学生创业大赛是由共青团中央、教育部、人力资源和社会保障部、中国科协、全国学联和地方省级人民政府主办,工业和信息化部、国务院国有资产监督管理委员会、中华全国工商业联合会支持的一项具有导向性、示范性和群众性的创业竞赛活动,每两年举办一届。

大赛组织机构:

(1)大赛设立领导小组,由主办单位、承办单位的有关领导组成。

(2)大赛设立全国组织委员会(以下简称"全国组委会"),由主办单位、支持单位、承办单位的有关负责人组成,负责大赛各项工作的组织开展。全国组委会下设秘书处,负责大赛的日常事务。

(3)大赛设立指导委员会,由全国组委会邀请享有较高知名度并关注青年创业的经济

学家、企业家、风险投资界和新闻媒体界等人士担任成员。

（4）大赛设立全国评审委员会（以下简称"全国评委会"），由非高校的各相关领域专家学者、企业家、风险投资界人士、青年创业典型等组成，负责参赛项目的评审工作。

（5）各省（自治区、直辖市）可根据实际，成立相应机构，负责本地赛事的组织开展、项目评审等相关工作。

（二）赛程安排

"创青春"全国大学生创业大赛的3项主体赛事，分预赛、复赛和决赛三个阶段进行。

1. 预赛

预赛在每年4月至5月，各省（自治区、直辖市）针对大赛下设的3项主体赛事组织本地预赛或评审，并在"创青春"全国大学生创业大赛官方网站进行校级、省级参赛项目网络报备和申报。其中，大学生创业计划竞赛实行项目分类申报，即分为已创业与未创业两类。各省（自治区、直辖市）在推报复赛项目时，两类项目的比例不做限制。全国评委会将在复赛、决赛阶段，针对两类项目实行相同的评审规则；计算总分时，将视已创业项目实际运营情况，在其实得分基础上给予1%至5%的加分。

2. 复赛

每年6月中旬，各省（自治区、直辖市）汇总经预赛产生的参加复赛项目，对项目申报表及相关材料的填写情况进行把关，按照统一要求，报送至全国组委会办公室。在3项主体赛事中，全国组委会不接受学校或个人的申报。报送项目的数量不得超过项目名额分配表中规定的数量。全国复赛在每年7月至8月举行。全国评委会对项目进行评审，选出若干优秀项目进入决赛，并书面通知各省（自治区、直辖市）及相关高校。

3. 决赛

全国大赛决赛在每年10月举行。全国评委会将通过相应评审环节，对3项主体赛事分别评出若干金奖、银奖、铜奖及其他单项奖项目。

（三）参赛对象及参赛项目要求

1. 参赛对象

凡在举办大赛终审决赛的当年7月1日以前正式注册的全日制非成人教育的各类高等院校在校专科生、本科生、硕士研究生和博士研究生（均不含在职研究生）可参加全部3项主体赛事；毕业3年以内（时间截至举办大赛终审决赛的当年7月1日）的专科生、本科生、硕士研究生和博士研究生可代表原所在高校参加创业实践挑战赛（需提供毕业证明，仅可代表

最终学历颁发高校参赛)。

2. 参赛项目的申报条件

(1) 大学生创业计划竞赛。参加竞赛的项目分为已创业与未创业两类,且分为农林、畜牧、食品及相关产业,生物医药,化工技术和环境科学,信息技术和电子商务,材料,机械能源,文化创意和服务咨询7个组别,并实行分类、分组申报。拥有或授权拥有产品或服务,并已在工商、民政等政府部门注册登记为企业、个体工商户、民办非企业单位等组织形式,且法人代表或经营者为符合参赛对象要求的在校学生、运营时间在3个月以上(以预赛网络报备时间为截止日期)的项目,可申报已创业类。拥有或授权拥有产品或服务,具有核心团队,具备实施创业的基本条件,但尚未在工商、民政等政府部门注册登记或注册登记时间在3个月以下的项目,可申报未创业类。

(2) 创业实践挑战赛。拥有或授权拥有产品或服务,并已在工商、民政等政府部门注册登记为企业、个体工商户、民办非企业单位等组织形式,且法人代表或经营者符合参赛对象要求、运营时间在3个月以上(以预赛网络报备时间为截止日期)的项目,可申报该赛事。申报不区分具体类别、组别。

(3) 公益创业赛。拥有较强的公益特征(有效解决社会问题,项目收益主要用于进一步扩大项目的范围、规模或水平)、创业特征(通过商业运作的方式,运用前期的少量资源撬动外界更广大的资源来解决社会问题,并形成可维持的商业模式)、实践特征(团队须实践其公益创业计划,形成可衡量的项目成果,部分或完全实现其计划的目标成果)的项目,且参赛学生符合参赛对象要求,可申报该赛事。申报不区分具体类别、组别。

3. 参赛形式

以学校为单位统一申报,以创业团队形式参赛,原则上每个团队人数不超过10人。网络初评开始后,只可进行人员删减,不可进行人员顺序调整及人员添加。对于跨校组队参赛的项目,各成员须事先协商明确项目的申报单位。对于经授权的发明创造或专利技术,在报名时需提交具有法律效力的发明创造或专利技术所有人的书面授权许可、项目鉴定证书、专利证书等。对于已注册的运营项目,在报名时需提交相关证明材料(含单位概况、法定代表人情况、营业执照复印件、税务登记证复印件、组织机构代码复印件等材料)。参赛项目须经过本省(自治区、直辖市)组织协调委员会进行资格及形式审查和本省(自治区、直辖市)评审委员会初步评定,方可上报全国组织委员会办公室。各省(自治区、直辖市)选送全国大赛的项目数额由主办单位统一确定。

(四)奖项设置

全国评审委员会对各省(自治区、直辖市)报送的3项主体赛事的参赛项目进行复审,分

别评出参赛项目的90%左右进入决赛。3项主体赛事的奖项统一设置为金奖、银奖、铜奖，分别约占进入决赛项目总数的10%、20%和70%。专项赛事单独设置奖项，不计入所在学校得分。大赛按照总分高低评比得出金、银、铜奖，"创青春杯"、"优胜杯"、优秀组织奖由大赛组委会根据各学院参与活动的积极性和主动性以及参赛团队获奖情况评定，对获奖团队分别予以奖励。

课堂活动

"创青春"参赛经验收集和分享

步骤1：全班分成若干小组，3～5人为一组，每组联系一位参加过"创青春"全国大学生创业大赛的学长、学姐或其他学校的同学，对他们进行访谈，收集他们的参赛经验。

步骤2：将本组所获得的信息进行筛选、整合，制成一份比较系统的参赛攻略。

步骤3：每组派一名代表，将本组的参赛攻略在班会上介绍给大家。

步骤4：结合其他组的经验，梳理出一份参赛要点。

三、"中国创翼"创业创新大赛（以2024年为例）

（一）组织架构

1. 主办及承办单位

本赛事由人力资源和社会保障部、山西省人民政府主办，人力资源和社会保障部就业促进司、全国人才流动中心、山西省人力资源社会保障厅承办。

2. 大赛组委会

成立大赛全国组委会，负责大赛的组织领导。全国组委会下设秘书处、评审委员会、监督仲裁委员会、新闻宣传组等工作机构，具体负责大赛的方案设计、统筹协调、组织实施、项目评审、宣传发动、监督仲裁、赛事保障等工作。秘书处设在人力资源和社会保障部全国人才流动中心。

各省级人力资源和社会保障部可联合相关部门及群团组织成立省级组委会，负责大赛的宣传动员、报名审核、省级选拔赛的组织实施、全国选拔赛和全国总决赛的组织协调、创业典型的推荐宣传和政策（资金）奖励扶持等工作。

大赛采用"2+3"模式，即2个主体赛+3个专项赛。主体赛包括先进制造、现代服务2个赛道，专项赛包括乡村振兴、银发经济和绿色经济3个赛道。

（二）组织形式及赛制安排

1. 主体赛

（1）先进制造

重点面向壮大我国实体经济,发展战略性新兴产业和先进制造业集群,以培育新质生产力推进经济高质量发展的各类新兴产业创业项目。既包括信息技术、生物技术、新能源、新材料、高端装备、新能源汽车、绿色环保、航空航天、海洋装备等战略性新兴产业,也包括传统制造业的改造升级。

（2）现代服务

现代服务既包括研发设计、商务咨询、供应链金融、信息数据、人力资源、现代物流、采购分销、生产控制、运营管理等生产性服务业,也包括健康、文化、旅游、体育、家政、物业等生活性服务业。

2. 专项赛

（1）乡村振兴

重点面向乡村振兴战略背景下,致力于丰富乡村经济业态,发展各具特色的乡村富民产业,优化生产生活生态空间,建设宜居宜业和美乡村的各类乡村创业项目,包括农业科技研发、优良品种培育、特色种殖养殖、农产品加工、农村电商物流、乡村生态治理、美丽乡村建设、乡村旅游开发、文化传承与创新、劳务品牌及乡土人才培育开发等。

（2）银发经济

银发经济包括老年康养、生活照护、文体娱乐、医疗保健、智慧养老、老年用品及康复辅助产品的研发创新、抗衰产品研发生产等为老年人提供产品或服务,促进银发经济发展的创业项目。

（3）绿色经济

绿色经济包括生态农业、生态工业、生态旅游、环保产业、绿色能源、节能环保、绿色服务业,以及对现有的传统产业进行"绿色化"改造的创业项目。

大赛按照省级(含)以下选拔赛(推荐)、全国选拔赛、全国总决赛三个阶段实施。

主体赛每个赛道100个项目参加全国选拔赛,30个项目晋级全国总决赛;专项赛每个赛道每省最多推荐3个项目参加全国选拔赛,30个项目晋级全国总决赛。

（三）参赛条件

以上赛事,年满16周岁的各类创业群体均可报名参赛,项目所在地位于中国大陆。其中,乡村振兴赛道限于下辖乡镇农村的县域以内(包括市辖郊区、县级市、县、自治县、旗、自

治旗、特区、林区)注册、生产与经营。

报名参赛项目应符合国家法律法规和国家产业政策,经营规范,社会信誉良好,无不良记录。往届"中国创翼"创业创新大赛全国总决赛获一、二、三等奖及优秀奖的项目不能参加。

1. 截至2024年5月31日,在市场监督管理部门(民政部门)已登记注册且未满5年的企业或机构。

2. 参赛项目具有创新性的技术、产品或经营服务模式,具有较强的成长潜力和带动就业潜能。

3. 参赛项目须为原创性创新项目,对技术和产品有合法使用权,不存在知识产权争议,不会侵犯第三方的知识产权、所有权、使用权和处置权。

4. 项目的产品、经营属于同一参赛主体且独立运营。

5. 参赛者须为该项目的第一创始人或核心团队成员。

(四) 赛事流程

1. 第一阶段:大赛启动和组织发动

(1) 大赛启动时间:2024年3月中旬大赛启动,各省按要求成立省级组委会,制定本省大赛实施方案,广泛开展宣传发动。

(2) 报名和审核

报名截止时间:2024年5月31日;审核确认截止时间:2024年6月10日。

各省级组委会自行设定报名通道,组织参赛项目报名,按不同赛道分类报名,不得兼报。

各省级组委会依据大赛报名参赛条件,对本省报名项目进行资格审核,并于6月10日前将审核结果上报至全国组委会。

2. 第二阶段:省级以下选拔赛

(1) 举办地市级、省级选拔赛

时间:截至2024年7月20日

各地原则上须采取项目路演方式举办地市级、省级选拔赛,条件允许可延伸到区县。有困难或特殊情况不能举办的,需经全国组委会同意后,按照统一规则,采取专家集中评审等方式对本省参赛项目进行选拔推荐。

(2) 确定全国选拔赛参赛项目

时间:2024年7月31日前完成

各省按照全国组委会统一分配的名额,确定本省参加全国选拔赛的项目。名额分配方式为:主体赛,确保每省每个赛道不少于1个项目参赛,1个(不含)以上的名额,按前3年新

增经济体数量权值分配。专项赛,每省最多推荐3个项目(可少于3个或不推荐)参赛。

各省于7月31日前将入围全国选拔赛的项目资料上传大赛官网,全国组委会进行复核。复核结果反馈后,由省级组委会以短信、电话或邮件方式告知本省参赛者。

3. 第三阶段:全国选拔赛和全国总决赛

时间:2024年8月31日前

全国选拔赛和全国总决赛由全国组委会统一组织实施,地点待定。

(1)全国选拔赛

各赛道均分2个小组同时进行比赛,主体赛每组50个项目;专项赛每组不超过48个项目。每个项目参赛不超过3人,采取现场路演方式2天时间完成。各组获得前15名的项目晋级全国总决赛,其他项目获得"创翼之星"奖。

(2)全国总决赛

每个赛道30个项目参加全国总决赛,每个项目参赛不超过3人,采取现场路演方式1天完成,各评出一等奖2名、二等奖6名、三等奖10名、优秀奖12名。总决赛结束后,全国组委会将举行大赛闭幕式并颁奖。

(五)评审标准及规则

1. 评审标准要点

以"鼓励自主创新、培育新质生产力、促进创新成果落地转化、拓宽就业渠道、带动高质量就业"为导向,重点关注项目的创新性、引领性、技术(产品)先进性、服务模式独特性合理性、运营可持续性、带动就业数量质量等价值。

2. 评审规则要点

全国选拔赛和总决赛项目评审采用抽签排序、分组同步、现场路演、现场评分的方式进行。具体评审标准及规则将在大赛组织实施细则中明确。

四、中华职业教育创新创业大赛

中华职业教育创新创业大赛旨在积极响应党和政府"大众创业、万众创新"的战略部署,践行黄炎培职业教育思想,加快职业教育对接行业产业,促进职业院校创新创业教育发展,提高职业教育创新创业水平,引导职业院校学生学习创新创业知识,提高创新创业能力,激发创新创业活力,培养具有创新创业精神和能力的技术技能人才,帮助广大职业院校青年学子筑梦圆梦、实现出彩人生。

中华职业教育社基于在湖南省成功举办了八届黄炎培职业教育奖创业规划大赛,于2017年面向全国举办中华职业教育创新创业大赛。

大赛的举办是深入贯彻落实习近平总书记要求中华职业教育社"更好服务社会、促进职业教育发展"重要指示的具体行动,也是职教界贯彻落实党的十九大报告提出的"深化产教融合,校企合作"和"鼓励创业带动就业,促进青年群体多渠道就业创业"重要精神的具体举措。

下面以2024年举办的第七届中华职业教育创新创业大赛为例进行介绍。

(一)大赛的组织

由教育部、人力资源和社会保障部作为指导单位,中华职业教育社主办,山东省中华职业教育社、中共日照市委员会、日照市人民政府、日照航海工程职业学院承办,山东省委统战部、山东省总工会、山东省工商联、山东省教育厅、山东省人力资源和社会保障厅提供支持,《教育与职业》杂志社、中华职业教育社职业指导中心、北京市中华职业教育培训中心、日照市委统战部、日照市中华职业教育社、日照市总工会、日照市工商联、日照市教育局、日照市人力资源和社会保障局协办。

大赛设立组委会,组委会负责大赛宏观决策、组织实施。组委会下设竞赛委员会和监督委员会,竞赛委员会设专家委员会、仲裁委员会、秘书处和现场总决赛筹备工作领导小组等机构。

(二)参赛对象

大赛分中职组、高职组和本科组。

1. 中职组:中职学校(含技工学校)全日制在校生。

2. 高职组:高职院校(含技师院校)全日制在校生。

3. 本科组:举办或开展本科层次职业教育的高等职业学校和普通高等学校全日制在校生(不含研究生)。

4. 五年制高职学生报名参赛的,一至三年级学生参加中职组比赛,四五年级学生参加高职组比赛;应用技术型本科院校、职业技术大学和开展职业教育的普通高等学校的专科学生参加高职组比赛。

5. 港澳学生参赛:拟邀请港澳地区职业院校组队参赛,直接进入现场总决赛。

6. 2023年应届毕业生视同为在校生。

7. 参赛学生年龄不超过35岁(1988年7月1日以后出生)。

(三) 参赛方式

1. 本届大赛由各省(自治区、直辖市)中华职业教育社自愿组织参赛,不接受个人组队申报。

2. 选手以团队方式参赛,每个参赛团队参赛选手3—7名,其中1人为领衔人。每个参赛团队指导教师1—2名。大赛不接受个人单独参赛。比赛选手不得同时参加两个团队的比赛。

3. 各参赛团队在本组别内可进行跨学科、跨专业和跨年级组队,不得跨校组队。

4. 各省(自治区、直辖市)中华职业教育社遴选参加全国比赛的团队不超过12个。其中,中职组、高职组和本科组各不超过4个。

5. 已获往届中华职业教育创新创业大赛名次和奖项的项目均不可报名参加本届大赛。

(四) 比赛赛制

1. 大赛采取校级初赛、省级复赛、全国总决赛三级赛制。

2. 全国总决赛分为网络评审和现场总决赛两个环节。网络评审以《项目申报评审书》和项目PPT评审为主,VCR为选填。现场总决赛采取现场路演和答辩的方式。

(五) 赛程安排

1. 校级初赛、省级复赛

各省(自治区、直辖市)中华职业教育社组织省级比赛,遴选出参加全国总决赛的团队名单。

2. 全国总决赛

（1）网络评审阶段安排如下：一是项目申报。3月30日—4月14日，各省（自治区、直辖市）职教社组织本省（自治区、直辖市）参赛队伍在规定时间内登录中华职业教育创新创业综合服务平台。每省级社每组别报满4个项目的，则该省（自治区、直辖市）该组别网评成绩第1名晋级全国现场总决赛，其余3个项目按成绩晋级。二是网络评审。4月21日前，对各省（自治区、直辖市）申报项目进行网络评审，网络评审结束将在中华职业教育社官网公示网评结果。

（2）现场总决赛阶段安排如下：通过网络评审遴选出135个项目（不含港澳地区参赛队伍）入围现场总决赛，其中中职组45个、高职组45个、本科组45个，每所学校入选总决赛项目每组别不超过2个。

技能训练：深入了解创新创业比赛

主题：采访创新创业类比赛获奖团队

一、活动目标

深入了解创新创业类比赛的经验，提升参与比赛的积极性。

二、活动时间

60分钟。

三、活动步骤

1. 学生分成小组，每组分配一个创新创业类比赛的获奖团队，拟定采访大纲。

2. 小组内讨论并分配任务，分别负责采访获奖团队以及整理采访内容。

3. 分组汇报采访成果，并交流心得。

参考文献

[1] 习近平.高举中国特色社会主义伟大旗帜 为全面建设社会主义现代化国家而团结奋斗:在中国共产党第二十次全国代表大会上的报告[M].北京:人民出版社,2022.

[2]《党的二十大报告学习辅导百问》编写组.党的二十大报告学习辅导百问[M].北京:学习出版社,党建读物出版社,2022.

[3] 王祖莉.就业与创业指导[M].北京:高等教育出版社,2017.

[4] 卢汉明.创新创业教程[M].北京:高等教育出版社,2019.

[5] 丛子斌.创新创业就业[M].北京:高等教育出版社,2016.

[6] 刘华强,仇志海.创新创业教育实践[M].北京:高等教育出版社,2019.

[7] 商红宇.大学生创新创业教程[M].徐州:中国矿业大学出版社,2019.

[8] 杨克.创新创业教育[M].沈阳:辽宁教育出版社,2020.

[9] 褚建伟,张春青,范琳.创新创业教育[M].北京:高等教育出版社,2018.

[10] 孙平.创新创业教育基础[M].广州:广东高等教育出版社,2019.

[11] 陆群,陆勇.创新创业教育[M].北京:北京师范大学出版社,2020.

[12] 师建华,黄萧萧.创新思维开发与训练[M].北京:清华大学出版社,2020.

[13] 李家华,严光玉.创新创业教育[M].北京:高等教育出版社,2018.

[14] 付鹏,邓小瑜.创新创业教育实践指导[M].北京:高等教育出版社,2019.

[15] 汤锐华.创新创业教育[M].北京:机械工业出版社,2020.

[16] 张开江.创新创业教育[M].北京:科学出版社,2020.

[17] 吴教育,曾红武.高职高专创新创业实用教程[M].北京:清华大学出版社,2020.

[18] 范新灿.创新创业教育[M].北京:中国人民大学出版社,2020.

后　记

习近平总书记在党的二十大报告中指出："完善促进创业带动就业的保障制度，支持和规范发展新就业形态。健全劳动法律法规，完善劳动关系协商协调机制，完善劳动者权益保障制度，加强灵活就业和新就业形态劳动者权益保障。"这对于强化社会保障，维护劳动者合法权益，优化自主创业环境，不断拓展就业创业服务渠道具有重要意义。

创新创业已成为21世纪青年大学生的一种价值导向和生活方式，"大众创业、万众创新"已成为我国经济高速增长过程中迈向高质量发展的一种时代气息。启迪创新思维，激发创业热情，让每一个有志创业的大学生拥有人生出彩、梦想成真的机会，是我国高职院校创新创业教育肩负的时代使命。

我们主要基于以下理念编写了本书。

（1）"模块化"的教学理念。以模块化方式进行编写，构建了融创业的基本概念与原理、创业思维与方法、创业技能与方式、创业案例与解析为一体的教学体系。本书在结构上本着够用、实用的原则，从解析大学生创业教育入手，按照高职大学生创业教育工作的实际情况，对学生创业教育进行全程的技能指导。

（2）"理实结合"的理念。以创业技能训练为核心，打破传统的创业过程理论知识体系，充分考虑学生创业能力的需要，力求系统介绍创业的基本思维方式、相关技能方法及政策环境与实践平台，并通过创业案例的引领，培养学生的创业能力。本书注重从应用的角度阐明创业活动中遇到的各种实际问题，梳理创业教育发展的内在规律，总结具有普遍意义的成功创业经验，并通过多种形式的实践能力训练，力求使学生掌握切实可行的创业方法与步骤，体现出较强的技能性和实用性。

基于高职教育多学制、课时数较短、重视技能训练、培养模式多样化的特点，本书将理论和实践相结合，将教师讲授和学生自主学习相结合，着力提高大学生创业教育的针对性、指导性、实用性、操作性、时效性和适应性。

在本书编写过程中，我们参考了一些书籍和文献，在此对相关作者表示衷心的感谢。由于时间和水平有限，书中不妥之处敬请批评指正。

编　者